D1148302

Las palabras que importan

Todos los derechos reservados.
Cualquier forma de reproducción, distribución, comunicación
pública o transformación de esta obra solo puede ser realizada
con la autorización de sus titulares, salvo excepción prevista por la ley.
Diríjase a CEDRO (Centro Español de Derechos Reprográficos,
www.cedro.org) si necesita fotocopiar o escanear algún fragmento
de esta obra.

Título original: *Listen*
How to Find the Words for Tender Conversations
En cubierta: fotografía © malerapaso / iStock Photo
© Kathryn Mannix, 2021
© De la traducción, Julio Hermoso
Diseño gráfico: Gloria Gauger
© Ediciones Siruela, S. A., 2023
c/ Almagro 25, ppal. dcha.
28010 Madrid.
Tel.: + 34 91 355 57 20
www.siruela.com
ISBN: 978-84-19419-77-4
Depósito legal: M-995-2023
Impreso en Cofás
Printed and made in Spain

Papel 100% procedente de bosques gestionados
de acuerdo con criterios de sostenibilidad

Kathryn Mannix

Las palabras que importan

Cuando la clave
es escuchar

Traducción del inglés de
Julio Hermoso

El Ojo del Tiempo

Índice

A todos los pacientes, familiares, compañeros de profesión y mentores que han moldeado mi forma de ejercer la medicina. Un «gracias» jamás será suficiente

Introducción

«No encuentro las palabras».

Es muy posible que ahora mismo haya una conversación que estés tratando de evitar, y es probable que sea importante para ti, pero hay algo en ella que te incomoda. Tal vez la conversación te exija revelar alguna verdad complicada, recabar alguna clase de información que te pueda cambiar la vida, proponer algo en lo que exista el riesgo del rechazo, debatir sobre un tema que pueda liberar unas emociones muy intensas o consolar a alguien que sufre alguna pena o dolor. Se produce un tira y afloja en nuestra responsabilidad: tenemos la necesidad de actuar, pero también el temor a la vulnerabilidad. No, todavía no. Vale, no tardaré, pero todavía no: ya haré esa llamada, esa visita o concertaré el encuentro. Aunque estamos a punto de hacerlo, no sabemos muy bien por dónde empezar.

Todos tenemos momentos en que nos quedamos sin palabras. Con frecuencia, esto se debe a que las palabras que necesitamos se arremolinan en una niebla de emociones, y hay ocasiones en que mantenerlas ocultas parece una opción más atractiva que arriesgarse a expresar con ellas una situación angustiosa.

Hay veces en que una mirada, un roce, encogerte de hombros o hacer un gesto de asentimiento con la cabeza puede servir para comunicarnos mejor que con las palabras. Un abrazo, estrechar una mano o una palmadita en el hombro pueden decir muchísimo. Algunos nos sentimos más cómodos que otros con la gesticulación física y a veces podemos ofrecer una taza de té, un pañuelo o acompañar con nuestro silencio.

No obstante, al final termina llegando el momento de hablar, y es entonces cuando comienzan las dificultades para hallar las palabras. Quizá sepamos lo que queremos transmitir, pero las palabras nos parecen inadecuadas. Tal vez pensemos que ojalá fuéramos capaces de hablar de algo que es importante para nosotros, pero nos dé miedo ponernos emotivos al expresarnos. Quizá deseemos preguntar algo y aun así temamos parecer insensibles o ser unos entrometidos. Tal vez haya que comunicarle a alguien una mala noticia, y nos dé pavor la angustia que vamos a provocar al intentarlo.

Este libro trata de esos momentos: ofrece ciertas maneras de hallar esas palabras y de dar pie a esas conversaciones. Es un libro que surge de mi fascinación por nuestras formas de comunicarnos, una fascinación que he explorado durante toda mi vida en las relaciones sociales y profesionales, y que se fundamenta en mi trabajo como médico, psicoterapeuta y orientadora. Más que sugerir un guion que se haya de seguir, este libro ofrece una serie de relatos sobre los que reflexionar además de un conjunto de técnicas y principios en los que confiar. Espero que esta combinación te ofrezca la posibilidad de cogerle el tranquillo a esas conversaciones relevantes que te esperan en el futuro y también alguna idea que otra que podrás adaptar a las situaciones a las que te enfrentes.

Un apunte sobre los relatos: los he utilizado a lo largo de este libro con el fin de ilustrar los principios de la comunicación. Algunos de ellos constituyen mi propia experiencia, otros son experiencias que otras personas han comentado conmigo y otros son representaciones ficticias de experiencias humanas comunes. Los nombres y otros detalles de las personas reales se han alterado para proteger su identidad, y en el libro no se distingue lo real de lo imaginario: todos ellos se incluyen aquí con el fin de proporcionar al lector ejemplos acerca de los que reflexionar, para ilustrar o arrojar luz sobre sus propias experiencias vitales.

Las técnicas que entran en juego en las conversaciones relevantes tienen sus matices y sus capas. No son herramientas que uno va utilizando de una en una, sino más bien como los movimientos que hacemos al participar en un baile: los pasos, los giros, las pausas y los cambios de dirección, todo ello sin perder el ritmo de la música al movernos juntos por la pista de baile. Así, un poco al estilo de bailar salsa, las conversaciones requieren al menos de dos personas que participen y se turnen. Tal vez sea una la persona que lleva la iniciativa y tal vez sea otra la que va siguiéndola, pero sin presión. Y esos papeles se pueden invertir conforme avanzan el baile o la conversación, y, del mismo modo en que una danza puede progresar por medio de pasos hacia delante y pasos hacia atrás, compartiendo y preservando el espacio, una conversación incluye palabras y silencios, en ella se habla y se escucha, se afirma y se pregunta. Existe un consentimiento y existe una asociación entre los participantes.

Lo que no existe es una manera correcta de mantener una conversación acerca de cuestiones serias, dolorosas o vergonzosas, pero sí hay varias formas incorrectas. Con frecuencia, «no entenderlo bien» no es tanto una cuestión de las palabras utilizadas, sino del propio baile: de insistir en hablar de algo en lugar de invitar a hacerlo, de hablar muchísimo y escuchar muy poco, de levantar mucho la voz y de propiciar escasos silencios, de hablar sin consentimiento o en el momento inapropiado, o de «acabar con esto de una vez» en lugar de explorarlo.

No podemos desandar el camino en esas ocasiones en las que no entendemos las cosas bien, pero sí podemos aprender de ellas. Lo mismo que al bailar, podemos entender por qué nos hemos tropezado y descubrir la manera de pisar con más elegancia la próxima vez, la manera de conservar el equilibrio, aprender a apoyarnos en el otro o a darle apoyo conforme avanzamos, cuándo hay que dar un paso adelante y cuándo hacia atrás, cuándo confiar en lo que nos dice el corazón y dejarnos llevar sin más por la música.

Este libro es una invitación a prestar atención a una serie de habilidades que todos poseemos y también a expandirlas: la capacidad innata de participar en una conversación. Más que un libro de texto o una clase de baile, esta obra tiene más de exhibición o de festival de danza donde podemos ver tanto a bailarines novatos como a figuras consagradas. Más que instruir, este libro alienta y anima: nos plantearemos formas de iniciar unas conversaciones que antes nos parecían demasiado intimidatorias, examinaremos la manera de ir adentrándonos en ellas con delicadeza, aun a tientas, y a concederles ese espacio que permite que florezcan.

El estilo y las técnicas o habilidades que utilizaremos se van a solapar: algunos elementos serán de un uso constante del mismo modo en que los bailarines se mueven al son de la música, mantienen el equilibrio y trabajan juntos. Estas técnicas son el equivalente de los pasos más básicos, mientras que hay otros que serán más bien como esos giros y vueltas que tan solo utilizamos de manera ocasional. Las presentaremos en un orden más o menos secuencial: primero, las técnicas o habilidades para entablar una conversación, para acercarse a otra persona y ganarse su confianza, para iniciar el proceso de descubrimiento de su posición actual.

Una vez vistas esas técnicas básicas para entablar una conversación, las volveremos a observar en su uso práctico —con un énfasis tan solo ligeramente distinto— para explorar las posibilidades de que se produzca un cambio, un acuerdo o una resolución. El estilo continúa siendo el mismo: no estamos haciéndole algo al otro, sino trabajando con él, actuando como una pareja de baile, en un esfuerzo conjunto para no perder el paso.

Los siguientes capítulos muestran cómo se pueden utilizar el mismo estilo y las mismas técnicas o habilidades cuando la ocasión para la charla es en particular complicada. De forma gradual, vamos explorando el modo en que los practicantes más experimentados de las conversaciones delicadas utilizan nuestro conjunto de técnicas para conceder espacio y mantener la comunicación en circunstancias a veces peliagudas. Observamos los principios en acción: no serán guiones establecidos, sino unas conversaciones individuales las que nos ayuden a comprenderlos. Quizá veas frases que te resulten conocidas y con las que te sientas cómodo, tal vez veas otras que prefieras adaptar y utilizar con tus propias palabras para aplicar los mismos principios. La sinceridad que transmitimos al hablar con nuestras propias palabras nunca está de más. Incluso después de décadas de enfrentarme a conversaciones profundas, dolorosas y complejas con personas enfermas y con sus familiares, sigo sin saber exactamente qué decir cuando me veo en la necesidad de hablar con alguien, pero sí dispongo de estos principios que puedo seguir, y confío en que me guiarán según arranca la conversación.

Podemos aprender juntos algunos pasos básicos, pero, ya se trate de un baile o de una conversación delicada, la única manera de dominarlos es la práctica. Está al alcance de todos, tan solo parecen intimidatorios hasta que empezamos.

Vamos a contar historias

Nos valemos de relatos y de cuentos para explicar nuestro mundo. Ya sea un cantar de gesta o una tragedia, un relato de valerosas hazañas y de monstruos derrotados o el de una fortuna que se muestra esquiva con inoportunos giros de trama, vivimos día a día la historia de nuestra vida, de jornada en jornada, todas ellas impredecibles. Somos al mismo tiempo el narrador y el personaje principal. Y toda vida es un relato de luces y sombras, de esperanza y desesperación, de suspense y revelaciones.

Poder contar nuestra historia nos ayuda a comprenderla. Tal vez nos la contemos a nosotros mismos, cavilando en silencio. Quizá la dejemos por escrito y, al releerla, reconozcamos en ella algo que no fuimos capaces de reconocer en su momento. Sin embargo, para la mayoría de nosotros, la manera de contar esa historia nuestra es la de charlar con un amigo o reflexionar sobre ella con alguien de nuestra absoluta confianza, y, cuando la contamos, volvemos a escucharla. Relatarla nos ayuda a interpretar los detalles, a tomar conciencia del panorama más amplio o a discernir aspectos que habíamos pasado por alto o habíamos negado anteriormente. Dar con la persona que escuche nuestra historia con plena atención, alguien que esté preparado para meterse de lleno en nuestro relato, es una oportunidad para conocernos a nosotros mismos por entero, con nuestras nobles esperanzas y nuestros tristes fracasos, y para comprendernos a nosotros mismos y al mundo que nos rodea de un modo más útil y más veraz.

Este es un libro de relatos sobre personas y conversaciones, sobre hablar y escuchar, sobre las dificultades a las que todos nos enfrentamos en la vida. Siendo así, parece que lo suyo es comenzar con una historia que nos sitúa en el escenario de cuanto vendrá a continuación.

La mujer menuda que se encuentra en la tranquila sala del departamento de Urgenciología salta de su asiento con un chillido, y su puño impacta contra mi mejilla antes de que yo me

15

entere siquiera de qué está pasando. Un fogonazo anaranjado me estalla en la cabeza y siento que me tambaleo hacia atrás.

—¡Mentirosa! —me grita en la cara—. ¡Será MENTIROSA! ¡No puede estar muerto!

Acto seguido, la mujer cae hacia atrás y se desploma sobre el asiento bajo como una marioneta a la que le cortan las cuerdas, con el rostro hundido en su propio regazo y las manos agarradas sobre la nuca temblorosa. Está llorando, superada, sus gemidos inundan el espacio a nuestro alrededor, y no sé qué hacer. Me da vueltas la cabeza por el dolor del golpe y por lo sorpresivo de sus actos. Sé que debo quedarme allí, pero también sé que me voy a caer al suelo. Oigo que se abre la puerta a mi espalda, me doy la vuelta y veo a Dorothy, la enfermera jefe de Urgenciología, que viene con un celador: nuestra cuadrilla de seguridad. Hago un gesto negativo con la cabeza, esparzo las lágrimas con el movimiento y le hago una señal en silencio al celador para que se marche de la sala. Lo último que necesita esta mujer ahora es un incidente con seguridad. Su marido acaba de fallecer en nuestra sala de reanimación y yo no puedo habérselo contado de peor manera. Estoy mareada y con náuseas, pero en este momento no debo empeorar las cosas.

—A lo mejor te puedes quedar cerca de la puerta, ¿verdad, Ron? —le dice Dorothy en voz baja. Cierra la puerta y deja fuera al celador. Me sonríe con cara triste y se sienta junto a la mujer que llora—. ¿Avril? —le pregunta, afectuosa—. ¿Eres Avril? —La mujer asiente sin levantar la cabeza, tragando saliva como puede y temblando—. ¿Eres Avril de Souza? —le pregunta Dorothy, y la mujer alza la mirada.

—Sí… —consigue decir a pesar de la mueca de horror que le deforma la boca.

—Avril, ¿cómo se llama tu marido? —le pregunta Dorothy.

—Joselo —gimotea Avril—. Se llama Joselo. Me han llamado para que viniese al hospital. Ha sentido un dolor en el pecho cuando estaba en el trabajo. Tengo que verlo. ¡Tengo que verlo ahora mismo! —Su voz recobra el ardor. Dorothy se vuelve hacia mí y me dice sin más—: Doctora, por favor, siéntese por si acaso la señora De Souza tiene alguna pregunta mientras hablamos.

Me hundo agradecida en un asiento al otro lado de la mesita baja de esta sala tan incómoda y apenas amueblada, un espacio muy reducido en el departamento de Urgenciología de un hospital ya antiguo donde dedico un cierto tiempo cada semana a hablar con los amigos, familiares y parejas de las personas a las que traen a la unidad y les explico que la vida de su ser querido pende ahora de un hilo. Lo que no había tenido que hacer hasta ahora era atender a alguien según entraba y decirle que llegaba demasiado tarde, que su familiar no lo había superado. Ese trabajo suele estar reservado para el personal con más experiencia y responsabilidad.

La sala va dejando de darme vueltas mientras observo a Dorothy charlar con esta esposa que se siente superada por la situación. Esta mujer que acaba de enviudar y a la que le he provocado tal impresión que me ha pegado en un acto de negación de una realidad que no ha podido soportar ni abarcar, una herida intolerable provocada por mi anuncio repentino e inesperado.

Y, sin embargo, lo hice siguiendo el manual.

Comprueba que es la persona correcta. Sí, el nombre es el correcto, y ha venido para acá tras recibir la llamada del encargado de la fundición donde trabaja su marido. Trabajaba. Hasta hoy.

El disparo de advertencia. «Lamento muchísimo tener que darle una noticia terrible».

Una pausa.

Darle la noticia. «Siento mucho decirle que Joselo ha fallecido hace unos minutos. No hemos podido conseguir que el corazón volviese a latir...».

Otra pausa para que lo asimile. Y fue entonces cuando chilló y me golpeó a mí, que estaba allí de pie delante de ella y le sacaba una cabeza, con mi bata blanca y mis frases remilgadas, aterrorizada por mucho que tratara de sonar valiente, que seguía sudando aún por el esfuerzo físico de las compresiones pectorales prolongadas que no habían servido para reanimar al hombre que estaba inconsciente en la camilla de la sala de reanimación; a mí, que aún sentía las náuseas que me había provocado el pavor de que me preguntaran si estaba de acuerdo con el médico de mayor autoridad presente en que ya había llegado el momento de «declarar» el paro cardíaco (que significa reconocer que se ha producido la muerte), que aún estaba horrorizada por que en lugar de encargarme la tarea de redactar el informe del intento de reanimación, me enviaban a contárselo a la esposa que acababa de llegar justo en el momento en que realizábamos las compresiones pectorales y no le habían permitido el acceso a la sala de reanimación. En lugar de dejarla pasar, la habían enviado a sentarse en la Sala de la Muerte, el nombre con el que habíamos apodado aquella zona de tan mal gusto, con su mobiliario aséptico y las paredes tan finas que parecen de papel.

Ahora, Dorothy está dando una clase magistral sobre cómo se aborda una noticia inoportuna. Está sentada. «¿Cómo es que yo no me he sentado?», pienso. Tiene la mano de la señora De Souza en la suya y le acaricia el hombro con la otra. Sé que Dorothy tiene tres pacientes muy enfermos en la unidad de observación y no puede quedarse mucho tiempo aquí, y aun así está consiguiendo estirar el tiempo, lo está extendiendo a base de sonar como si no tuviera ninguna prisa, logrando que cada segundo cuente mientras centra su atención en la señora De Souza.

—Es una impresión muy fuerte, cielo —dice a la señora De Souza en un ronroneo—. Muy fuerte. ¿Sabías que tenía problemas de corazón?

La señora De Souza levanta la cabeza y coge aire entre los sollozos. Dorothy le entrega un pañuelo de papel de la caja que hay sobre la mesa. La señora De Souza se suena la nariz y dice:

—Ha tenido problemas de corazón desde hace años. Estuvo ingresado aquí con su primer infarto hace dos años, y estuvimos a punto de perderlo. Había sufrido más dolores últimamente, ese de la angina, y el médico le cambió las pastillas… —deja la frase en el aire.

—¿Y estabas preocupada por él? —le dice Dorothy, una pregunta que veo que llega al alma de la mujer que está sumida en su llanto.

—No paraba para descansar —suspira la señora De Souza—. Trabajaba demasiado. Ya le dije la última vez que había tenido suerte de haber sobrevivido.

—¿La última vez pensaste que se podía morir, entonces? —le pregunta Dorothy con tacto, y la señora De Souza pierde la mirada en la media distancia, se seca los ojos con el pañuelo y asiente.

—Creo que teníamos los días contados —susurra. Dorothy espera—. No se encontraba bien esta mañana, estaba estresado por algo del trabajo, se le veía gris, y le he dicho que no fuese, pero… —Hace un gesto negativo con la cabeza y llora ya menos ruidosa, más de dolor que de la impresión, más de tristeza que de ira.

Es fascinante observar la manera en que Dorothy ha utilizado las preguntas para ayudar a la señora De Souza a ir desde su conocimiento de los problemas cardíacos de su marido, pasando por su primer ataque al corazón, hasta las recientes preocupaciones de la mujer por el estado de salud de él y la inquietud muy específica de esa misma mañana. Ha construido un puente por el que la señora De Souza ha podido cruzar y, al responder a las preguntas de Dorothy, la mujer se ha preparado para este momento tan indeseado aunque no del todo inesperado. Le ha contado a Dorothy la «historia hasta ahora».

—Cuánto lo siento, cielo —le dice Dorothy—. No estaba consciente cuando ha llegado la ambulancia, el corazón le latía muy despacio al principio y se ha parado después. El equipo ha hecho todo lo que ha podido… —Vuelve a hacer una pausa, y en esa pausa veo el camino que podría haber tomado yo: una conversación sobre el pasado, las preocupaciones de la esposa, su angustia de hoy mismo. Estaba yo tan ocupada asegurándome de darle la terrible noticia que ni siquiera me la he llevado a un lugar donde ella pudiera recibirla. Dorothy ha rebobinado el relato y después, paso a paso, ha traído a la mujer hasta ese lugar: ahora podemos avanzar ya un poco más.

—¿Quieres venir conmigo a verle? —le pregunta Dorothy—. Está allí mismo, en una camilla a la vuelta de ese pasillo, y te puedes quedar sentada con él, si quieres.

»¿Quieres que te localicemos a alguien? ¿A tu familia? ¿Un sacerdote? ¿Alguien que te pueda acompañar aquí?

La señora De Souza dice que le gustaría que llamasen a un sacerdote católico, y Dorothy la coge de la mano para llevársela de la sala. Cuando pasan por delante de mí, Dorothy dice:

—Prepárenos una taza de té, estaremos en el cubículo tres. Y tráigase una para usted también.

Dorothy se lleva entonces a la señora De Souza a sentarse con su difunto marido. Cuando llego con el té, la señora De Souza me da las gracias como una vieja amiga a la que perdiste de vista hace mucho tiempo. Sospecho que no se acuerda de haberme pegado. Dorothy ha reconstruido por completo la relación, de manera muy hábil aunque simple, a base de utilizar preguntas con tacto acerca de lo que ya sabía la señora De Souza y de ayudarla así a reconocer que ella ya se esperaba las malas noticias. Dorothy ha ayudado a esta mujer a narrarse el relato de la precaria salud de su marido de tal forma que tanto la oyente como la propia narradora lo pudiesen escuchar. No ha utilizado frases preparadas ni un guion meticuloso de ninguna clase: ha hecho preguntas, ha ido allá donde la conducían las respuestas y le ha ofrecido su total atención con una amabilidad compasiva.

«Está claro que no basta con seguir el manual», reflexionaré yo más adelante. Nos hace falta un manual nuevo, un libro que hable sobre cómo escuchar en lugar de contarnos qué hay que decir. Tal vez debería escribirlo Dorothy.

Dorothy me saca del cubículo donde la señora De Souza está sentada con su pareja fallecida y me lleva al despacho del especialista. Siento náuseas, no quiero volver a hablar sobre esto. Me siento triste, humillada, incompetente y abrumada.

—Señor Rogers —le dice al director del departamento, un cirujano de Trauma con una mata de pelo blanco y un bigote amarillento por la nicotina y con las puntas retorcidas (tanto el bigote como su propietario son legendarios en la ciudad)—. Tengo una queja.

El corazón se me va a los pies. El señor Rogers alza la mirada de su papeleo.

—Cuéntame, Dotty —dice con voz seria.

—¡Es indignante que hayan enviado a esta doctora sin experiencia a contarle a una esposa que su marido ha muerto, y que la envíen sola, sin la ayuda de un médico más experimentado y sin una enfermera que haga de testigo o de apoyo! —declara Dorothy, y me quedo boquiabierta de pura sorpresa—. Lleva usted toda la vida diciendo que tenemos que formar a nuestros médicos jóvenes para que sean buenos comunicadores, pero ¿cómo van a aprender nunca si los médicos responsables actúan a solas o envían a los jóvenes solos? Esto no es justo, y esta joven doctora se ha llevado en la cara el puñetazo de un familiar impresionado y furioso.

El señor Rogers me echa un vistazo con los ojos entrecerrados por encima de sus gafas de media luna, chasqueando la lengua con un gesto negativo de la cabeza.

—Te han zurrado, ¿eh? —me dice con su ligero acento escocés—. ¿Ha intervenido la policía? —Esto lo pregunta con levedad, del mismo modo en que podrías pedirle a alguien que te pase la sal.

—No nos hace ninguna falta la policía, ¿no cree? —me oigo decir, y mi voz no suena leve. No reconozco el tono agudo ni la falta de aliento al atropellarme—. ¡Ha sido culpa mía! Yo la he impresionado. No pretendía hacerlo, pero la mujer se ha quedado tan horrorizada por la noticia que ha perdido el control. Su marido acaba de morir. ¡No haga intervenir a la policía, por favor! —Para mi desgracia, estoy sollozando.

El señor Rogers se levanta del escritorio, se sube las gafas por el hueso de la nariz con un dedo enorme y da un par de pasos para situarse delante de mí y observar mi pómulo con los ojos entornados a través de esas gafas.

—No harán falta puntos —observa, y me inunda su aliento con olor a tabaco—. Pero una tirita Steri-Strip sí sería de ayuda. —En ese momento me percato de que tengo la mejilla visiblemente perjudicada—. Coge aire por la nariz —me ordena y me pone ese dedo carnoso en el orificio nasal derecho para que tenga que respirar por el izquierdo, el lado donde me duele la cara. Me palpa el pómulo, también alrededor de la cuenca del ojo, y la tremenda mano resulta sorprendentemente delicada—. Saldrás de esta —me dice, satisfecho.

—Muy bien, Dotty. Apáñale ese pómulo. Tendremos que hablar con el equipo sobre los supervisores para comunicar las malas noticias. Otra vez… —Y el señor Rogers gira sobre sus talones, vuelve a tomar asiento y se enciende la pipa muy a pesar de las normas vigentes sobre fumar en el hospital.

Dorothy me tira de la manga de la bata blanca y me lleva a la sala de descanso. Me dice que me siente en silencio y, antes de que me dé tiempo a protestar, ya se ha marchado. Estoy agradecida, impresionada y —descubro— muy dolorida. Y cansadísima. Y qué triste. Helada, estoy tiritando. Con algo de náuseas. Me siento y me envuelvo en una manta de lactancia.

Dorothy reaparece con las Steri-Strips y con un paquete de gasas.

—A ver, bonita mía —me consuela y se sienta a mi lado.

Abre el paquete con mano experta y extiende el paño esterilizado en la mesa a nuestro lado. Vierte el desinfectante, me da unos toques en la mejilla (¡ay!) y utiliza otro algodón empapado para pasármelo por el mentón. «Ay, madre. Me he estado paseando por el departamento con una herida abierta en el pómulo».

Me coloca las tiritas con primor, sin apartar los ojos de la tarea y con la lengua asomando por el esfuerzo de la concentración. Agradezco su silenciosa amabilidad. Pero aún hay más.

—¿Cómo te sientes? —me pregunta, y quiero decirle que «muy bien», pero mis lágrimas le dicen la verdad, y Dorothy me acaricia el hombro en un gesto tranquilizador. Ya alcanzo a verme el pómulo justo debajo del ojo izquierdo conforme se va hinchando la herida. Me estremezco bajo la manta de lactancia—. ¿Quieres un cuenco para vomitar? —me pregunta con perspicacia, y caigo en la cuenta de qué profesional tan consumada e intuitiva es.

Parpadeo para librarme de las lágrimas y hago un gesto negativo con la cabeza. Las náuseas están remitiendo.

—Toda una experiencia, ¿eh? —me dice—. Han hecho mal al pedirte que salieras tú sola a dar la terrible noticia. Tenemos protocolos. Siempre tiene que haber alguien contigo: alguien que se ocupe de cuidar de la pobre persona que está a punto de ver cómo le ponen la vida patas arriba y que te respalde también a ti. Trabajamos en equipo porque eso es lo que nos mantiene en pie y a salvo, capaces de continuar dedicándonos a esto. Ellos no se han preocupado de cuidar de ti… ¡Y mira lo que ha pasado!

—¡Pero yo tenía que haberlo hecho mejor! —suspiro—. Tenía que haberlo hecho como tú. Despacio. Paso a paso. Tenía que haberme sentado. Tenía que haber sido… ay, no sé… más humana… en cierto sentido.

—A ver, yo llevo más de diez años haciendo esto —me responde—. Tengo muchísima práctica. Te he observado cuando vienes a trabajar aquí: sé que eres amable con tus pacientes, así que no me cabe en la cabeza que hayas sido cruel con ella. No, esto no ha sido culpa tuya, y el señor Rogers tiene que recordarle a todo el mundo que trabajamos en equipo y que utilizamos a los supervisores para enseñaros a los novatos.

Pronuncia la palabra «novatos» con la delicadeza de una madre orgullosa, y yo me quedo sin habla ante su compasión.

—Que te hayan zurrado será una buena anécdota para la enseñanza —prosigue Dorothy—. Son los incidentes como este los que cambian la conducta de la gente cuando da igual lo que se les diga porque todo les entra por un oído y les sale por el otro. Son estas historias, y no las reglas, lo que hace que las personas cambien.

Las historias, igual que la propia vida, las vamos experimentando conforme avanzan, pero tan solo las podemos comprender de forma plena cuando las consideramos en retrospectiva. Este relato no es diferente. La joven doctora que siguió el manual para dar la mala noticia vio que darle al otro la posibilidad de incorporar la noticia a su conocimiento de la «historia hasta ahora» era una manera de ofrecer la verdad de manera considerada. Dorothy era una de entre los numerosos maestros del arte de la narración de una historia, de cómo se comienza a relatar a base de escuchar. La joven doctora que era yo por aquel entonces aprenderá a escuchar, a darle al otro la posibilidad de contarte su historia, de hallar la manera de asimilar verdades tan complicadas y noticias tan inoportunas; aprenderá a ofrecer apoyo a la gente en esos momentos en que cambian sus expectativas, que ya no consisten en lograr el éxito y alcanzar las metas que se ha propuesto en la vida, sino en lograr la serenidad, en comprender, en ser comprendida. Sus pacientes le enseñarán que el éxito no es un destino, aunque a veces sea una experiencia que se produce en ese trayecto, que al final, lo que de verdad importa es la gratitud, el perdón que se ofrece y se recibe, la aceptación y el amor.

Dorothy continuará siendo la columna vertebral de su departamento, diciendo verdades como puños a la cara de los responsables y consolando al personal en formación que se ve superado por las obligaciones del departamento de Urgenciología.

Más de tres décadas después, me volveré a encontrar con ella en un evento donde el servicio de cuidados paliativos del hospital —que en este atribulado día ya no existe ni en la imaginación de nadie— presenta unas sesiones de concienciación pública sobre la planificación del fin de la vida. Ahora es miembro de la fundación que dirige el hospital. Yo soy la responsable del servicio de cuidados paliativos.

—No te acordarás de mí —comienza diciendo, y siento henchido el corazón ante tanta humildad justo antes de abrir los brazos para recibirla y estrecharla—. Siempre supe que eras de las buenas —me susurra al oído y, al mirar atrás por encima del hombro de Dorothy, veo el camino que nos ha traído hasta aquí: comprendo a la perfección el modo en que la habilidad y la bondad de Dorothy en aquel día tan complicado de hace tantos años han dado forma a mi manera de ejercer la medicina, a las decisiones que he tomado en mi carrera y a mi modo de entender la formación en las técnicas de comunicación.

Tal vez Dorothy no haya reescrito el manual, pero su influencia ha dado pie a este libro.

Abrir la caja

Para ofrecer a alguien nuestra ayuda o apoyo, hemos de partir del lugar donde se encuentra esa otra persona y comprender su situación desde su punto de vista. Suena muy simple, y aun así puede ser muy difícil conseguirlo. Nuestro impulso de echar una mano suele imponerse a la necesidad de comenzar por evaluar la situación, muy al estilo de lanzarnos a montar un mueble en casa sin haber leído antes las instrucciones ni haber repasado la lista de piezas.

Intervenir en conversaciones sobre temas con los que se tocan emociones fuertes tiene su arte. Hay técnicas que podemos utilizar y hábitos que hay que desarrollar para estar en condiciones de ofrecer apoyo sin abrumar al otro, de mostrar nuestra disposición a escuchar sin entrometernos y de conceder un espacio donde el otro se pueda sentir capaz de hablar de su angustia si es lo que desea hacer. Nosotros nos ofrecemos, y el otro decide. Es muy probable que ya poseas estas capacidades: el arte de la conversación delicada consiste en utilizarlas y en confiar en ellas en circunstancias que tal vez sean de una emotividad exacerbada.

Las siguientes historias ofrecen una guía de estilo: una serie de técnicas o capacidades que podrás reconocer en tu repertorio —o añadirlas— y que son útiles en cualquier conversación y, de manera especial, durante las charlas con una elevada carga emocional. Ninguna de ellas es difícil de aprender, y, con la práctica, todas ellas resultarán más fáciles de recordar, de utilizar, y de utilizarlas bien. Con el tiempo, en lugar de recurrir a estas técnicas como si fueran «añadidos», se pueden convertir en hábitos, hacer que formen parte de tu estilo al conversar. Esa es la buena noticia.

Nunca parece fácil hablar de cuestiones tristes, que nos dan miedo o nos frustran. Esa es la mala noticia. Da igual cuánto lo practiquemos, que cuando la conversación es verdaderamente importante, y en especial cuando es con uno de nuestros seres queridos, nuestras emociones tienen la costumbre de intervenir y de hacer que todo parezca más complicado.

Por eso va a ser de ayuda que practiquemos esas técnicas. Toda conversación es una oportunidad de utilizarlas, ya sea al comentar la indecisión de un amigo al respecto de una compra o el interés de un compañero de trabajo en cierto pasatiempo. Utiliza las situaciones cotidianas para probar las sugerencias de este libro y ver qué pasa. A medida que vayamos viendo que sí funcionan, estas técnicas se irán filtrando con más facilidad en nuestras conversaciones.

Una vez que abramos la caja, los relatos que hay dentro nos van a proporcionar los principios simples de un estilo de conversar para ofrecer apoyo al otro. Veremos la manera de iniciar una conversación delicada y qué es lo que le quita las ganas de intentarlo a la gente. Después veremos algunas técnicas para asegurarnos de que estamos escuchando bien y que estamos captando realmente el punto de vista del otro según avanza la conversación: que estamos prestando atención, que comprobamos que lo estamos entendiendo, que dejamos tiempo para la reflexión. Veremos algunas formas de llevar una conversación profunda o muy emotiva a un término que resulte seguro, y también consideraremos los momentos en que deberíamos pedir ayuda, ya sea para el otro o para recibir apoyo nosotros.

El primer paso

Puede ser difícil iniciar una conversación que despierte unas fuertes emociones. Da igual que se trate de pedirle una cita de pareja a alguien o de hablar sobre la organización de los detalles de nuestro propio funeral con nuestros seres queridos: a veces nos retienen nuestras propias emociones o nuestra preocupación por las suyas. Si hallamos una manera de arrancar que permita que ambos confiemos en que nos vamos a respetar y nos vamos a escuchar, esto servirá para establecer un tono de colaboración que se extenderá durante el resto de la charla.

—Señora doctora, ¿ha recibido ya los resultados de mi escáner?

Hace ya tres días que el señor Majumder me lo pregunta, varias veces de la mañana a la noche, cada vez que paso por delante de su cama para atender a mis pacientes de esta sala de cirugía donde estoy completando mi primer año como médico «con todas las de la ley». Seis meses en una sala de cirugía me han convencido de que lo mío en el fondo es la medicina general y de que no soy cirujana, pero aun así me encanta esa habilidad técnica que a veces tengo el privilegio de presenciar en el quirófano como ayudante.

El señor Majumder se ha puesto de un alarmante color amarillo. Su piel morena tiene ahora un brillo de un tono que recuerda vagamente al de un pomelo, y tiene el blanco de los ojos como dos rodajas de limón. El escáner es una prueba más de un conjunto que le estamos haciendo: cuando lleguen los resultados del análisis de sangre, las radiografías y las biopsias, me haré una idea del porqué de la ictericia del señor Majumder. Y sé que no serán buenas noticias. El resultado del escáner será el último detalle del cuadro, y, entonces, el cirujano responsable

27

de atenderlo podrá contarle lo que cada vez parece más claro: el señor Majumder sufre un cáncer de páncreas y tendrá suerte si vive otros seis meses.

Suelo sonreírle con cara de abatimiento y le digo, con toda sinceridad: «¡Todavía no, señor Majumder! ¡Pero cuando los reciba, usted será el primero en saberlo!». No obstante, hoy ya sé que el sobre está en la consulta y que el momento de mantener esa conversación está cada vez más cerca.

Dos veces al día, el señor Majumder recibe la visita de su abnegada esposa y de uno de sus hermanos. Su mujer camina como una reina entre el sonido del roce de la seda de los saris que luce, y su calma elegancia dignifica la silla de plástico junto a la cama de su marido. Su hermano viste traje completo y nunca se sienta, cuenta chistes, cambia el peso del cuerpo de un pie al otro como un potrillo nervioso, es ruidoso al hablar, le da unas palmadas a su hermano en el hombro y se aparta con prisa para secarse las lágrimas en cuanto dobla la esquina. El señor Majumder toma una dosis extra de analgésicos antes de la hora de visita.

—No quiero que se preocupen por mí —le dice a las enfermeras—. No debo ser ningún tipo de carga para ellos.

Me acerco a la cama con pies de plomo. Él me ofrece una sonrisa esperanzada. Tengo la boca seca, y mi sonrisa me parece falsa. Una vocecita interior me dice que mi ademán anuncia a gritos a toda la sala que tengo malas noticias. Intento hacer caso omiso.

—Señor Majumder, creo que hoy deberíamos recibir todos los resultados de las pruebas —comienzo a decir.

No tengo aún la experiencia suficiente para ser yo quien le lleve las malas noticias: no tengo el suficiente conocimiento de la enfermedad ni de los posibles tratamientos. Al menos, eso es lo que me digo.

El señor Majumder me sostiene la mirada. Siento que me sonrojo y que me da un vuelco el corazón. ¿Y si me hace una pregunta directa?

—Si son buenas noticias, señora doctora, me gustaría saberlo pronto —me dice—. Si son malas noticias, entonces preferiría que mi hermano estuviese aquí.

No sé qué decirle. Su hermano no se detiene ni para respirar: habla y habla de tal manera que no deja espacio para una conversación. Anécdotas, chistes, «¿sabéis ese que…?». Su hermano está aterrorizado, ¿cómo va a ser capaz de dar apoyo al señor Majumder?

—¿Va a venir su esposa a visitarlo más tarde? —le pregunto.

Me dice que sí.

—Es una esposa excelente. Es una buena madre. Viene a verme todos los días. —Hace una pausa y frunce el ceño justo antes de continuar—. Su bondad me da un enorme consuelo. —Ya me imagino cómo le debe de consolar la silenciosa gentileza de su mujer. Estoy a punto de sugerirle que tal vez sea mejor que esté aquí su mujer para hablar con el médico en lugar de su hermano, cuando me dice—: Y por eso no le deben dar malas noticias a ella. Ha de tener esperanza. Ella tiene que poder cuidar de nuestros hijos sin estar triste.

Lo sabe. Él ya lo sabe. El alivio y el pavor compiten en mis pensamientos: ¿qué debería decirle?

—Señor Majumder, yo me encargo de reunir todos los resultados y de concertar una cita para usted y su familia con el señor Castle esta tarde, cuando termine de operar. Suele hablar con sus pacientes y sus familiares a las seis de la tarde. ¿Les viene bien a usted y a su… hermano? —Ay, he estado a punto de decir «esposa»… porque prefiero que lo sepa ella.

El señor Majumder acepta y tiene la amabilidad de no hacerme más preguntas. Todo está dispuesto para más tarde. Lo he hecho lo mejor que he podido, pero he evitado una oportunidad de explorar qué se habrá imaginado el señor Majumder. Yo lo sé, y él lo sabe, y yo sé que él sabe que yo sé que lo sabe. La cirugía parece algo sencillo en comparación con comunicarse bien. Cuánto me queda por aprender.

Puede hacer falta valor para iniciar una conversación potencialmente emotiva, y entre las preocupaciones que nos disuaden de arrancar se incluyen pensamientos como estos:

¿Y si yo me pongo emotiva?
No voy a iniciar la conversación porque no tengo la sensación de encontrarme con la tranquilidad necesaria.

¿Y si lo que consigo es alterarlo?
Tal vez quiera preguntarme algo que no puedo responder.
¿Cómo estaremos al final de esta conversación? ¿Y si terminamos angustiados los dos?
¿Y si no quiere hablar de esto conmigo?

Todos estos pensamientos son realistas e importantes. Demuestran que arrancar no es el único obstáculo: hay que tener en cuenta otras cosas, como el modo de comprobar que el otro está dispuesto a conversar, cómo desenvolvernos en la conversación una vez iniciada y cómo llevarla a una situación segura antes de marcharnos, se haya completado o no. Veremos todas estas ideas en capítulos posteriores. Igual que en cualquier otra tarea que emprendamos, una conversación ha de tener un comienzo, un desarrollo y un final. Ahora nos centraremos en el comienzo.

Para empezar, hemos de tener en cuenta si las circunstancias son las apropiadas, y por «apropiadas» debemos entender «lo suficientemente buenas», porque jamás vamos a hallar el momento perfecto. Si es un buen momento y la situación nos da la oportunidad de charlar, es probable que no se presente una ocasión mejor. La guía de estilo tiene dos sabios consejos al respecto: el primero es que el otro también tiene derecho a elegir. Si el momento no es el apropiado para esa persona, es una decisión que le corresponde a ella. El segundo es que tampoco hay por qué solucionar la cuestión del todo de una sola tacada: podemos poner en pausa una conversación después de haber discutido y retomarla en otro momento. Podemos invitar a alguien a bailar y respetar su decisión de aceptar o no; una vez en la pista de baile, tampoco es obligatorio seguir bailando hasta el agotamiento.

¿Cómo sabemos si para el otro es el momento apropiado para hablar? ¿Cómo sé yo si soy una persona con la que le gustaría conversar? En lugar de tratar de imaginarnos qué es lo que tiene en la cabeza o de empeñarnos en formular una frase concisa que resuma toda la conversación, puede resultar útil y tranquilizador ofrecernos para charlar sin más o pedirle al otro que converse con nosotros.

Sí, ya lo sé, es terriblemente simple, ¿verdad?

«Parece que le estás dando vueltas a algo en la cabeza. ¿Quieres charlar sobre ello?» o «Hay algo a lo que le estoy dando vueltas. ¿Podría hablarlo contigo en algún momento?».

«Hay una cosa que me gustaría comentar contigo. ¿Cuándo sería un buen momento para ti? Yo estoy disponible cuando quieras».

Puede ser muy útil utilizar sacar temas que sirvan para dar pie a una charla: «¿Has visto ese programa sobre…?» es una manera neutra y sencilla de iniciar una conversación. «Me encantaría que pudiésemos charlar sobre algo que he leído / he visto hace poco en la tele. ¿Te parece bien?».

«Hay una cosa que me tiene preocupado, y me gustaría hablarlo contigo. ¿Te importaría darle una vuelta al tema conmigo?». La mayoría de la gente no da la espalda cuando se le pide ayuda. Hablaremos de esto con más detalle más adelante.

Una vez que hayas extendido tu invitación, «¿Podemos hablar, por favor?» (o su variante «¿Quieres hablar?»), estamos listos para averiguar por dónde le gustaría empezar. Hay otra pregunta sencilla que resuelve ese dilema: «¿Por dónde te gustaría empezar?». Suena demasiado simple y evidente, pero esa es la manera de averiguarlo.

Iniciar una conversación sobre alguna verdad difícil puede intimidarnos porque tememos provocar una sensación de angustia a los demás. Por supuesto, no es la conversación lo que provoca la angustia, sino la difícil situación en la que se encuentra el otro. Hablar sobre la situación —se trate de una preocupación por un familiar, por perder el trabajo, la pérdida de un ser querido, un problema económico, de salud mental o de una enfermedad grave— no la va a empeorar. Es más, mucha gente habla de una sensación de soledad cuando sus amigos y familiares los evitan por completo por miedo a disgustarlos hablando de «ello». La sensación de sufrir angustia y no poder hablar de ello puede ser peor para muchas personas.

Es posible que la conversación se haya iniciado porque otro te pidiera consejo. En ese caso, en lugar de «¿Por dónde te gustaría empezar?», quizá te resulte más útil comenzar con un «Cuéntame hasta dónde sabes» o un «Cuéntame lo que deba saber». Al servirnos de preguntas o de dar pie al otro para invitarlo a contarnos de qué desea hablar, evitamos el error de darnos de bruces con elementos de la situación de los que esa persona no desea hablar en este momento con nosotros.

Comenzar con una invitación para charlar abre la puerta al diálogo, permite al otro aceptar o rechazar dicha invitación y, además, prepararse mentalmente para mantener una conversación seria. Es una forma de consentimiento, y es importante, porque una conversación funciona mejor cuando el poder se halla lo más equilibrado posible.

Cuando se trata de un debate a fondo sobre una situación complicada, es más probable que funcione si se percibe como una colaboración más que como algo que uno le impone a otro. Tal vez estés tratando de invitar al otro, pero si ese otro es un compañero de trabajo que no se encuentra jerárquicamente a tu altura o es una persona cuyo puesto de trabajo u otro tipo de seguridad dependen de ti, es posible que no se vea capaz de rechazar tu invitación. ¿Cómo puedes entonces dejar claro ante esa persona que es ella quien elige?

El sitio donde tiene lugar la conversación también es relevante. ¿Puedes disponer los asientos de forma que estéis a una altura similar? ¿Podéis veros en un espacio donde la otra persona se sienta segura? ¿Qué puedes hacer para que la conversación tenga un aire más distendido? En el ejercicio de mi carrera como médico, preparaba unas tazas de té para los pacientes y sus familiares como acompañamiento de nuestras conversaciones más delicadas: es un pequeño gesto que, aun así, convierte una «consulta» en una conversación.

Un lugar seguro suele ofrecer una cierta intimidad, puede ser un sitio donde no haya interrupciones u otro que sea bien conocido y dé tranquilidad, o puede significar esperar a que se unan los allegados de esta persona que la van a apoyar, ya sea a modo de oyentes o para participar en la conversación, para darle una sensación de seguridad, o puede significar comenzar la conversación de manera anticipada de tal forma que el otro tenga la oportunidad de hablar sin la presión de la presencia del resto de la gente en la sala.

El momento apropiado puede ser cuando la persona se sienta segura, y esto puede suponer que el paciente esté libre de síntomas: cuando una persona sufre una enfermedad grave, por ejemplo, es posible que quiera aprovechar para tomarse unos analgésicos o que prefiera dormir una siesta antes de la conversación importante para poder concentrarse mejor. El otro nos puede orientar respecto a cuándo es un buen momento para hablar, porque se trata de una invitación: nosotros le ofrecemos la oportunidad.

Hace treinta años, Stefan era mi vecino. Era un gran jardinero, y solía aconsejarme sobre la poda de mis rosales. En ocasiones, nuestras conversaciones versaban sobre otros temas, con frecuencia sobre su mujer, Irene, una magnífica cocinera con un don para los arreglos florales con rosas. Stefan llevaba el jardín de tal manera que siempre hubiese algo que Irene pudiese poner en un jarrón y dejarlo precioso. Una primavera, en el transcurso de una serie de visitas para aconsejarme sobre la poda, Stefan charló conmigo sobre la salud de su mujer.

Stefan se ha percatado de que Irene se queda sin aliento al subir las escaleras. De vez en cuando se despierta por las noches con una «sensación rara» y se baja tan tranquila a la habitación de invitados a dormir allí el resto de la noche, incorporada sobre cinco cojines. Ella le dice que no se preocupe, que todo el mundo se hace mayor y que no es más que eso.

¡Tenemos ya ochenta y tantos años, Stefan! —suspira Irene—. Mientras pueda seguir encargándome de las tareas de la casa, no hay nada de lo que preocuparse.

Pero Stefan sí está preocupado. El hecho de no hablar sobre ello no va a lograr que desaparezca. Me habla de amigos que tenían una afección pulmonar y cardíaca que empezaron por notar que les faltaba el aire, y que la cosa fue empeorando hasta que murieron. Stefan no se imagina la vida sin su Irene. Si ella está enferma, él quiere que vaya a ver a su médico. Quiere que me pase por su casa y se lo diga a su mujer, pero esto es algo que tienen que solucionar entre ellos. Irene es una persona muy reservada, así que me limito a podar mis rosas y a que Stefan me cuente sus preocupaciones.

Stefan dice que se lo repite todos los días:

—Irene, anoche te levantaste de la cama otra vez con lo de la respiración. Te voy a pedir cita con el médico.

—¡Deja ya de preocuparme, Stefan! ¡Esto no es nada! ¡Los médicos tienen cosas más importantes que hacer!

Llegan a un punto muerto: él presiona, ella se rebela y, mientras tanto, se sigue quedando sin aliento. A nadie le gusta que le digan lo que tiene que hacer, ¿verdad? Le pregunto a Stefan si Irene tiene a alguien de confianza a quien él le pueda pedir que la aconseje.

Stefan llama a la hermana de Irene, Paula, para pedirle ayuda. Paula es unos años más joven que Irene, y las dos hermanas quedan en el centro todas las semanas para tomar café y tarta. Stefan le describe los síntomas de Irene y le dice que no quiere ir al médico.

—Ya sabes cómo es Irene, Stefan —le dice Paula—. Siempre ha sido muy cabezota. Basta que tu digas «arriba» para que ella diga «abajo». A lo mejor deberías ceder un poco.

—Pero si cedo seguirá sin ir al médico —dice él—. Mira, es que no sé qué hacer con Irene, y llevo cincuenta años intentándolo… ¿Por qué no hablas tú con ella? —Y Paula accede.

Paula adopta un enfoque distinto. Llama por teléfono a su hermana y le dice:

—Irene, no voy a andarme por las ramas, y tampoco quiero que tú lo hagas. Stefan me ha dicho que está preocupado por tu respiración, y ahora yo también lo estoy. Me gustaría saber un poco más. ¿Te parece si hablamos de ello? No tiene por qué ser hoy, cuando tú estés en condiciones de hacerlo.

Le ha hecho una invitación, y ahí la ha dejado. Ahora le toca mover ficha a Irene, a quien le dan ganas de enfadarse: sus familiares están hablando de ella los unos con los otros, pero sabe que no es por malicia, sino que es la preocupación lo que los mueve. Y ella —ha de reconocer ante Paula— también está un poco preocupada.

—Mira, Irene, yo estoy encantada con que charlemos cuando a ti te parezca bien, pero quizá nuestra cafetería no sea el mejor sitio para hacerlo —le dice Paula—. Hay un montón de oídos atentos. ¿Dónde te gustaría hablar? ¿Prefieres hablar conmigo o con Stefan? ¿O con los dos a la vez? Ya sé que él se preocupa, y eso hace que se ponga pesado con el tema. ¿Prefieres que vaya a tu casa y te apoye?

Al ofrecerle a Irene distintas posibilidades, Paula está haciendo responsable a su hermana en lugar de imponerle su voluntad.

—¿Por qué no te vienes, Paula? Prepararé un té y podemos charlar con Stefan. ¡Y después podremos salir las dos a tomarnos la tarta y disfrutar de un poquito de paz!

Stefan está encantado. En el momento en que le han hecho una invitación en lugar de una imposición, la propia Irene ha elegido el momento, el lugar y las personas con las que desea hablar.

La fuerza de esa invitación residía en darle a Irene la sensación de que ella tiene el control, y ese simple cambio ha hecho que se vea capaz de escoger cuándo hablar y, además, también ha decidido qué quería hacer para animarse cuando termine la conversación. Con eso quedaban resueltos el comienzo y el final. Estoy segura de que también resolvieron el desarrollo.

Escuchar para comprender

¿Cuándo fue la última vez que tuviste la sensación de que te estaban escuchando de verdad, de que había alguien que no solo era capaz de comprender lo que estabas diciendo, sino también los motivos por los que el tema de la conversación era importante para ti? ¿Cómo te demostró esa persona que te estaba prestando atención? Lo que estamos considerando aquí no es simplemente que te escuchen, sino que te comprendan.

Hoy me toca consultorio. Soy una doctora muy novata —en formación— en una clínica cuyo médico especialista titular es una catedrática, una eminencia mundial en la enfermedad de tiroides.

La joven que se encuentra en mi sala de reconocimiento médico viene derivada por su médico de cabecera con el típico historial de una tiroides hiperactiva: pérdida de peso, sudores, temblores en las manos, palpitaciones y la sensación de no ser capaz de notarse tranquila. Se llama Leonie y es de mi edad. Trabaja en una zapatería del centro —en mi zapatería preferida, para ser exactos—, y hemos comentado su problema de tiroides, las pruebas que le voy a tener que pedir, los zapatos de verano con la punta abierta para los dedos y la altura de los tacones. Ahora le toca examinarla a la médico titular, comprobar que no he pasado nada por alto y dar su visto bueno al plan de pruebas diagnósticas y de cuidados. Me siento bastante orgullosa de mi nivel de comunicación con esta paciente, y ya sabemos todos lo que viene justo después del orgullo, ¿verdad que sí?

—Es un caso bastante simple de una tiroides hiperactiva —le cuento a la profesora en el pasillo y enumero la batería de análisis de sangre y escáneres que tengo en mente, le informo de que

36

la paciente no está embarazada, de modo que el tratamiento con yodo radioactivo no supondrá un riesgo.

La catedrática asiente, abre la puerta y me cede el paso de vuelta al interior para presentarle a nuestra paciente.

La profesora es una mujer alta y elegante que se acomoda en el lateral de la camilla de examen para tener los ojos a la misma altura que los de Leonie, que está sentada, incorporada en la camilla, cubierta con una sábana. Sonríe y toma la mano de Leonie. Sé que se va a valer de ese contacto físico para comprobarle el pulso, los sudores y los temblores en las manos mientras charlan.

—¿Para cuándo está fijada la boda? —pregunta la profesora.

«¿La boda?».

Leonie se pone roja como un tomate, respira hondo, y sus ojos grandes y redondos comienzan a llenarse de unas lágrimas que los desbordan y le ruedan por las mejillas.

La profesora se queda esperando. Saca un pañuelo de papel de la caja que hay junto a la camilla y se lo pone a Leonie en la otra mano, la mano en la que luce el anillo de compromiso que yo no había visto. Leonie se seca los ojos y traga saliva con esfuerzo.

—¿Todo bien? —sonríe la profesora con una expresión comprensiva.

Leonie asiente.

—Eso ha sido un poco emotivo, ¿no? —dice la profesora. ¿Quieres contarme de qué se trata?

Se produce una pausa antes de que Leonie diga:

—No me puedo casar con este aspecto… —Y comienza a llorar de nuevo.

La profesora le suelta la mano y espera. Es un largo silencio. No me había percatado hasta entonces de lo fuerte que suena el tic tac del reloj de la pared, de la cantidad de ruido del tráfico que se filtra como un golpeteo a través de las ventanas opacas y —en este silencio— del estruendo de los latidos de mi corazón.

—El vestido… —arranca Leonie antes de detenerse y de volver a tragar saliva—. El vestido… Me está grande, y es abierto, y el bulto que tengo en el cuello me parece enorme… —dice, y se echa a llorar de nuevo.

La gente con una tiroides hiperactiva pierde peso. Leonie es muy menuda. Soy consciente (porque le he realizado una historia muy detallada) de que ha perdido cuatro kilos y medio en tres meses, pero es muy fácil ajustarte el vestido. Sería mucho más difícil si esta mujer hubiese engordado. Tiene una pequeña hinchazón en la tiroides, lo que llamamos «bocio» que se desvanecerá en cuanto reciba su tratamiento. Apenas es visible: he tenido que examinarla de manera minuciosa para dar con él. No se verá en las fotos. Encuentro muchas cosas que decirle para ofrecerle consuelo.

No obstante, la profesora no menciona ninguna de ellas.

—Suena como si te sintieras distinta —dice—, y eso te alterará mucho.

Leonie asiente hecha un mar de lágrimas.

—Ya no parezco yo —dice—. No culparía a Luke si me dejara.

La profesora vuelve a asentir y aguarda por si Leonie va a decir algo más. Al ver que la paciente no rompe el silencio, interviene:

—¿Te sientes muy distinta, y te preocupa que eso pueda afecta a la opinión que tiene de ti tu prometido? —resume ella, y Leonie asiente otra vez—. ¿Y también afecta a la opinión que tú misma tienes de ti? —indaga con delicadeza la profesora, y Leonie asiente mientras se balancea en la camilla y se abraza para pegarse la sábana al cuerpo menudo. Comienzo a entenderlo. No se trata de si el vestido le queda bien o no al cuerpo de Leonie, se trata de si el cuerpo de Leonie le queda bien a la propia Leonie.

La profesora le ha hecho cuatro preguntas. Ha habido más silencios que conversación, y aun así ha determinado en cuestión de minutos cuál es la crisis que constituye el núcleo de esta consulta. Yo lo sabía todo sobre esta paciente: su estatura, su peso, el pulso y la talla de zapatos. Resulta que sí sabía qué le pasaba a mi paciente, pero no sabía qué era lo más importante para ella.

Con las prisas de la vida cotidiana, consumimos información sin llegar a asimilar una gran parte de ella. Es algo que tenemos que hacer, o de lo contrario nos sentiríamos abrumados: radio, televisión, redes sociales, familia, amigos, compañeros de trabajo, clientes, llamadas telefónicas, mensajes de texto, correos electrónicos, conversaciones… Recibimos un bombardeo de «comunicaciones», y, aun así, rara es la ocasión en que de verdad sentimos que nos estamos comunicando.

Durante una conversación importante, cuando queremos comunicarnos con eficacia, nuestra manera de escuchar puede ser más importante que lo que decimos. Escuchar con atención nos ayuda a comprender la perspectiva de la persona con la que estamos hablando. Nuestra comprensión nos ayuda a dosificar la charla: no decir las cosas demasiado de golpe, tener en cuenta el punto de vista del otro, oír sus pensamientos, reparar en sus emociones. Bailamos con una atención primorosa y sin perder el paso.

Lo primero es olvidarnos de hablar. Vamos a escuchar sin tratar de formular qué diremos a continuación: escuchar, no para responder, sino para comprender. Esto puede significar que se produzcan silencios: mientras el otro se aclara las ideas, mientras nosotros reflexionamos acerca de lo que ha dicho la otra persona, en caso de que uno de nosotros se ponga más sentimental. «Escuchar para comprender» significa que no podemos planificar con antelación lo que vamos a decir hasta que hayamos absorbido por completo lo que acaba de decirnos la persona a la que estamos escuchando.

Acepta sin juzgar. Todos los modelos de la práctica de la psicología tienen este consejo en común, el de escuchar sin juzgar. La persona que habla ha de disponer de la oportunidad de describir su experiencia, en parte para que nosotros podamos comenzar a ver la situación con el aspecto que tiene para ella y a percibirla tal cual la percibe ella, pero, de un modo quizá más importante, para que al describirla de forma plena, la otra persona pueda también coger una perspectiva nueva con respecto a algo en lo que ha estado demasiado inmersa como para poder verlo con algo de claridad. El temor de que el oyente pueda estar juzgando sus palabras, su relato o su fortaleza para afrontar la situación puede menoscabar la transparencia cuando lo que necesita esa persona es contarlo todo con pelos y señales por desagradables que sean, y la perspectiva puede llegar a intimidarla. Hablar con un desconocido puede resultar más sencillo que contarle la historia a alguien cuya buena opinión sea importante para esta persona: puede ser especialmente difícil hablar con franqueza con un familiar o un amigo muy querido (por ejemplo, por temor a inquietarlos) o con alguien a quien se percibe en una posición de superioridad como un profesor o un compañero de trabajo con mayor responsabilidad (quizá por que preocupe su desaprobación o el impacto en la progresión de la carrera profesional). El único juicio que es útil como oyente es el de considerarnos privilegiados por ser depositarios de esta confianza y dar lo mejor de nosotros para ser merecedores de ella.

Valora los silencios. Durante una conversación, es en los silencios cuando reflexionan ambos participantes. Cuando un diálogo tiene por objeto la simple transmisión de una información, no hace falta mucho silencio. Podrías estar contándome a qué hora y dónde nos vemos esta noche, y si conozco bien el sitio y el camino para llegar allí, nuestra conversación podrá ser breve:

—¿Nos vemos esta noche? ¿A las siete y media en la puerta del cine?

—Sí, perfecto, ¡allí nos vemos!

Pero, si hay más de un cine, o si no sé con certeza cuánto tiempo voy a tardar en llegar, tal vez necesite hacer una pausa para que me dé tiempo a pensar antes de decir: «No estoy muy segura de que me vaya a dar tiempo a estar allí a las siete y media. ¿A qué hora empieza la película?».

Ahora te va a hacer falta otra pausa para pensar: para recordar la hora de comienzo de la película o para calcular los anuncios que ponen antes y que nos van a dar algo de margen, o para acordarte de si más tarde hay algún otro pase de la misma película.

La presencia de los silencios a lo largo de la conversación tiene el efecto de ralentizarlo todo, y la ralentización nos permite concentrarnos mejor en lo que se dice, además de que, para mucha gente, sirve también para reducir la ansiedad que se siente al adentrarse en una conversación que podría ser trascendente, emotiva o que se estuviera esperando desde hace tiempo. Aun así, no perdamos de vista que un «silencio expectante» puede parecerle amenazador a alguien que no se sienta preparado para explorar sus pensamientos más incómodos: hablaremos más acerca del empleo del silencio de forma segura en el apartado: «El uso de los silencios», en la página 88. Adereza el silencio —sin reventarlo— utilizando expresiones cortas de aliento: «Está bien, sigo aquí», «Tómate tu tiempo», «Son muchas cosas en la cabeza». Date cuenta de que mirar de forma directa a alguien le puede hacer aturullarse o apresurarse a responder, mientras que apartar la mirada o mirar al suelo le concede espacio para reflexionar.

Los silencios ayudan a que las conversaciones funcionen. Dale espacio al silencio, no lo interrumpas.

Comprueba que lo estás entendiendo. Escuchar para comprender también supone comprobarlo y asegurarnos de que lo estamos entendiendo. Esta es otra verdad tan evidente que resulta sencillo pasarla por alto. Cuando alguien nos cuenta un problema que le tiene preocupado, le resultará útil que comprobemos de vez en cuando que estamos recibiendo el mensaje. Preguntas como «Entonces, si lo he entendido bien, lo que más te preocupa es… ¿Me he enterado bien?» o una afirmación como «Da la sensación de que lo que más te inquieta es…», y hacer una pausa para que nos lo confirme o nos corrija, nos sirven para asegurarnos de que no nos estamos haciendo una idea equivocada.

Estas interrupciones ocasionales para comprobar que lo estamos entendiendo bien no suelen descentrar a nuestro interlocutor, sino que, más bien, le ayudan a sentirse escuchado como corresponde. También ralentizan más la conversación: reducir la velocidad a la que el otro vierte la mezcla de ideas, emociones, palabras, recuerdos y posibilidades que le da vueltas en la cabeza le sirve de ayuda para expresarse con una mayor claridad. Es frecuente que el simple hecho de decirlo en voz alta ya le sirva de ayuda para reevaluar toda la situación y ver una nueva forma de afrontarla.

—Gracias —te dicen—, me has ayudado mucho a ver las cosas con perspectiva. Cuando lo cierto es que ha sido el otro quien ha hecho todo el trabajo por sí solo; el oyente se ha limitado a proporcionar un espacio de seguridad y a saber escuchar.

Los resúmenes y las comprobaciones son tan importantes que enseño a mis alumnos a pensar en escuchar como si fuera un vals, un baile que avanza a un compás de tres por cuatro: pregunta, pregunta, comprobación; pregunta, pregunta, resumen. Sin esos resúmenes y recapitulaciones frecuentes para comprobar que lo estamos entendiendo resulta fácil dejarse llevar y acabar convencidos de que hemos entendido la historia cuando, en realidad, hemos sacado unas conclusiones inexactas respecto de lo que hemos oído. Comprobar nuestra comprensión es algo esencial en escuchar para entender.

Y escuchar para comprender no es solo cuestión de palabras: supone percatarse de cómo se siente el otro además de asimilar lo que está diciendo. Quizá surjan las lágrimas o veamos unos puños apretados, un labio tembloroso u oigamos gritos de nervios; tal vez el otro se exprese con palabras emotivas o quizá sea su forma de hablar y las pistas de su lenguaje corporal las que nos comuniquen las emociones de la conversación. Percibir esas emociones nos ayudará a entender mejor a la otra persona, y comprobar nuestra comprensión de sus emociones es tan importante como percatarnos de que hemos entendido la historia.

Podemos comprobar nuestra comprensión de las emociones del hablante por medio de preguntas como: «¿Te sientes triste por estar contándome esto?» o «¿Te enfadas al estar recordando todo esto?». También podemos nombrar la emoción que observamos y comprobar la precisión de nuestras observaciones: «Parece que esto te altera, ¿es así?» o «A mí, todo esto me daría un poco de miedo. ¿A ti te inquieta?». Ofrecer nuestra interpretación de las emociones que estamos observando puede servir para que el hablante lo piense: tal vez haya estado tan atrapado en sus emociones que no haya llegado a procesarlas. Tal vez necesite algo de silencio para reflexionar sobre nuestra observación, y la manera en que le resultará más sencillo hacerlo será si le ofrecemos nuestras ideas como preguntas para que las considere y evitamos sugerir que entendemos perfectamente la complejidad de la situación tal y como la siente.

Pedirle al otro que haga un breve resumen de vez en cuando es otra manera útil de compartir la responsabilidad en una conversación, y es en particular importante en el caso de que esté recibiendo una información nueva conforme avanza el diálogo. En conversaciones en las que ofrezco al paciente o a sus familiares alguna clase de información médica nueva o en las que he comentado con él las opciones de los tratamientos para que se lo piensen, lo invito a hacer un resumen preguntándole: «¿Cómo le vas a contar a tus padres nuestra conversación?» o «¿Cómo le describirías a tu familia las distintas opciones de tratamiento?». Esto le ayuda a él a comprobar que lo ha entendido y a practicar en voz alta para comunicar esta nueva información, y me ayuda a mí a ver si hay algún detalle que tal vez ha entendido mal o ha pasado por alto. La comunicación es responsabilidad de ambas partes: si se produce alguna clase de malentendido, tenemos que retroceder juntos y volver a comentarlo, porque no formulé mi explicación anterior lo suficientemente bien. La pregunta que sirve para comprobar la comprensión del otro no es «¿Lo has entendido?», sino más bien «¿Qué es lo que has entendido?».

Acepta que la solución no es sencilla. Es posible que parezca que hay soluciones evidentes para el dilema que te están describiendo. Si cualquiera de las soluciones que se te han ocurrido para las dificultades del hablante te parece sencilla, lo más probable es que él ya lo hubiera solucionado a estas alturas: ofrecer soluciones rápidas no solo no resulta útil, sino que cierra el paso a la comunicación de la dificultad.

Acepta que las emociones estén a flor de piel. De igual modo, oír lo angustiado que se siente el hablante mientras nos describe su situación puede darte ganas de ofrecerle consuelo o de cambiar de tema para reducir esa angustia. Por supuesto, el problema continuará en el pensamiento del hablante: no hablar de ello no lo hará desaparecer, y el consuelo es falso cuando las dificultades son reales. Por muy incómodo que nos pueda parecer a nosotros, escuchar para comprender requiere que el oyente reconozca las dificultades, se permita sentir las emociones y no sofoque su expresividad.

Recuerda: no tienes por qué saber qué decir. Escucha de forma plena y no te distraigas preguntándote qué decir a continuación, cómo resolver la situación ni con cualquier otro pensamiento que te venga a la cabeza. Haz caso omiso de la tendencia que tenemos de buscar algo que decir que sirva de consuelo. Limítate a escuchar. Confía en ti: exactamente igual que los pies se mueven al ritmo de una música que no conoces, las palabras te vendrán a los labios cuando sea el momento de hablar y te saldrán del corazón en lugar de la cabeza. La tarea no es solucionar, es escuchar, así de simple.

—¡Tu padre me está volviendo loca! —grita la madre de Eloise al teléfono.

Eloise, que va cargada con la compra del supermercado en una mochila y va empujando el cochecito de su hija pequeña con una mano mientras sostiene el teléfono con la otra, busca un poco de sombra en el paseo del puerto y aparca el cochecito donde la niña pueda ver a los pasajeros que embarcan y desembarcan de los ferris.

—¡Hola, mamá! —dice ella. Su madre la ha llamado y se ha puesto a despotricar sobre su padre sin haberle dicho ni hola—. ¿Está papá contigo ahora?

—Se ha largado a su invernadero. Que tiene que fumigar sus tomates, me dice. ¡Pero si estamos en plena noche! Y en febrero, ¡que nos estamos congelando! ¿A qué juega? ¿Por qué se empeña en alterarme de este modo?

Eloise tiene el corazón en un puño, es un temor que ella conoce bien. Qué lejos están: aquí, en Nueva Zelanda, alcanza a imaginarse su acogedora casita en Escocia, a mamá al teléfono de la pared de la cocina, ese aparato tan antiguo. Cuando fue a verlos en Navidad, Eloise intentó hablar con sus padres sobre los fallos de memoria de su padre, sus distracciones cada vez más frecuentes, pero ellos se pusieron a la defensiva, y ella regresó a Nueva Zelanda angustiada por los dos.

—Mamá, ¿qué lleva puesto papá? —le pregunta, y ella le dice que se ha puesto la ropa de jardinero encima del pijama.

—¡Y también se ha puesto ese gorro viejo de la borla, tan ridículo! ¡Ya sabe que lo odio!

A través del teléfono, Eloise percibe la angustia en el desconcierto de mamá, como si estuviera convencida de que lo errático de los comportamientos y los estados de ánimo de su marido son alguna clase de broma enrevesada por su parte con la única intención de provocarla. Eloise entiende que, de alguna manera, esa convicción es más fácil para mamá que afrontar la posibilidad de que papá se encuentre atrapado en su propio universo de confusión.

—Mamá, ¿recuerdas que intenté hablar contigo sobre las conductas de papá cuando estuve por allí en Navidades? —le pregunta Eloise con sumo cuidado.

La pequeña le canturrea a una gaviota que se ha posado en una barandilla del puerto. Mamá guarda silencio. Eloise espera.

—¿Mamá? ¿Sigues ahí? —le pregunta pasado un momento.

—Sigo aquí —dice mamá—. No me gusta cuando hablas de ese modo sobre tu padre.

—Lo sé, mamá… lo sé. Os quiero mucho a los dos, y también me preocupo por los dos. —Mueve un poco el cochecito, y la niña se ríe—. Mamá, ¿estás preocupada por papá, aunque solo sea un poco?

—¡Pues claro que sí! ¡Está ahí fuera pasando frío en plena noche! —grita mamá.

—Sí, es para preocuparse que esté ahí fuera con el frío que hace, mamá —dice Eloise—. A mí también me preocupa, pero hay otras cosas que también me tienen preocupada… ¿Y a ti?

Durante el siguiente silencio, Eloise se descuelga la mochila de la espalda con un movimiento del hombro para buscar algo de comer para la niña. Esta conversación podría ser larga, y hace tiempo que tenía que haberse producido. Sabe que mamá estará combatiendo las lágrimas en este silencio, sufriendo para encontrar las palabras, pensando en los cambios en la conducta de papá. Estará decidiendo si sería desleal mencionarlos, contemplar la horrible realidad de pronunciarlos en voz alta. Eloise espera.

Por fin, oye que mamá dice:

—Mira, Elo, creo que papá está confuso. Que no está del todo bien… No lo sé… Es que no sé qué hacer.

«¡Ah, gracias a Dios! ¡Por fin! ¡Lo ha dicho!», piensa Eloise para sus adentros, pero en voz alta se limita a decir:

—Entonces, piensas que algo no va bien… y que no sabes qué hacer al respecto… —Espera. No hay respuesta—. ¿Te he entendido bien, mamá? —le pregunta Eloise.

Hay otra pausa antes de que mamá responda.

—Creo que hace ya una temporada que no está bien, pero yo no dejaba de decirme que me lo estaba imaginando. Pero… pero… ¡Ay, Elo! Creo que ayer no me reconoció durante un momento. Pensó que era una de las limpiadoras de su oficina.

A mamá se le quiebra la voz, y el corazón de Eloise siente la necesidad de estirarse de tal manera que llegue hasta la otra punta del globo para calmar las lágrimas de su madre. No tiene ni idea de qué decir en respuesta ante esta revelación ni ante el tono abatido en la voz de su madre, y deja que sea su corazón el que hable y diga:

—Ay, mamá. Eso ha debido de ser muy triste para ti.

A medio mundo de distancia de sus padres y meneando una vez más el cochecito de bebé para mantener a la pequeña Bonnie entretenida, Eloise siente que es a ella a quien se le parte ahora el corazón.

—Gracias por contármelo, mamá. Suena todo muy triste. Entonces… parece que hace tiempo que notas algunos cambios, pero ¿no estabas segura…?

Se oye un barullo de voces a través del teléfono: la de mamá y la de papá, que debe de haber entrado procedente del invernadero. Bien. Hace muchísimo frío para estar ahí fuera en plena madrugada de un febrero escocés.

—¿Mamá? ¿Papá? ¿Estáis ahí? —pregunta.

Vuelve a oír la voz de mamá.

—Ha vuelto a entrar en casa. Voy a preparar un poco de leche con cacao para los dos y nos volvemos a la cama. Te llamo por la mañana, cielo, y gracias por escucharme.

—Hasta luego, mamá. Dale un beso de mi parte a papá, y de parte de la peque Bonnie, que está mirando a las gaviotas. Estamos a punto de subirnos al ferri camino de casa.

—Papá dice que esa niña debería estar en la cama —dice mamá—. Es incapaz de recordar que en Auckland no tenéis la misma hora, ¡pero al menos se da cuenta de que aquí sí es hora de estar en la cama! Luego hablamos. Adiós, cielo.

Mamá cuelga.

Eloise le limpia la cara a la pequeña Bonnie, se echa la mochila a la espalda y se dirige hacia el ferri. De alguna manera, por el hecho de no estar cara a cara, o por la crisis, o porque Eloise ha utilizado preguntas en lugar de contarle a su madre los cambios que ella ha advertido en su padre, o porque ha conseguido escuchar en lugar de aconsejar —Eloise no tiene nada claro qué ha tenido de distinto esta conversación—, su madre por fin le ha confiado que a su padre le está pasando algo. Es un primer paso. Un paso enorme. Eloise reflexiona y se da cuenta de que, en Navidad, ella había intentado echarle una buena charla a mamá, cuando lo que le habría ayudado realmente era que la escucharan bien. Empuja el carrito para subir por la rampa de la pasarela del ferri y busca un asiento libre junto a la ventana. Bonnie puede ver los demás barcos en las aguas tranquilas y soleadas de la bahía mientras Eloise contempla la marejada que se avecina para sus queridos padres.

Eloise escuchó, respetó los silencios y comprobó su comprensión de cuanto le estaba contando su madre. Reconoció que se trataba de una situación complicada con dificultades prácticas y unas enormes implicaciones emocionales, y que su madre estaba angustiada, que temía por su marido y le preocupaba el futuro. Eloise mencionó la tristeza de su madre y comprobó que había captado bien sus preocupaciones: su convicción de que había percibido cambios mentales en su marido. Al final de su breve conversación, Eloise y su madre habían alcanzado una nueva forma de entendimiento mutuo, un lugar en común al que Eloise podría regresar cuando su madre se sintiera en condiciones de explorar qué iba a hacer a continuación.

Sobre la delicadeza

Hace ya varios años que utilizo la expresión «conversación delicada» para referirme a una charla sobre un tema sensible. En un principio, se trató de una respuesta espontánea frente al vocabulario del miedo: «conversaciones valientes», «complicadas», «difíciles»… Todos esos calificativos suscitan una respuesta de autodefensa que es justo lo contrario de la mentalidad que requieren estas conversaciones, un «Estoy aquí, cuenta conmigo». Me pareció que la delicadeza evoca la predisposición más servicial de cara a una charla que puede ser dolorosa para una o para las dos partes. Reconoce la presencia del dolor, pero no como algo a lo que se ha de vencer, sino como una experiencia que se ha de contemplar con sensibilidad y respeto. En lugar de contenerme, me doy. No se trata del coraje, de la complicación ni de la dificultad, sino de estar presente de forma plena e intencionada.

Delicadeza: sensibilidad al dolor. Todos entendemos la idea de lo que es tener algo «delicado» físicamente, ya sea ese dolor de muelas que nos hace temer el agónico pinchazo que nos hará poner cara de sufrimiento, o ese dolor de barriga que nos hace temer que nos toquen o a movernos justo ahora que habíamos encontrado la postura en que apenas lo notábamos, o las palpitaciones en un tobillo que nos acabamos de torcer, que llegan después del dolor y nos advierten del tormento que supondría dar otro paso más con ese miembro lesionado. Esa condición «delicada» es una sensibilidad al borde de la experiencia del dolor que nos avisa de que no nos aventuremos más allá. Su equivalente emocional es también sentirnos delicados: la consciencia de que la angustia acecha próxima y el deseo de minimizar el riesgo de zambullirnos en ella.

Esa delicadeza es, por lo general, la sensibilidad de un individuo al propio dolor. Como médico, me enseñaron a ser muy considerada con el malestar del paciente cuando examino un abdomen dolorido, a explicarle por qué he de palparlo y a pedirle permiso para hacerlo, a prometerle que dejaré de hacerlo si el dolor no es soportable, a observar todo el rato la expresión en su cara en busca de señales de malestar, y en el caso de los niños (y con frecuencia también de los adultos), a dejar que me sujeten la mano con la que los examino de tal modo que la puedan guiar y tener así una cierta sensación de control. El paciente tiene la tripa delicada, el médico ha de proceder con precaución, es decir, ha de tener delicadeza con el dolor de su paciente durante todo el examen.

De un modo similar, cuando una persona es sensible al dolor del otro, será más probable que prosperen estas conversaciones de las que estamos hablando: será un intercambio de sensibilidades —o delicadezas— donde nos movemos con tacto para reducir la amenaza de angustia para el otro. Igual que al examinar ese abdomen dolorido, cuando participamos en una conversación que puede provocar dolor al otro, debemos ser sensibles con su situación delicada y, aun así, no rehuir la tarea.

En un principio, la búsqueda de una descripción positiva de estas conversaciones tan importantes que sirviese como alternativa a «con valentía», «complicada» o «difícil» fue una idea sencilla e instintiva. No obstante, mi uso posterior del lenguaje ha sido algo más deliberado. Al endosar una etiqueta problemática a una conversación, arrastramos esa sugestión y todos sus matices negativos a la relación que se produce entre dos personas. ¿Cómo podríamos describir estas interacciones tan importantes con unos términos que sean apropiados para el verdadero tono de la tarea? Son conversaciones «benevolentes» en el sentido de que tratan de hacer un bien aun cuando pueden provocar emociones muy dolorosas. Hace falta una palabra que describa «ofrecer atención», «valorar» la conversación, afrontarla «con tacto». Lo «delicado» de la tarea requiere de «sensibilidad» por parte de quien la asume.

También es necesaria la consideración: cuando un policía ha de dar una mala noticia o un médico tiene que ofrecer un diagnóstico grave, no hay manera de evitar la angustia que seguramente provocará la noticia. Su tarea consistirá en dar la noticia de la manera más considerada posible, y, en ocasiones, lo único que podemos intentar es causar el menor dolor posible: si evitamos la tarea y no damos la cara ante una conversación tan trascendental para la vida del otro, causaríamos un daño aún mayor.

En cuanto a los familiares o amigos que promueven una conversación para ofrecer apoyo a alguien en su angustia, o que asisten invitados a ella, es necesario que sean generosos con su tiempo y su atención. En todas estas conversaciones, hemos de ser conscientes de que nuestras palabras, nuestras preguntas, nuestra mera actitud pueden ofrecer consuelo, pero también debemos tener presente que vamos a palpar zonas muy próximas a temas que resultan dolorosos. El otro tiene una herida, y nuestra respuesta ha de ser reconocer esa herida y su sensibilidad al dolor. Estamos reconociendo que tiene una situación delicada.

Por eso, por motivos que comienzan por la persona a la que hay que respaldar más que por la persona que respalda, la delicadeza ofrece una descripción que incluye la vulnerabilidad del otro y también engloba la actitud que hemos de adoptar. Delicadeza. Estas conversaciones, sean cuales sean sus circunstancias, requieren de la delicadeza de quien trae la noticia —o del que participa en el diálogo— en respuesta directa a lo delicado del dolor de la otra persona. Estas son las conversaciones delicadas.

En caso de que quede aún alguna duda, siempre podemos recurrir al diccionario, no solo en busca de las definiciones y los sinónimos de «delicado», sino también para buscar sus antónimos. Ahí tenemos una lista de los calificativos que he oído utilizar a gente dolida para describir las horribles conversaciones que han tenido con gente tan variopinta como médicos, familiares, abogados y otras personas con las que han hablado por teléfono al llamar a bancos, aseguradoras, organismos públicos y compañías de suministros. Son conversaciones que ellos describen como «crueles», «duras», «despiadadas», «insensibles» e «hirientes», toda una descripción detallada de la falta de sensibilidad. Son conversaciones que carecen de cualquier sentido de la empatía, del reconocimiento del sufrimiento del otro, que no tienen en cuenta la situación delicada del otro, conversaciones sin delicadeza que causan un dolor innecesario.

¿Cómo se interpretaría la formación en comunicación si, en lugar de aprender técnicas para «dar malas noticias» o para participar en «conversaciones difíciles», se invitara a la gente a formarse en «conversaciones delicadas»? ¿Cómo nos sentiríamos con las «conversaciones incómodas» que hemos de tener con compañeros de trabajo, familiares o amigos si, en lugar de esa manera, las viésemos como unos momentos de una delicadeza compartida? ¿Cómo percibirían su deber los portadores de noticias inoportunas si entendieran que, al dar esas noticias con delicadeza y respaldo, la inevitable angustia que sentirá el receptor lo capacitará para formular una respuesta ante el problema? La causa de su dolor no somos nosotros, es la situación.

Cuando participamos en una conversación delicada, creamos un espacio seguro para el sufrimiento del otro:[1] nosotros no causamos su sufrimiento, pero sí podemos acompañarlo en ese sufrimiento y darle apoyo. Al tomarnos un momento para estar con él mientras asimila las noticias inoportunas, le demostramos que su situación y sus repercusiones emocionales son dignas de que le dediquemos nuestro tiempo y atención. Nuestra delicadeza con sus necesidades ofrece auxilio en unas circunstancias que se pueden percibir como algo cruel y solitario. Nuestra capacidad para mantenernos a su lado mientras pasa por su tormenta emocional no aminora su angustia, pero sí evita el dolor añadido de sentirse abandonado en un espacio de sufrimiento.

Ponemos a su servicio nuestra atención discreta y legitimamos su sensibilidad al dolor.

Estas son las conversaciones delicadas que requieren de nuestra valentía, habilidad y determinación. Implican nuestra propia disposición a ser vulnerables. La delicadeza es una virtud, y su aplicación requiere de nuestra fortaleza.

---

[1] La expresión «espacio seguro para el sufrimiento» la acuñó la doctora Averil Stedeford en su libro *Facing Death: Patients, Families and Professionals.*

La curiosidad

La curiosidad de los niños pequeños parece inagotable. Las preguntas no se acaban nunca. Se detienen a examinar pequeños detalles del mundo que pueden pasar desapercibidos para la atención de un adulto: la mariquita en una hoja, esa persona que luce un sombrero tan interesante, el abanico de diversos ladridos entre los distintos perros, la diferencia entre su mano izquierda y su mano derecha. La curiosidad es el motor del descubrimiento de cómo funciona el mundo. Los niños van acumulando información, la catalogan y la comparan, la archivan, la recuperan y la reorganizan a medida que otras experiencias nuevas refuerzan o rebaten lo que habían aprendido antes. Todos y cada uno de sus nuevos descubrimientos los dejan fascinados. No ven las respuestas en términos de «correcto» e «incorrecto», de «bueno» o «malo», ni siquiera de «probable» e «improbable». Recopilan la información sin más y la utilizan para descifrar sus experiencias. En esta técnica de la curiosidad y el cuestionamiento, los niños son el modelo de nuestro estilo como conversadores. La curiosidad nos ayuda a formular preguntas que exploran y aclaran informaciones complicadas. Vamos a ver en acción a una exploradora de las ideas.

—Sí, pero ¿por qué?

Polly está sentada en una piedra junto al mar. El cangrejo minúsculo que tiene en su cubo rojo se llama Hattie —según me ha informado ella—, y Hattie necesita un amigo. Sin embargo, el agua del cubo se está calentando al sol, y nosotras hemos quedado con los padres de Polly para tomarnos un helado en el paseo marítimo y vamos a tener que marcharnos pronto, así que ha llegado el momento de devolver a Hattie a su charca entre las rocas.

—Quiero coger un amigo para Hattie y llevármelos a los dos a casa como mascotas —gruñe Polly empeñada, a sus tres años—. Mamá me dejaría.

Soy novata en cuestiones de tira y afloja con los niños. Me llevo a Polly de paseo por las charcas entre las rocas mientras sus padres acuden a la revisión de la madre de Polly con el obstetra para comprobar la evolución del embarazo de mi amiga del que será el nuevo hermanito de Polly dentro de apenas unos meses.

Hemos llegado a un punto muerto. No quiero provocar una escena, así que me siento en la piedra al lado de Polly y observamos juntas la charca.

—¿Por qué está tan lejos el mar? —pregunta Polly, que alza la mirada de las piedras y vuelve la cabeza sobre el hombro para fijarse en la amplia extensión de arena hasta el agua, que se ha retirado en plena marea baja y hace posible nuestra excursión por las charcas de las rocas. Bueno, pues ahí tenemos la pregunta: las mareas, la gravedad, la luna, la tierra... ¿por dónde empiezo?

—El mar avanza y retrocede muy despacio todos los días —le cuento—. Dentro de un rato, hoy mismo, el mar subirá hasta estas rocas y las cubrirá.

La cabeza de Polly describe el arco que va desde aquellas olas que rompen en la arena, en la distancia, hasta las rocas en las que estamos sentadas. Es un buen trecho.

—¿Cuándo? —me pregunta.

—Dentro de unas seis horas —le digo—, que será, más o menos, cuando llegue la hora de irte a la cama esta noche. Cuando el mar cubra por completo esta pequeña charca, todos esos pececillos y las gambas podrán volver a nadar en el mar a sus anchas, y si Hattie está aquí, podrá jugar con sus amigos que viven en otras charcas entre las rocas.

Polly no va a permitir que la lleve hacia una conversación sobre el destino de Hattie. La acaban de informar de que el mar se mueve, de que avanza y retrocede. Y esto es algo Muy Gordo.

—¿Y cómo sabe el mar hasta dónde tiene que subir por la playa? —pregunta.

—Pues no lo sé —reconozco—. Yo creo que llega hasta donde puede antes de que sea la hora en que le toca volver a retirarse.

—¿Es que alguien cierra el grifo antes de que llegue demasiado alto? —pregunta. Me quedo sin saber qué decirle—. Una vez, papá cerró el grifo cuando la bañera estaba demasiado llena —me explica con paciencia—. Me dijo que podíamos provocar una inundación. —Hace una pausa y frunce el ceño—. ¿Qué es una inundación?

—Es cuando el agua se sale por donde no debe, como cuando cubre el suelo del cuarto de baño, por ejemplo —le digo—. A veces, cuando los ríos se llenan demasiado, el agua se sale por la orilla y cubre los campos y las carreteras que están al lado del río. Y otras veces el mar avanza tanto que inunda la carretera de la playa.

Ahora, Polly parece impresionada.

—¿Esa carretera de ahí? —señala el paseo marítimo.

—Sí, justo donde están las heladerías —le digo.

—Pues vaya lío, entonces —dice, muy sabia ella—. ¡Alguien debería cerrar el grifo del mar un poco antes!

—La cuestión es que el mar no sale de un grifo. —Me preocupa un poco que nos podamos tirar aquí todo el día debatiendo el ciclo del agua—. El mar está siempre ahí.

—Vale, ¿y cómo se hace más grande y más pequeño? ¿Es que alguien quita el tapón?

—Solo se desplaza muy despacio subiendo por la playa, y después vuelve a bajar. Cuando sube por nuestra playa, baja por otra playa que está muy lejos, y cuando baja por nuestra playa, sube por la otra.

—Entonces ¿Hattie podría nadar por el agua del mar hasta otra playa? —me pregunta Polly con los ojos redondos de puro asombro.

—¡Pues sí que podría! Y también podrían venir a visitarla desde otras playas —coincido con ella—, pero, si no está aquí, no verá a los que vengan a visitarla, ¿no?

Se produce una larga pausa. Una gaviota desciende sobre nosotras y vira hacia el paseo marítimo. Allí están los padres de Polly, saludándonos con la mano desde la carretera.

—¿Qué te parece…? —le sugiero—. ¿Qué te parece si nos llevamos a Hattie para enseñársela a papá y a mamá mientras nos tomamos un helado? Y después nos la traemos aquí de vuelta y

54

la dejamos en su charca para que se quede esperando a que se haga de noche y vengan de visita sus amigos, cuando el mar vuelva a cubrir la rocas, ¿vale?

Premio. Hemos aprendido un montón: Polly sobre el mar, y yo sobre la curiosidad. Nos hemos ganado ese heladito.

Las preguntas por curiosidad tan solo buscan información. Están abiertas a lo que sea que venga, nada se presume ni se descarta. En estas conversaciones exploratorias utilizamos la curiosidad para descubrir las experiencias, conocimiento, creencias e incertidumbres del otro: su punto de vista. Quizá estemos escuchando sus preocupaciones sobre una situación en el trabajo o en los estudios, un problema de salud, una oportunidad que se presenta o un desacuerdo con un amigo. Podríamos estar hablando sobre una decisión pendiente, escuchando para averiguar qué información tiene el otro y qué información le falta por recabar, o cuáles son sus preferencias. Quizá nos estemos preguntando si el otro tiene alguna experiencia que le sea útil a la hora de enfrentarse a una nueva complicación o cuáles son sus expectativas y suposiciones al respecto de la situación que estamos tratando.

Nuestra manera de escuchar afecta a la confianza del hablante. Si escuchamos en calidad de «expertos», el hablante podría temer que su inseguridad se hiciera evidente, o podría pasar de la resolución útil del problema a la búsqueda de nuestro consejo. Si escuchamos en calidad de «críticos», para juzgar o señalar errores, el otro puede tener miedo de sacarlos a la luz. Si escuchamos como «parte interesada», el otro podría no ser capaz de explorar ciertas heridas o emociones negativas.

Para escuchar bien, por tanto, debemos adquirir ciertas cualidades particulares que son el equivalente conversacional de los pasos para moverse al son de la música en el baile, una base para todo lo que viene a continuación. Igual que los niños que no hablan aún se mueven de manera espontánea al ritmo de la música, estos otros niños que nos enseñan traen consigo las cualidades innatas de la curiosidad durante la conversación.

Mentalidad abierta: con interés y curiosidad, hay que aceptar sin más que los pensamientos, convicciones, recuerdos y suposiciones del otro son su manera de ver el mundo en este instante. Es posible que haya vacíos, fallos, errores de percepción o prejuicios en su forma de interpretar una situación: ya llegará más adelante el momento de abordarlos. Para empezar, nuestra tarea consiste en entender cómo ve las cosas el otro. Estamos escuchando sin prejuicios y con curiosidad su opinión para llegar a entenderlo tanto como a una persona le sea posible comprender jamás a otra. Nuestra comprensión es la base de cualquier diálogo posterior. Los niños consiguen esto a la perfección: las cosas son como son.

Humildad: al estar abiertos a las ideas y opiniones del otro, damos lugar a la posibilidad de que su manera de ver las cosas sea válida. Personalmente, podemos tener nuestras diferencias en cuanto a los valores de tipo moral, político o de otra clase, pero durante esta tarea de escucha sin prejuicios, suspendemos nuestro impulso de oponernos a sus valores o de defender los nuestros. Por el contrario, mantener la curiosidad nos capacita para escuchar y para hacer más preguntas conforme vamos aumentando nuestra comprensión de su punto de vista.

Escuchar es una tarea de igual a igual, y cuando nos encontramos como iguales, creamos un espacio para escuchar de manera profunda. La persona que tiene un dilema o una preocupación es quien mejor sabe cómo se siente y quien mejor conoce por lo que está pasando: nosotros hemos de reconocer que ella es la experta.

La humildad genuina siempre nos nivela, y nivelarnos tiene una especial importancia cuando estamos escuchando a alguien con quien tenemos un serio desacuerdo. Para entender a esa persona, y para que se sienta comprendida, hemos de escuchar sus opiniones con el mismo interés respetuoso que esperaríamos recibir nosotros en caso de que los papeles estuvieran invertidos.

Escuchar con humildad genuina es algo poco habitual y muy valioso. También es difícil. Cuando escuchamos con humildad, estamos preparados para buscar juntos la verdad, como iguales. Reconocemos que fuera cual fuese nuestro recorrido en la vida hasta ahora, ambos somos seres humanos: con experiencias diferentes pero iguales en dignidad, de igual valía. Un niño asume que su conversación es un diálogo entre iguales hasta que el mundo comienza a rebajar su autoestima: en su inocencia no hay jerarquía de importancia, tan solo hay personas.

Nuestra humildad se ha de extender a la capacidad para tolerar el no saber. A los expertos se les celebra a bombo y platillo por lo que saben, por hallar soluciones y resolver problemas. En este acto de escucha con curiosidad, incluso el experto comienza sin saber nada, y estar preparado para no saber revela la disposición a compartir la tarea del descubrimiento. Ser capaz de resistirse a ofrecer soluciones y consejos de manera prematura concede el espacio para que el otro explore su situación y se la vaya revelando de forma gradual a quien le escucha con atención. Suele suceder incluso que el proceso de explicar las cosas de forma clara a quien le escucha sirve al mismo tiempo para que el otro se aclare él mismo. Los pensamientos dejan de dar vueltas en un torbellino donde se mezclan las esperanzas y las dudas: se les pone nombre y se expresan en voz alta. Al evitar la pseudosolución de ofrecer tranquilidad con esa actitud de «yo lo sé mejor que nadie», dejamos espacio para esa angustia tan real y tan importante que siente el otro y, acto seguido, para nuevas posibilidades.

La curiosidad transmite un «Quiero entender esto mejor. Cuéntamelo. Te escucho».

—Muy bien, Jake. Siéntate.

Jake se pasea arriba y abajo por el aula de Tecnología del instituto. El señor Anover se sienta ante su mesa y espera.

—Algo te ha molestado, y mucho, ¿verdad? —observa el profesor.

Jake se da la vuelta sobre los talones para hacer frente al profesor.

—¡Todos ustedes son iguales! —grita—. Nunca se trata de mí, ¿no? Siempre va sobre Kyle, ¿eh? Kyle esto… Kyle lo otro… Kyle habría hecho tal… Kyle solía hacer cual… Pues a ver si se entera todo el mundo ya: ¡que yo no soy mi hermano!

Jake permanece inmóvil. Se hace el silencio en el aula de Tecnología. El señor Anover asiente y sostiene la furiosa mirada de Jake. De repente, se acaba la ira. Jake se deja caer en la silla más próxima y se queda mirando al señor Anover con cara de una profunda tristeza.

Unos minutos antes, al salir del aula de Tecnología hacia la sala de profesores para ir a comer, el señor Anover había oído las voces que estaba dando Jake en las escaleras. Las reconoce de inmediato: siente debilidad por este chico que rinde por debajo de su capacidad en los estudios: está convencido del potencial que hay por liberar bajo esa fachada de«mira qué chulo soy». El señor Anover llega hasta el pie de las escaleras y alza la mirada hacia el descansillo del segundo piso. Puede oír una segunda voz en el hueco de las escaleras, mucho más atenuada: el orientador de estudios que ha venido esta semana al instituto para ver a cada alumno de penúltimo año en una entrevista de orientación profesional para elegir las materias de nivel avanzado que van a estudiar el año que viene. La voz más suave está tratando de tranquilizar a Jake, que no está por la labor.

—¡Pero si usted ni siquiera me conoce! —grita Jake—. ¿Cómo me va a contar usted nada sobre mi vida? ¡Esto es una mierda! Yo no vuelvo a entrar ahí. ¡Todo esto es una mierda! Es…

En la pausa que se produce, el señor Anover dice con una voz calmada pero de tan inmensa claridad que resuena por todo el hueco de las escaleras:

—Yo sí te conozco, Jake. A lo mejor me puedes echar una mano en el aula de Tecnología para que el señor Copperfield pueda continuar con sus entrevistas. ¿Me concedes diez minutos?

El rostro de Jake se asoma sobre la barandilla. Tecnología es su asignatura preferida, y el señor Anover su profesor favorito. Mira a su profesor, parpadea, suelta el típico suspiro profundo del adolescente indignado que está harto del mundo y grita:

—¡Ya es casi la hora de comer, profesor!

—Pues entonces espabila y baja —responde el señor Anover con serenidad, que oye el sonido de unos pasos que bajan a saltos por las escaleras y se maravilla ante la agilidad de los chavales.

Entonces aparece Jake ante él, bajando el último tramo de escalones de tres en tres. Se detiene en el último peldaño y mira a los ojos al señor Anover.

—¿Diez minutos solo? —le pregunta.

—Solo diez minutos —le confirma el señor Anover, y se alejan juntos de las escaleras.

Ahora mismo, Jake está plantado en el borde de uno de los pupitres, con los puños apretados y los codos apoyados en las rodillas. Se pasa el chicle a la mejilla, eleva la mirada al profesor de Tecnología y suspira.

—¿Quieres contarme qué ha pasado? —le pregunta el señor Anover—. Y, mientras me lo cuentas, necesito ayuda para llevar esa maqueta de octavo a la zona de almacén. ¿Puedes cogerla tú por el otro extremo? Esto pesa lo suyo. —Hace un gesto para señalar un tablero de metro ochenta que descansa sobre un banco de trabajo y que sirve de base para una maqueta a escala del ayuntamiento entre arbolitos y jardines. Se va a exhibir el año que viene en el ayuntamiento, en el de verdad, y los alumnos de octavo curso han estado trabajando en ella en pequeños grupos durante todo el año. Ya está pintada y todo, y tiene un aspecto sorprendentemente magnífico—. Sería una lástima que se estropeara antes de llegar allí —prosigue el señor Anover, y se colocan ambos, cada uno a un extremo del tablero.

—Tú mandas —le dice el señor Anover.

Jake ya sabe de qué va: el señor Anover ha enseñado a sus alumnos a trabajar en equipo para mover los objetos voluminosos que ellos han creado con primor. Un líder despeja el camino, planifica la maniobra, ayuda a cargar el peso, hace la cuenta para levantarlo y la cuenta para volver a posarlo.

—¿Va en esa estantería baja? —pregunta Jake, que hace un gesto con la barbilla hacia la zona de almacenaje.

—Eso pretendo —dice el profesor.

—¿Va a caber?

El señor Anover sonríe.

—Excelente pregunta, señor líder de equipo —le dice—. Lo he medido, pero lo puedes comprobar, si te parece.

Jake corresponde a su sonrisa.

—Me vale con su palabra. —Mira al otro lado del aula, desde la maqueta hasta la zona de almacenaje, y dice—: creo que si la llevamos paralela a la pared del pasillo y usted camina de espaldas, podemos girar delante de la zona de almacenaje y deslizarla de lado. ¿Le suena bien?

El señor Anover le sonríe.

—Suena bien. Tú me dices.

—Levantamos a la de tres —dice Jake, tal y como el señor Anover ha enseñado a todos sus alumnos—. Uno… dos… tres —dice, y levantan el tablero grande, lo desplazan maniobrando por el aula, giran cuando Jake lo indica y se mueven de lado hacia la zona de almacenaje.

El señor Anover ve la concentración en el rostro de Jake y observa que la ira se va desvaneciendo.

—Alto… —dice Jake. Hacen una pausa—. A la de tres, doble las rodillas, no la espalda… —dice, y el señor Anover contiene la alegría que siente al ver a su alumno atento a las medidas de seguridad al liderar el trabajo en equipo para deslizar la maqueta en la estantería baja.

—Gracias, Jake —dice el profesor—. Qué bien que estabas a mano. Me hacía falta alguien de fiar para mover eso, es una pieza muy valiosa.

Jake asiente para aceptar el cumplido, y suena el timbre del descanso para comer. Se produce un jaleo instantáneo en el pasillo al otro lado de la puerta del aula de Tecnología cuando los alumnos salen en tromba por el instituto hacia sus taquillas o camino de la cafetería.

El señor Anover se queda quieto.

—Ya sé que es la hora de comer, Jake, pero sigo queriendo que hablemos sobre lo que ha pasado para que te pongas a gritar así al orientador. ¿Quieres contármelo en líneas generales?

El señor Anover se sienta ante un banco de trabajo y observa a Jake, que se sienta frente a él y baja la cabeza.

—Tómate el tiempo que necesites —le dice el señor Anover—. Yo voy a estar aquí escuchando…

—Es lo mismo que me pasa constantemente, señor A —dice Jake—. Que si saco malas notas, que si mi expediente de conduc-

60

ta no es precisamente bueno, que qué tipo de trabajo pretendo conseguir… Que cuáles son mis pasatiempos favoritos, que si tengo alguna clase de talento que no veo reconocida en el instituto… Todas esas chorradas para hacerme la pelota. Entonces ha dicho que se acordaba de mi hermano, que había personas muy inteligentes en mi familia y que si me veía capaz de dar un poco más de mí. Dar un poco más de mí. Y ya estoy harto de ser el hermano de Kyle. ¡Y va y me lo dice ese tío con cara de palo que no sabría distinguir lo que mola de lo que no ni aunque lo tuviera delante de las narices!

La opinión que Jake se forma sobre el orientador es que tiene pinta de ser tan mayor como su hermano Kyle, pero que mola mucho menos. Traje. Corbata. Que quiere y no puede. Su hermano era el centro de atención en el instituto: todo el mundo quería ser siempre como él. Se le daban bien los deportes, también los estudios y después la universidad. Ahora se le da bien su trabajo en una empresa de diseño gráfico. Sí. Mola mucho.

Y el orientador se acuerda de Kyle el atleta, el estudiante modélico de las buenas notas. Su propio hermano estaba en el mismo curso que Kyle. Así que, aunque algunas de las notas de Jake son… «¿Utilizamos el término "decepcionantes", Jake?, los dos sabemos que hay genes inteligentes en tu familia, y… bueno, pues deberíamos preguntarnos si podrías elevar un poco el listón, ¿no?».

—Se me ha ido la pinza, profesor. He reventado. Que dé un poco más de mí. Dar más de mí… Que yo no soy Kyle. Mi padre hace lo mismo. Kyle esto, Kyle lo otro, pero tú, Jake, ¿qué estás haciendo? Nunca se trata de lo que yo puedo hacer ni de lo que yo pienso. Incluso en mi propia entrevista de orientación profesional, ¡va sobre mi hermano!

—No me extraña que estés harto —dice el señor A—. Yo también lo estaría.

Se produce un silencio.

—Bueno —dice el señor A—, ¿tienes planes de alguna clase para después del instituto, Jake? ¿Has pensado en alguna profesión, o simplemente vas a… —Jake se prepara para oír aquello de «vas a pasar por la vida como si te diera todo igual» (que es la

61

opinión de su padre) y se vuelve a sorprender cuando el señor A le dice—… ser un libro en blanco a la espera de llegar a descubrir cuál va a ser tu propia aventura?

—Em… —Jake traga saliva e intenta no tragarse el chicle—. Creo que yo soy justo eso, un libro en el que no hay nada dentro.

—Tú sí tienes algo dentro, Jake —dice el señor A—. Tienes muchas cosas dentro. Lo único que pasa es que no has pensado en lo que pondrá en los siguientes capítulos, pero ya tienes montones de cosas ahí dentro. Toneladas.

Jake parpadea. Esto no era lo que él se esperaba.

—Por ejemplo —dice el señor A—, ya tienes ahí escritas todas esas cosas que se te dan bien. ¿Cuáles son?

«¿Que se me den bien? ¿En clase?», piensa Jake. «Nadie me habla sobre las cosas que de verdad se me dan bien, solo sobre las que se me dan mal, que son bastantes, prácticamente todas». Vuelve a tragar saliva y se encoge de hombros. «Seguro que esto tiene truco, aunque el señor A siempre te habla claro, siempre es justo. Eso lo sabe todo el mundo».

—Vale, ¿y si te paso este bloc de notas y este bolígrafo —dice el señor A mientras hace justo eso— y empiezas a hacer una lista? ¿Qué cosas se te dan bien? Y no solo en clase… donde sea. Tus aficiones, la música, los amigos. Lo que haces los fines de semana. ¿Qué te gusta hacer?

—A ver, el skate —dice Jake con sinceridad.

El señor A sonríe.

—Escríbelo —le dice—. Háblame de tu tabla.

Jake le describe su tabla, cómo la ha modificado, pintado, el logotipo que le ha hecho. El señor A sabe que los garabatos que dibuja Jake suelen estar relacionados con el skate y que una vez hizo una maqueta de unas pistas de skate en esta misma aula de Tecnología.

—¿Es el mismo logo que llevas en la camiseta? —le pregunta el señor A, y Jake asiente sorprendido.

—Muy bien, como te gusta el skate, ¿qué otras habilidades has ido desarrollando gracias a eso? Me imagino que tendrás un buen sentido del equilibrio, que te atreverás a probar movimientos nuevos aunque te caigas varias veces, determinación. Te propones algo y lo practicas. Cosas así, ¿verdad?

—Sí, claro… —reconoce Jake, que empieza a dejar de tener la sensación de que lo estén poniendo a prueba o tomándole el pelo: quizá el señor Anover esté de su parte—. A ver… practico y aprendo movimientos nuevos. Algunos saltos asustan un poco y te caes mucho hasta que te salen bien. ¡Pero yo soy bueno! En realidad, bastante bueno…

—Ponlo en tu lista, Jake —le dice el señor A—. Determinación, equilibrio, valor, práctica, perseverancia. Me he fijado en tu sentido del equilibrio cuando has bajado antes a saltos las escaleras: ¡impresionante!

Jake lo añade todo a su lista.

—¿Qué otras cosas sabes sobre ti que podrían sorprender a algunos de tus profesores?

—He estado diseñando y vendiendo camisetas —dice Jake—. ¿Se refiere a eso?

—¡Justo a eso me refiero! Háblame de ello —dice el señor A.

Jake reconoce que a veces su hermano le ayuda un poco.

—Es su trabajo, quiero decir, diseñar y todo eso.

—¡Genial! —se entusiasma el profesor—. Según lo ves tú, ¿cuánto de todo ello es idea suya y cuánto es idea tuya?

—A ver, yo las dibujo. Él me enseña cómo hacer que molen más, como ponerles un marco, a lo mejor, o cambiar los colores y eso… Hacer que llamen la atención, ¿sabe?

El señor A asiente.

—Entonces, también podrías añadir las ideas de diseño, ¿no? —El señor A señala el cuaderno, y Jake añade el siguiente elemento—. Y el sentido comercial —le apunta el señor A.

Jake no deja de escribir.

—Llevas ya una buena lista —dice el señor A—. Bien, ¿y sobre los temas de clase? ¿Deportes? ¿Arte? ¿Matemáticas? ¿Habilidades técnicas? —Jake pone mala cara, y el profesor se ríe—. Venga, Jake, que sé que tienes capacidad para la tecnología, y para hacer tu maqueta de las pistas de skate eran necesarias las matemáticas además de la creatividad. ¿Cuáles fueron tus mejores resultados en los exámenes preparatorios?

Jake nota que se está sonrojando.

—No saqué muy buenas notas, señor A… —comienza diciendo, y el señor Anover aguarda y continúa escuchando en silencio—…

pero las mejores las saqué en Matemáticas, Informática y Arte. Y en Tecnología, por supuesto, las pistas de *skate*...

—¿Y en qué aspectos de la maqueta conseguiste esa nota? —le pregunta el señor A, que conoce la respuesta, pero quiere que Jake también la recuerde.

—La idea... el diseño... el estudio de las medidas y las curvas... No fueron tan buenas en la selección de materiales... y la maqueta terminada no estuvo mal... —Jake tiene un ojo guiñado mientras se concentra en el boletín de notas de su proyecto de diseño.

—Entonces... —resume el señor A—: ideas, creatividad, geometría, concentración, buen ojo para el detalle e incluso una vena artística... ¿Ya tienes todo eso en tu lista?

Jake está cada vez más sorprendido. Es como si el señor A estuviese alabándolo. Intenta encontrar cosas que se le dan bien.

El profesor mira a los ojos a su alumno.

—Estamos empezando a ver que ese libro tuyo ya contiene muchas cosas, Jake. Un enorme potencial para ponerte a pensar en el tipo de profesión que te parecería interesante y gratificante. ¿Qué me dices de las cosas que sabes que no te gustan? ¿Se te da bien la disciplina, por ejemplo?

Jake suelta una carcajada.

—¡Seguro que usted ya sabe cuántas veces me meto en líos! —dice.

—Pero habrá alguna razón para eso —dice el señor A—. Porque meterse en líos no es divertido. Dime, ¿qué conclusión sacas tú de eso?

—¿Qué quiere decir? —pregunta Jake con curiosidad.

Desde luego que es una conversación de lo más curiosa.

—Bueno, hay gente que se mete en un lío porque es incapaz de levantarse de la cama por la mañana, y no deberían escoger un trabajo con un horario establecido. A otros les cuesta cumplir las normas, así que no les gustará el ejército, seguramente. A otros les van las peleas, y quizá tendrían que aprender a pelear como es debido y ganar dinero con ello. Pues bien, ¿qué te dice sobre ti mismo tu expediente de conducta?

Absolutamente perplejo, Jake frunce el ceño al reflexionar sobre los motivos por los que se mete en líos con tanta frecuencia.

—Causo problemas en clase. Hago reír a la gente. Cuento chistes. Imito a los profesores y a gente famosa. Me mandan a sentarme en un rincón, o me echan de clase.

—¿Y eres gracioso, Jake? Quiero decir, ¿te pondrías delante de un público a contar chistes?

—Y yo qué sé… —reconoce Jake—. Pero sí que me echo unas risas en clase.

—Pues si te gusta tener público, ahí también hay muchas profesiones donde elegir. —El señor A deja la sugerencia en el aire antes de decir—: Podrías añadir a la lista «Me gusta tener público». Aunque a lo mejor puedes elegir una manera menos problemática de practicar tus habilidades en el campo de la comedia, ¿no?

El señor A señala la lista, y Jake se pone a escribir. El profesor sonríe mientras el bolígrafo de Jake desciende por la página, y su alumno se olvida de la ansiedad por cumplir las normas y vuelve a masticar el chicle conforme toma nota de su creatividad, de los momentos que escoge su vis cómica, de su capacidad para las imitaciones. Lo que le gusta es tener un público que lo aprecie: es algo que nunca tiene en casa, a la sombra de su hermano, tan brillante.

Alza la mirada y le ofrece el bloc de notas al señor A.

—Aquí hay un montón de cosas con las que seguir —dice el señor A—. Este es el plan: hazle una foto a la lista… Sí, sé que llevas el móvil en el bolsillo a pesar de lo que digan las normas. Llévate la lista y mira a ver qué se te ocurre. Continúa añadiendo cosas, que la lista sea tan larga como tú quieras.

»Después, empieza a pensar en qué tipo de formación te interesaría obtener donde resulten útiles algunas de esas aptitudes.

»Podemos volver a quedar dentro de un mes para seguir charlando sobre esto, si tú quieres. A menos que prefieras volver a reunirte con el orientador, ¿eh?

Los dos se echan a reír mientras el señor A deja el bloc de notas y el bolígrafo sobre la mesa.

—Y Jake —dice el señor A, que cierra con llave el aula de Tecnología después de salir juntos—, yo no te he oído utilizar un leguaje malsonante cuando hablabas con el orientador, ¿verdad que no? Porque sería una imprudencia e implicaría la pérdida de muchos descansos para comer…

—¡No, señor, le aseguro que NO! —coincide Jake.

Cualquiera diría que Jake parece ahora más alto.

La conversación del señor Anover con Jake se podría haber desarrollado de manera muy distinta. El profesor era perfectamente consciente de lo malo que era el expediente disciplinario de Jake, de su mal rendimiento en los estudios y de su laxa interpretación de las normas del instituto, como en el caso del chicle que estaba mascando cuando se vieron en las escaleras. Al suspender todos los juicios y ofrecerle un espacio compartido para reflexionar, sorprende a Jake, que ya se esperaba una conversación disciplinaria.

El profesor utilizó la curiosidad para dejar que Jake elaborase una lista de las cosas que le interesan y recurrió a preguntas adicionales para obtener detalles y abrir la mente del propio Jake respecto a que tiene aptitudes que no se mencionan en el instituto (ni tampoco en casa, seguramente), además de ir haciendo resúmenes de vez en cuando para confirmar lo que ya han comentado: «ese libro tuyo ya contiene muchas cosas». El señor A no impuso su experiencia y conocimientos: elevó la autoestima de Jake a base de nivelar la situación y toleró la posibilidad de que tal vez no hubiese una senda profesional clara por delante para su alumno. Incluso le cedió a Jake la tarea clave, la de confeccionar la lista. El señor A no estaba intentando «estar al mando». Al aceptar la posibilidad de no saber, al actuar con humildad, este profesor experimentado alentó a Jake a ver la planificación profesional como algo sobre lo que hay que reflexionar y que requiere dedicación, en lugar de ser otra tarea impuesta por el instituto.

Utilizando las preguntas de la curiosidad y los resúmenes, nivelando la situación con humildad y aplicando las cualidades de quien sabe escuchar, el señor A transformó la percepción que Jake tenía de sí mismo con una sola conversación.

El uso de preguntas útiles

Cuando creamos un espacio para que alguien nos cuente su historia, po-
demos encontrarnos con que esa persona tenga ciertas dificultades para
contárnosla por muy dispuesta a hablar —o incluso complacida— que
esté. Se puede sentir emocionalmente superada por las circunstancias, y
tal vez nosotros vacilemos sobre si continuar o no, no vaya a resultarle
demasiado difícil de soportar. Al combinar nuestra curiosidad con la
habilidad para formular preguntas útiles, podemos ofrecerle una serie de
piedras firmes sobre las que ir pisando para vadear el río de la narración
de su historia.

    Utilizar preguntas como puntos de apoyo para avanzar puede servir
de ayuda si deseamos respaldar a alguien pero no sabemos con seguri-
dad por dónde empezar. Puede ser útil si el otro comienza a contarnos su
historia y después no sabe con certeza cómo expresar con palabras una si-
tuación tan descomunal. El uso de preguntas también ayuda si ya cono-
cemos parte de la historia pero desconocemos aún cómo está procesando
el otro los detalles y su significado. Las preguntas útiles nunca sugieren
una respuesta concreta: son preguntas curiosas, abiertas y sin prejuicios
que nos permiten explorar juntos una situación. Al responder a nuestras
preguntas curiosas, es el otro quien decide cuánto quiere contar, nos reve-
la tan solo hasta donde se siente seguro y, además, suele obtener puntos
de vista nuevos que antes podía haber pasado por alto.

La clave para no dejar de pisar terreno firme es tener curiosidad
y una actitud de respaldo. Cuando hacemos preguntas a otra
persona, esta puede decidir con qué profundidad desea responder. Las preguntas útiles invitan al otro a pensar, a reflexionar y a
compartir sus ideas, en lugar de responder con un simple sí o un
no o algún dato concreto. Las preguntas que invitan a dar estas

respuestas cortas se llaman «cerradas» («¿Has dado de comer al gato?», «¿Eres vegetariano?», «¿Cuántos años tienes?»). Las preguntas que invitan a dar una respuesta detallada son más útiles a la hora de construir un relato, son preguntas abiertas que suelen comenzar por «¿Qué...», «¿Cómo...» y «¿Dónde...». Otras preguntas abiertas se construyen como invitaciones del estilo: «Cuéntame sobre...», o peticiones de una mayor información del tipo: «Me gustaría saber más sobre...» («Háblame sobre tu familia», «¿Qué planes tienes para las vacaciones?», «¿Cómo te entró ese interés por la cocina?»).

Las preguntas abiertas son útiles para quien las formula, porque nos permiten formarnos un panorama general de la situación tal y como la está experimentando el otro en lugar de hacernos suposiciones. Compárese, por ejemplo, «¿Te da miedo volar?» (una suposición) con «¿Qué te parecen los viajes en avión?» (una pregunta abierta).

Las preguntas abiertas son útiles para quien las responde porque demuestran el interés de quien las formula y permiten reflexionar y plantearse cómo responder. El uso de la técnica de «Escuchar para comprender» (página 36) de manera conjunta a la de formular preguntas útiles es una manera muy contundente de darle al otro la posibilidad de sentirse seguro, acompañado y comprendido cuando habla sobre sus experiencias, esperanzas y temores.

Preguntas útiles y apuntes para explorar la situación actual:

Cuéntame más sobre...
¿Cómo te hace sentir eso?
¿Qué más pensaste/dijiste/sentiste?
¿Qué piensas ahora sobre eso?
¿No estamos pasando nada por alto?
¿Y no hay nada más?

La última pregunta tiene una fuerza sorprendente: invita al hablante a añadir algo más o a ahondar más. Su pariente cercana, «¿Hay algo más?», tiene más probabilidades de cerrar la exploración al provocar un «no» por respuesta. La formulación «nada más» suscita la reflexión e invita a continuar explorando.

Al preguntar por lo que el otro ya sabe, le ayudamos a contar la historia hasta el momento presente. Esto significa que, conforme avanza la conversación, progresamos juntos hacia un conocimiento compartido del contexto. Es importante que nos aseguremos de entender la narración como es debido, y una buena manera de hacer esto es ir comprobándolo de vez en cuando: ofrecer al otro breves resúmenes utilizando esos pasos del vals «pregunta, pregunta, comprobación» y «pregunta, pregunta, resumen».

Nuestras preguntas también ayudan al otro a reparar en cosas que quizá hubiera pasado por alto o respecto de las cuales hubiera dado por válidas ciertas suposiciones que no son ciertas o no han quedado demostradas.

Una temática recurrente en la ayuda al escuchar es la importancia de hacer posible que sea el otro quien tenga el control a la hora de describir y de explorar posibles soluciones para sus dificultades: esto significa que debemos evitar ofrecer consejos que no nos hayan pedido. Una vez contada la historia, ceñirnos a las preguntas puede ser útil en la búsqueda de maneras de abordar el problema.

Preguntas útiles para explorar las posibles maneras de avanzar:

¿Has tenido alguna idea sobre lo que puedes hacer a continuación?
¿Hay algo en todo esto que se pueda cambiar con facilidad?
¿Conoces algún otro detalle más sobre esta situación?
¿Existe alguna otra interpretación posible?
¿Te habías enfrentado a algún otro problema similar en el pasado? ¿Qué hiciste? ¿Hay algo de aquella experiencia que puedas aplicar aquí?
Si otro amigo tuyo tuviese un problema como este, ¿qué le aconsejarías?

Cuando uno está inmerso en alguna dificultad, puede ver minada la percepción de su propia capacidad para actuar y verse atrapado en «hábitos de conducta» que pueden ayudarle a sentirse más seguro, pero que le dificultan la resolución del problema:

apartarse de una persona con la que se tiene una desavenencia en lugar de sacar el tema de sus diferencias en una conversación, evitar acudir al médico ante un posible problema de salud por miedo a recibir malas noticias, estudiar sin descanso y terminar agotado, ponerse en lo peor con tal de evitar la posterior decepción, asumir toda (o ninguna) la responsabilidad de una situación. Las preguntas que ayudan al otro a recordar su propia capacidad de resistencia o a que se le ocurran cosas que podría hacer para abordar la dificultad por la que pasa pueden darle la posibilidad de comenzar a resolver el problema. Es asombrosa la cantidad de gente que se ve encallada por completo y a la que, sin embargo, se le ocurren consejos que podría dar a un amigo que se encuentra en la misma situación: el uso de preguntas ayuda a cambiar de punto de vista. Al utilizar preguntas útiles, capacitamos al otro para explorar la posibilidad de que hubiese otra manera de plantearse su dilema.

Louise es una voluntaria en un centro asistencial de información sobre el cáncer. Ha estado asistiendo a un curso de formación para aprender a utilizar las técnicas de terapia cognitiva a la hora de dar respaldo a los visitantes de su centro asistencial, y yo soy una de las formadoras de su grupo. Una de mis partes favoritas del curso es cuando los participantes recuerdan el relato breve de algún caso para contarnos cómo han utilizado sus nuevas técnicas en la vida real. Hoy, el grupo habla sobre el uso de la curiosidad y las preguntas. Esta es la historia de Louise:

—La verdad es que no se trata de un caso del trabajo —comienza diciendo y recorre con la mirada el círculo de los compañeros asistentes al curso, entre los que hay enfermeras oncológicas, dietistas, un psicoterapeuta, dos capellanes y otros voluntarios de otros centros asistenciales del Reino Unido—. Es más, se trata de mi hijo adolescente y su mejor amigo.

Aparecen las sonrisas entre la gente del grupo: a todos nos encanta una buena historia.

El hijo de Louise, Foster, y su mejor amigo Leo son uña y carne desde el parvulario. Tienen ya quince años y están en la última etapa del instituto, y continúan pasando juntos las tardes libres y los fines de semana: estudian, ven deportes en la tele y juegan a los videojuegos. Sus madres también se hicieron amigas a través de las numerosísimas conversaciones que han tenido desde los tiempos del parvulario hasta épocas muy recientes al ir a recoger a los niños o al dejarlos en su casa.

Hace poco que le han diagnosticado un cáncer de mama a Tracy, la madre de Leo. Se ha sometido a una intervención quirúrgica, y ahora está recibiendo quimioterapia.

—Cuando Tracy me habla sobre su tratamiento, hago un esfuerzo tremendo con tal de mantenerme únicamente como su amiga y no adoptar del papel de la orientadora del centro asistencial —dice Louise—. Charlamos sin más, o me paso a dejarle la compra, y a veces su hijo Leo se queda en casa a dormir si toca semana de quimio y Tracy tiene muchas náuseas.

Louise nos cuenta que los chicos habían planeado un fin de semana juntos en su casa quince días atrás. Iban a jugar online, a ver unas películas y, además, habían prometido que harían los deberes.

—Así que llega el viernes por la tarde, tengo el frigo bien surtido de chucherías y coca colas para los chicos y estoy lista para que vengan —nos dice—. Estoy pelando patatas y preparando la cena cuando los oigo ya, que entran por el jardín. Suelen ser bulliciosos, pero parecían un tanto callados. Entra en la cocina por la puerta de atrás. Foster se deja caer en una de las sillas de la cocina, pero Leo se queda en la puerta. Lo cierto es que no me percaté de que pasaba algo, les di una voz para que me preparasen una taza de té y que se buscaran algo de merienda.

Al sentir que ninguno de los dos chicos se mueve, Louise alza la mirada de las patatas que está pelando.

—¿Va todo bien? —les pregunta.

Foster cruza una mirada con su madre y mueve la cabeza en dirección a su amigo. Leo está mirando al suelo, y Louise se percata de que le está costando un mundo contener las lágrimas.

—Fos, prepara la tetera —le dice a su hijo mientras se seca las manos y se acerca a Leo—. ¿Quieres hablar, Leo?

Leo hace un gesto negativo con la cabeza, y una lágrima cae al suelo de la cocina. El chico tose y sorbe por la nariz.

71

—No hace falta que digas absolutamente nada —le dice Louise, que le toca en el hombro—, pero ya sabes dónde estoy si cambias de opinión. Cuando sea, ¿vale? —Leo asiente, y otra lágrima cae al suelo—. Ven y siéntate a la mesa con Foster. ¿Quieres un té? ¿Coca cola? ¿Agua?

Foster trae el té para su madre y un par de latas de coca cola para Leo y para él. Tiran de las anillas y fingen que se salpican el uno al otro (hacen lo mismo desde allá donde le alcanza a Louise la memoria), y entonces Leo dice:

—Mamá está en el hospital, Lou. Está enferma… —sus palabras quedan suspendidas en el aire.

Louise está de pie detrás de los chicos; se sienta en un extremo de la mesa.

—Cuéntame sobre eso, Leo —le invita Louise, y el chico, que acababa de decirle que no le apetecía hablar, le describe las toses y la garganta irritada de su madre, la fiebre, la llamada al médico en plena noche, la llegada de la ambulancia, que los sanitarios de emergencias se lleven a Tracy y que su padre le diga desde la parte de atrás de la ambulancia que se asegure de no faltar a clase al día siguiente.

—De manera que, ahora —le cuenta Louise al grupo—, lo único que tengo ganas de hacer es darle un abrazo y prometerle que todo va a salir bien, pero también sé que podría no ser el caso. En ese momento no estoy muy segura de cómo voy a actuar, y es cuando pienso que voy a probar con el planteamiento de las preguntas que hemos visto en nuestro curso y hacerme así una idea de cómo ve Leo las cosas.

—¡Estaba hecha un flan! —les cuenta Louise a todos, que asienten para animarla—. Quiero decir que quiero mucho a Tracy y también a Leo. Fos no había tenido que enfrentarse nunca a una situación como esta. Para él, Tracy es de la familia, y si se muere, no sé yo cómo… —Louise deja de hablar para rehacerse.

Sacude las manos como si quisiera disipar sus dificultades y retoma su narración.

Louise le pregunta a Leo cómo se encuentra su madre hoy, y Leo le dice que no lo sabe porque los del hospital no hablan más que con su padre, que está trabajando.

—Y cuando está trabajando no responde a mis mensajes —gruñe Leo.

—Como es obvio —le cuenta Louise al grupo—me dan ganas de coger el teléfono y llamar al padre de Leo y decirle que venga a contarnos qué es lo que tenemos por delante, porque ya sabéis, eso es lo que suelo hacer: solucionar las cosas, ponerme manos a la obra, trazar un plan… Pero me ceñí a las preguntas, y fui valiente: le pregunté a Leo cuál era el peor de sus pensamientos, de la manera exacta en que hemos practicado aquí.

El grupo asiente, y cruzo una mirada con mi compañera formadora: estamos orgullosas del modo en que nuestros alumnos están haciendo uso de su formación, y Louise tiene un don para contar historias: tiene al grupo cautivado.

—¿Qué es lo que más te preocupa, Leo? —le pregunta Louise.

Foster se fija en el rostro de su amigo, que se retuerce en lucha con sus emociones antes de susurrar:

—No quiero que se muera, Lou… —comienza a decir, y las lágrimas le impiden continuar.

Foster observa en silencio.

—Asusta un poco, ¿verdad, Leo? —dice Louise, que le pone nombre a las emociones del chico, y este asiente sin decir nada.

Louise alarga la mano sobre la mesa y roza la de Leo. Foster juguetea con la anilla de su lata de coca cola y la ralla haciendo dibujos.

—¿Piensas que de verdad se está muriendo? —le pregunta Louise.

Leo parece desconcertado, se frota la barbilla con una mano y se rasca la cabeza con la otra.

—No sé. Solo he pensado que si ha tenido que ir al hospital será porque se está muriendo, ¡pero a mí me han enviado a clase! —dice—. Mi madre está intentando impedir que la vea morirse.

—Bueno —le dice Louise al grupo—, yo ya sabía que no era muy probable que el padre de Leo se marchase a trabajar si su mujer se estuviese muriendo, así que me imaginé que allí estaría pasando algo más, pero me contuve y no lo dije, y me acordé de dar reconocimiento a la opinión de Leo antes de preguntarle por otras posibilidades.

Los miembros del grupo se inclinan hacia delante para escucharla. Varios de ellos hacen un gesto con el pulgar hacia arriba o como si aplaudieran en silencio.

Louise mira a Leo, y Leo mira su lata de coca cola.

—Es una idea que asusta —le dice ella—, y me pregunto si podría tratarse de alguna otra cosa… ¿Llegó a enseñarte ese folleto que le dieron cuando empezó con la quimio?

Leo junta las cejas y mira a Louise a los ojos por primera vez en toda la conversación, mientras dice:

—¿El que hablaba de lo de quedarse calva y sobre los gérmenes? ¿Lo de que no podían visitarla personas con un resfriado y todo eso?

—Ese mismo —le dice Louise—. ¿Qué decía sobre lo de toser o tener la garganta irritada?

—Mmm —Leo está pensando ahora y se le ve muy concentrado al tratar de recordar la información que la familia había comentado en casa antes de que Tracy comenzara con la quimioterapia tres meses atrás.

Louise cuenta al grupo:

—Sinceramente, se le veía pensar y tratar de recordar qué más sabía. Toda esa información tan útil es como si desapareciese de un plumazo de la cabeza de la gente en los momentos de crisis, ¿verdad?

Por fin dice Leo:

—Creo que decía que mamá no iba a tener defensas contra las infecciones y que necesita que le pongan enseguida un gotero con antibióticos si tiene tos y la garganta irritada…

—Sí, eso es lo que yo recuerdo también —coincide Louise, que ha leído ese folleto infinidad de veces en el centro asistencial—. ¿Y qué harán los antibióticos?

—Pues… Bueno, pues… A ver, harán que se ponga mejor, ¿no? —dice Leo, que de repente se sienta con la espalda más erguida—. Van a impedir que se muera de una infección, ¿verdad que sí? Por eso está mamá en el hospital, ¿no?

Louise prueba el té y asiente. Sus preguntas útiles han sondeado los peores temores de Leo y después le han ayudado a recordar cosas que, aterrorizado, había pasado por alto.

—¿Vamos al hospital de visita después de cenar? —le ofrece Louise.

—Sí, genial, vamos a hacer eso, Lou. ¿Podemos comernos una bolsa de patatas fritas? —le pregunta Leo.

—¡Patatas fritas! —reflexiona Louise ante el grupo—. ¡Instantáneo ese cambio de estado de ánimo! Qué alivio sentí... y también me sentí un poco orgullosa de que mis preguntas le sirvieran para tranquilizarse: era como si fuese un chaval distinto. ¡Un chaval distinto y hambriento!

El grupo aplaude con entusiasmo por la historia y por la valentía de Louise, igual que el par de formadoras, encantadas con un ejemplo tan maravilloso de la tremenda capacidad de las preguntas útiles.

Louise no dio ningún consejo. Hizo preguntas. Mencionó el miedo de Leo y le dio espacio para sentirse alterado. También le preguntó (con actitud curiosa) si habría, quizá, alguna otra información disponible que habría que tener en cuenta para que su madre estuviese en el hospital ayudándole a recordar el folleto que había leído y del que se había olvidado en medio de aquel pánico y aquel dolor.

Preguntas útiles y escuchar con delicadeza: una amable manera de acompañar a alguien en su angustia.

Acompañar: «estar con» la angustia

Encontrarnos con alguien que se siente superado por la angustia que lleva dentro puede resultar tan difícil que llega a ser desalentador. Es posible que esa persona haya accedido a hablar sobre sus problemas o incluso que nos haya pedido que hablemos con ella sobre el tema, pero resulta complicado saber cómo responder si la conversación se torna muy emotiva. Hay una preocupación por la posibilidad de causar daño, un temor de abrumar al otro, nervios por si entramos en áreas sobre las que no desea hablar e incluso miedo por la intensidad de las emociones en juego, tanto las suyas como nuestras.

«No llores» es una respuesta muy común al vernos frente a la angustia. Es bienintencionada. No implica un «haces mal en llorar», sino más bien un «ojalá no tuvieras ese disgusto que te hace llorar». Sugiere «quiero hacer que te sientas mejor» y es una señal de preocupación. El problema es que este deseo de que una persona angustiada sienta una menor desazón se traduce en el juicio de que sus emociones no son apropiadas. Nuestras exhortaciones a una persona angustiada para que se anime o nuestros intentos de cambiar de tema a otro más optimista no hacen sino trasladarle la idea de que su sufrimiento no es bien recibido.

El temor a empeorar la situación de alguien hunde sus raíces en la convicción de que «yo debería saber qué hacer», pero ¿y si afrontamos esta conversación desde una perspectiva distinta? ¿Y si no nos presentamos como quien resuelve los problemas, sino como una persona que está preparada para compartir sus inseguridades y respaldar a ese otro en su angustia?

Dejar un espacio para el sufrimiento y darle al otro la oportunidad de procesar su angustia es un importante elemento de apoyo y de comprensión. Para acompañar en el sufrimiento, es necesario que le concedamos al otro un espacio donde nadie juzgará ese sentimiento, nadie tratará de suprimirlo ni de minimizarlo.

—¡Ay, no! Por favor, no me llores…

Da la casualidad de que paso por delante de Agnes cuando sale del despacho del decano de alumnos de nuestra facultad: la han llamado de manera inesperada cuando estaba en nuestro seminario, hace veinte minutos. Veinte minutos que te cambian la vida. El rostro de Agnes es la estampa del dolor, con los ojos llorosos y la boca contraída en una mueca en su esfuerzo por contener el sufrimiento que amenaza con abrumarla. Somos estudiantes de medicina de primer año y apenas nos conocemos, pero me da la sensación de que no debo marcharme de allí. Algo horrible está pasando, y yo quiero arreglarlo.

Agnes se sienta repanchingada sobre un viejo baúl de madera, que es el único mobiliario presente en el pórtico forrado de paneles de madera del edificio académico. Se incorpora, se echa hacia delante y solloza con unas fuertes sacudidas al respirar entre los aullidos de dolor. Miro a mi alrededor con inquietud: ¿habrá alguien por allí? ¿Quién podrá echar una mano? ¿Qué podemos hacer? ¿Qué está pasando?

Me agacho y tomo la mano de Agnes, que me lo permite, y sus sollozos se intensifican, todo su cuerpo se sacude cada vez que respira.

—Agnes, ¿qué ha pasado? —le pregunto, y me imagino que la llamada al despacho del decano de alumnos seguramente significa que Agnes se ha metido en alguna clase de lío.

¿La habrán castigado unos días? ¿Expulsado definitivamente? Está claro que se trata de algo importante. Agnes dice que no con la cabeza, las lágrimas se esparcen, y una de ellas aterriza tibia en el dorso de mi mano y discurre para sellar el lugar donde mi piel se encuentra con la piel oscura y suave de la mano de Agnes. Un bautismo.

Agnes alza la mirada y se encuentra con la mía. Hace un gesto negativo con la cabeza al tiempo que sus labios se mueven en un esfuerzo por hablar antes de que otra mueca de dolor se apodere de su boca y vuelva a llover otro río de lágrimas.

No sé qué hacer. Me siento en el suelo y aprieto la mano de Agnes con suavidad mientras el corazón me martillea en el pecho. ¿Qué secreto me va a contar? ¿Cómo diantre puedo ayudarla? Me imagino la vergüenza que sentiría yo si me expulsaran de la facultad. ¿Qué les iba a contar a mis padres? ¿Cómo iba a ser capaz de sobrellevar la deshonra? Y Agnes, la dulce y sonriente Agnes: se viene hasta aquí desde Ghana, y tiene a su familia muy, muy lejos. Habíamos compartido un malísimo café de la máquina expendedora en la semana de presentación de los alumnos de primer curso, cuando ninguna de las dos tenía monedas suficientes para tomarse uno por su cuenta, e intercambiamos nuestros datos de contacto, pero Agnes vivía en un edificio distinto de la residencia y apenas la había visto desde entonces. Siempre nos sonreíamos al cruzarnos entre la riada de alumnos que entraban o salían de las aulas: me daba la sensación de que había entre nosotras una amistad a la espera de producirse.

Y ahora esto. Pero ¿qué era esto?

—Agnes, me lo puedes contar. No llores, por favor. No hay nada que sea tan malo, y, sea lo que sea, lo podemos arreglar...

Agnes, cuya vida acaba de verse irremediablemente alterada, cambia ahora mi manera de ver la vida con cuatro simples palabras.

—Mi madre ha muerto —me dice en voz baja—. Mi madre... ¡Ay, mamá!

Agnes se cubre el pecho con ambos brazos, el uno sobre el otro, se lleva las manos a los hombros y comienza a mecerse adelante y atrás como si estuviera abrazando a la madre que acaba de perder, y yo me siento invadida por la vergüenza a causa de mi manera de pensar tan egoísta. En un solo instante comprendo lo agradecida que cambiaría la dolorosa verdad por todas mis proyecciones de deshonras, humillaciones y la pérdida de sus estudios. En otro continente, demasiado lejos y fuera de su alcance, la madre de Agnes yace muerta, y el decano de alumnos ha tenido que darle la terrible noticia a su estudiante.

Esto no lo puedo arreglar yo. No puedo sino sentarme en el suelo en silencio y consternada por la pérdida a la que se enfrenta Agnes. Me imagino la sonrisa de mi propia madre y pienso en cómo me podría sentar a mí esa pérdida; me horrorizo ante las emociones que sé que debe de estar sintiendo Agnes y soy consciente de que no tengo nada que ofrecerle, nada salvo mi penosa presencia y mi contemplación de su amor y su dolor.

En el pórtico forrado de paneles de madera, dos futuras doctoras han descubierto que el mundo nos pide que no lloremos. Entiendo que jamás podré deshacer las palabras que he dicho, las suposiciones que he hecho. Me quedo sentada en un avergonzado silencio, esperando a que Agnes encuentre las fuerzas para ponerse en pie. Estoy decidida a quedarme aquí con ella mientras me necesite. La llevaré a la residencia y la ayudaré a encontrar la monedas necesarias para llamar a su familia desde el teléfono público de los alumnos. Me prometo que jamás volveré a hacer suposiciones, que jamás volveré a prometer que podemos arreglar lo que está roto.

Por supuesto que continué haciendo suposiciones. Todos lo hacemos. Vemos el mundo a través de nuestro propio prisma y sacamos conclusiones sobre la base de unos hechos muy limitados, conjeturamos y suponemos. Lo que sí aprendí, sin embargo, fue que mi propia incomodidad ante la angustia de Agnes me había llevado a intentar cambiar cómo se sentía ella: a asegurarle que no había nada que fuera tan malo, que nada es irresoluble, que habría una solución para esto. Yo solo quería «arreglarlo». Ya sé que no soy la única que siente el deseo de arreglar las cosas: la mayoría de la gente siente ese deseo amable, natural, de enderezar la situación, pero hay veces en que las cosas no se pueden enderezar. Hay cosas que tan solo se pueden sobrellevar.

Cuando alguien está sufriendo, sus pensamientos y emociones son solo suyos. En función de hasta qué punto estemos preparados para ver las cosas desde su perspectiva, a reconocer por lo que está pasando y a permitirnos sentir malestar en nombre del otro, nuestra respuesta será percibida como lástima, solidaridad o empatía. Es frecuente que no terminemos de diferenciar del todo entre estas respuestas («ofrecer el hombro» podría ser una expresión hecha para cualquiera de las tres), pero las diferencias son importantes cuando estamos tratando de respaldar a una persona en un momento de angustia.

La lástima percibe la perspectiva del otro y reconoce que su situación es desafortunada, pero no da el paso de provocar emociones personales en el observador. La lástima observa el sufrimiento sin entrar en él: la lástima va sobre mí, no sobre la persona que se encuentra en una situación difícil. Cualquiera podría haber reconocido que Agnes salía angustiada del despacho del decano y haberse marchado de allí con una sensación de lástima: «Pobrecilla, otra que se lleva un rapapolvo por los resultados de sus exámenes».

La solidaridad va de los sentimientos del otro; es menos individualista que la lástima e incluye una clara preocupación por la angustia del otro, se identifica lo suficiente con el sufrimiento de alguien como para desear arreglarlo. Cuando nos ofrecemos por solidaridad, partimos de un punto que nos parece seguro, un lugar donde nos sentimos al mando. Por lo general, la solidaridad desea «enderezar» la situación, aunque —al menos en parte— sea para poder sentirnos mejor. La sola sugerencia de que su angustia se puede «arreglar» fácilmente significa que una respuesta compasiva puede devaluar el sufrimiento del otro. Si alguien que pasa por allí decide detenerse, esto podría venir provocado por la solidaridad, por ejemplo: «Ay, qué triste parece. Yo no querría estar sola si me encontrara así. Voy a ver si está bien y la ayudaré a sentirse mejor». Los intentos de «mejorar las cosas» pueden adoptar la forma del ofrecimiento de una solución («¿Por qué no haces...?»); de palabras tranquilizadoras («Estoy segura de que todo saldrá bien», «Los médicos serán capaces de solucionarlo»); de distracciones hacia otros temas de conversación e incluso de admiración («Oye, qué bien te queda eso», «Vaya, sí que eres valiente, «No sé cómo consigues mantenerte tan fuerte»). Lo peor de todo son esos intentos tan burdos de animar al otro, «quitarle las penas», a menudo con frases del tipo «al menos» («Al menos ya ha dejado de sufrir», «Al menos tenéis más hijos», «Al menos tu mujer sigue teniendo su trabajo»). De primeras, tratar de aminorar la angustia que siente otra persona suena como algo bueno, pero los intentos de reducir las expresiones de su sufrimiento no resuelven sus dificultades. En cambio, estos esfuerzos tan bienintencionados por reducir su disgusto emocional simplemente le transmiten que ese momento y lugar no son adecuados para expresar sus emociones: la que se ve disminuida es la persona, no su angustia.

Las respuestas emocionales más profundas de la empatía y la compasión surgen cuando no solo estamos preparados para identificarnos con las emociones del otro, sino además para conectar con ellas hasta un punto en el cual nosotros también sentimos una emoción profunda. La empatía se centra por completo en la persona que sufre. Nuestro buen conocimiento de nosotros mismos se utiliza para poner nuestra experiencia e imaginación a su servicio. Una respuesta empática ofrece compañía en el lugar donde el otro sufre y estar preparados para contemplar, validar y acompañar su angustia. La empatía se identifica con el sufrimiento y reconoce que o bien no hay manera de arreglarlo, o bien que las soluciones le han de corresponder al que sufre. En lugar de centrarnos en «hacer algo», la empatía se ofrece a permanecer con el otro en su sufrimiento. Es «sentir con» el otro.

Al ser conscientes de la perspectiva del que sufre, reconocer sus emociones y conectar con unos sentimientos similares en nuestro interior, nos permitimos el ser vulnerables. Nos movemos con el otro al ritmo de su música llena de dolor, nos dejamos llevar por él, reconocemos su vulnerabilidad y la correspondemos de manera recíproca. Quien presta apoyo con empatía se ha adentrado en la experiencia del sufridor lo mejor que puede y, en lugar de tratar de cambiar la experiencia se limita a intentar acompañarla: ha pasado de observador a compañero. Al carecer de la experiencia personal de perder a uno de tus padres, me sorprendí reflexionando acerca de la profundidad de la pérdida que sentiría yo en la situación de Agnes, y esa lucidez transformó mi manera de entender la complejidad de su angustia. Había intervenido en un acto de comprensión, pero me quedé con mi compañera de clase porque había encontrado la empatía por su sufrimiento.

La compasión es el brazo de intervención de la empatía. La compasión está basada en la empatía, pero va más lejos que esta y se une al baile del otro con la pretensión de apoyarlo en su búsqueda de su propio camino a través del sufrimiento. Una respuesta compasiva ante el duelo podría ser el reconocimiento de lo difíciles que pueden llegar a parecerte las tareas cotidianas de llevar una casa y, así, ofrecer una ayuda práctica con las comidas, la colada, sacar a pasear al perro o cuidar de los niños o los mayores; o reconocer la impredecibilidad de las emociones en el dolor y ofrecerse para estar pendiente del otro con regularidad, algo que este puede aceptar o rechazar conforme le apetezca; o preguntar cómo puedes ayudar a honrar y despedir a la persona fallecida. La compasión ofrece apoyo sin insistencia. La compasión sugiere: «Vas a encontrar el camino para salir de esto, y yo te voy a respaldar de la manera en que tú decidas que es la apropiada para ti». Es «estar con», no «hacer a».

La comprensión es expresar preocupación desde la puerta, mientras que la empatía entra en el lugar del sufrimiento para ofrecer allí su compañía. La compasión es la solidaridad que busca el bien del otro, por el otro. Yo fui un pelín lenta, pero llegué ahí al final.

Quien ha experimentado algún suceso de elevada intensidad emocional repasará su historia hasta que la haya comprendido por completo. Esta asimilación es una parte importante del mecanismo para sobrellevarla: nos ayuda a trasladar una experiencia desde el aquí y ahora hasta el cajón de los recuerdos del pasado. Para ciertas personas, esta asimilación es una reflexión interna, pero para otras muchas supone volver a contar los hechos en voz alta. Conocemos bien la manera en que las madres recientes cuentan una y otra vez sus historias del parto desde la primera contracción, con dolorosísimo detalle, hasta que tienen a su bebé a salvo entre sus brazos por primera vez. La misma necesidad de narrar se produce al respecto de situaciones difíciles, aunque es posible que la gente no se sienta animada a volver a contar la historia de cuando llamaron a la puerta de su casa en plena noche y era un policía que traía malas noticias, o hablar de aquella experiencia a cámara lenta de cuando sufrió un accidente de tráfico, o la historia de un parto que termina de manera dolorosa. Aun así, se mantiene la necesidad de procesar nuestras historias hasta que les encontramos el sentido, de manera que, cuando una persona con un relato angustioso encuentra a alguien dispuesto a escucharla, es de esperar que oigamos esa historia en repetidas ocasiones, que nos suene igual (aunque tendrá algunos detalles nuevos) y que provoque la misma angustia hasta que se vaya suavizando de manera gradual para convertirse en el recuerdo de «algo malo que me sucedió en el pasado» en lugar de ser una angustia que permanezca activa en el momento presente. La incapacidad para transferir así al recuerdo un suceso angustioso es una característica del trastorno por estrés postraumático. Disponer de la posibilidad de contar la historia en un espacio seguro se convierte en una protección una vez que el otro se encuentra listo para contarla, aunque la imposición de una charla prematura al respecto —por muy bienintencionada que sea— puede resultar dañina: podemos ofrecernos a escuchar, pero jamás deberíamos obligar a nadie a revivir ningún suceso.

La gente que se considera «amable» puede caer en la trampa del exceso de ayuda. Interviene para tranquilizar, para prometer ayuda y apoyo, para resolver el problema. Es un problema en particular para muchas personas que trabajan como cuidadores de algún tipo, porque les motiva la idea de ser quienes ayudan, de intervenir para resolver los problemas de los demás. Aprender a escuchar en silencio, a acompañar al otro en su angustia e incluso a utilizar preguntas útiles para explorar esa angustia en mayor profundidad puede llegar a ser complicado, como si el hecho de permitir la expresión de todas esas emociones dolorosas fuera un fracaso de su bondad, una falta de actuación para ayudar. Es más, un dolor compartido es una manera distinta de ayudar, una manera profundamente valorada por las personas que pasan por una situación de angustia y que suelen recordar mucho tiempo después.

Alan se ha quedado sin palabras, mirando a su mujer. Laura está sentada en silencio, pálida. Se encuentran juntos en dos sillas de plástico funcionales en una sala minúscula del área de maternidad, y su mundo se viene abajo en pedazos. Han perdido su preciadísimo embarazo por fecundación *in vitro*, su bebé del tamaño de un guisante. Laura está sangrando, y un escáner muestra que tiene el útero vacío.

Dos semanas atrás, en esta misma sala, vieron cómo latía el minúsculo corazoncito de su bebé en la primera ecografía a que se sometió Laura. Se marcharon del hospital en un éxtasis de emoción. Sí, ya sabían que eran los primeros días. Sí, sabían que era demasiado pronto para suponer nada, pero Laura estaba embarazada. Iban a ser padres. De hecho, ya eran padres: el corazón de su bebé estaba latiendo. Le pusieron Jamie de nombre, válido tanto para un niño como para una niña. Querían que fuera una sorpresa el día del parto, conocer a su bebé y enterarse del sexo. Iban a decorar el cuarto en verde menta y amarillo pálido: colores primaverales, de esperanza y de expectación.

Llaman a la puerta; el pomo gira con suavidad; la puerta se abre una rendija, muy despacio, y asoma una cabeza. Pelo largo y oscuro, recogido en lo alto. Uniforme de enfermero. Una sonrisa.

—Soy Pete —dice el hombre con voz suave—. Me he enterado de lo de vuestro bebé. Cuánto lo siento…

Pete se queda en la puerta y pregunta:

—¿Puedo quedarme con vosotros, por favor?

Alan se queda pensando que están en el departamento de este hombre, y enseguida se percata de que la pregunta de Pete implica que el espacio es de ellos dos. Pete aguarda, sin dar por hecho que le han dado permiso. Laura hace un gesto de asentimiento a Alan, que dice:

—Sí, Pete. Pasa.

Laura se inclina hacia un lado en su silla de tal forma que pueda apoyar los brazos en la camilla de examen y, acto seguido, desploma la cabeza sobre los brazos. Sus hombros se agitan mientras solloza. Las lágrimas corren sin freno por la cara de Alan, que le toca el codo a su mujer. Pete se arrodilla en el suelo junto a ellos dos y les roza el hombro para formar un círculo de dolor en silencio.

Pete no dice nada en absoluto.

—Lo siento… —solloza Laura, que alza la mirada hacia su marido—. Ojalá hubiera… —dice, y se vuelve a deshacer en un mar de lágrimas.

Alan se lleva la mano de Laura a los labios y la besa, y Pete baja los brazos, retrocede para sentarse y dejarles espacio.

—Esto es durísimo, ¿verdad? —dice Pete al espacio vacío que hay entre ellos.

El matrimonio asiente, suspira y mira a Pete.

—¿Ojalá hubieras hecho qué, Laura? —pregunta Pete.

Sabe que las mujeres se culpan con frecuencia de haber sufrido un aborto. El dolor ya es lo bastante duro sin necesidad de añadir la culpa.

—Yo... yo... ¡Ah, yo qué sé! —dice ella—. Es que tengo la sensación de que debo de haber hecho algo mal para perder el bebé. No sé qué es, pero se supone que yo había de ser el lugar seguro y no lo he sido, no lo suficiente... —Se detiene para sonarse la nariz, secarse los ojos y mirar a Alan con cara de tristeza.

Pete asiente y, a continuación, añade:

—Laura, no dejo de oír a la gente decir eso, aunque sé que todos ellos han recibido los folletos informativos, que tienen los datos. A todos les han dicho que, incluso con un positivo en un test de embarazo, uno de cada diez se pierde en las primeras doce semanas. Sé que vosotros ya lo sabíais, ¿verdad? —dice y mira alternativamente al uno y al otro, que asienten.

—Y saber eso no hace que todo esto resulte más fácil, ¿verdad? —les pregunta, y ellos dicen que no con la cabeza.

Pete se sienta sobre los talones y espera allí, arrodillado ante ellos, para ver si tienen alguna pregunta más, para valorar si podrían estar en condiciones de marcharse de aquella habitación.

—He venido a invitaros a pasar a otra sala distinta —dice Pete finalmente—. Es más cómoda que esta, y hay una tetera y tazas. Podéis quedaros allí sentados todo el tiempo que queráis, mientras procesáis toda esta tristeza. No hay prisa ninguna. Y allí os puedo preparar un café, o traeros algo frío de beber.

—¿Os sentís en condiciones de recorrer conmigo el pasillo? No vamos a pasar por la sala de espera, solo por una zona de despachos. No os vais a encontrar con nadie salvo el personal que trabaja conmigo. ¿Qué os parece?

En la nueva sala hay un sofá, dos butacas rectas, una alfombra mullida en el suelo. En el rincón hay una estantería con tazas de porcelana sobre un fregadero reluciente, un frigorífico pequeño, tarros etiquetados como «té», «café» y «azúcar». Una mesita baja con un jarrón de flores de seda y una caja de pañuelos de papel. Pete les muestra las instalaciones y les dice:

—Hay un sofá si queréis proximidad, pero si necesitáis vuestro propio espacio, esas butacas son más cómodas de lo que parecen. Podéis cerrar la puerta por dentro, y yo me asomaré de vez en cuando para ver qué tal vais.

»Voy a dejar este cuaderno y lápiz. Si tenéis más preguntas, apuntadlas. Intentaré responderlas, y si yo no puedo, por aquí hay gente a la que sí puedo preguntar.

»¿Os gustaría tener a alguien más aquí con vosotros? ¿A vuestros familiares? ¿Nuestro capellán? Invitad a quien queráis. Esta sala es hoy vuestro espacio durante el tiempo que queráis.

»Volveré dentro de una hora.

Pete hace muy bien su trabajo. Como enfermero especialista en pérdida temprana del embarazo, con regularidad conoce a mujeres y parejas que se enfrentan al dolor que supone la interrupción abrupta de un embarazo. Sabe que no puede arreglarlo. Sabe que toda pérdida es tan individual como lo son las esperanzas de los padres destrozados a los que conoce. Sabe que después de salir del hospital, muchos tendrán que hacer frente a familiares y amigos que, en su deseo de controlar el dolor, ofrecen mensajes redundantes que minimizan la pérdida: «Al menos sabes que sí te puedes quedar embarazada», «Bueno, pues tomaos un descanso y lo volvéis a intentar», «Por lo menos aún no era un bebé completamente formado», «Al menos...». O tienen la «amabilidad» de no mencionar en absoluto el embarazo, el bebé y la pérdida. Algunos incluso cruzarán la calle con tal de evitar una conversación que pueda resultar dolorosa, con buenas intenciones, pero que hieren en lo más hondo a quienes se quedan solos con su dolor.

Al ofrecer una habitación dedicada a crear un espacio para el dolor, Pete y su departamento están lanzando un mensaje contundente. Esto es una pérdida. Vuestro bebé ha muerto. Esto duele. Lo vemos en vosotros. Os estamos escuchando. Pete pasa allí el tiempo con cada madre afligida y sus acompañantes, sentado con ellos en silencio, siendo testigo del dolor sin intentar arreglarlo, sin menospreciarlo.

Pete pasa por allí con regularidad para ver qué tal están Alan y Laura. Se prepara un café y se sienta en una silla a escucharlos hablar de cómo van a contar la triste noticia a amigos y familiares. Les pregunta qué tipo de respuesta se esperan y, con mucho tacto, les advierte de que no todo el mundo entenderá la profun-

86

didad de su dolor. Pero, sobre todo, Pete escucha. Mientras hablan el uno con el otro, Alan y Laura Irán recorriendo a tientas el trayecto de su dolor hasta llegar a un punto en el que estarán en condiciones de marcharse a casa. Pete los acompaña hasta las escaleras que evitan pasar por la sala de espera y se queda mirando para verlos doblar la esquina, abandonar el área de maternidad y salir a un mundo exterior que es ajeno a su tragedia.

La gente como Pete conoce y practica esta importante verdad: no siempre está en nuestra mano arreglar la situación, pero siempre podremos concederle espacio.

El uso de los silencios

Vamos a intercambiar nuestras posiciones y vamos a pensar que somos la persona a la que están escuchando. Hablar en voz alta sobre una situación, sobre un recuerdo o un temor es una manera de comprenderlos. Conforme le vamos contando nuestra historia a otra persona, oímos ese relato ya conocido de una manera que cambia nuestra percepción. Sacarlo de nuestra mente y estructurarlo en forma de palabras cambia la sensación que nos produce e incluso a veces la manera en que lo entendemos. Esto es un trabajo emocional. Compartir una noticia difícil o algún padecimiento personal pone de manifiesto las dolorosas emociones que implica la situación, tanto para el oyente como para el narrador, y la conversación se hace incómoda para ambas partes.

El oyente podría querer consolarnos o reconfortarnos convencido de que, cuanto menos hablemos de nuestro dolor, menos sufriremos. En realidad, lo cierto es lo contrario: el sufrimiento lo llevamos dentro de nosotros a la espera de que lo atendamos. Al ofrecernos su atención, un oyente proporciona el espacio donde podemos hacer frente a esas cuestiones con las que tal vez estemos forcejeando nosostros solos sumidos en nuestro silencio interior, un espacio donde pasar revista a los componentes de nuestra angustia, entenderlos mejor y hallar maneras de avanzar. Al escuchar y consentir ese dolor tan profundo, el oyente compasivo nos ayuda a crear un envoltorio lo bastante fuerte como para contenerlo. A menudo, su mejor contribución es un silencio de aceptación.

Craig acaba de recoger a su hija adolescente, que ha salido por la noche con los amigos del instituto. Mañana es sábado, y la chica se puede levantar tarde y ponerse después al día con los deberes de clase, las actividades de arte y de música. Ha sido fácil localizarla: en el aparcamiento del club deportivo había un grupo de chavales zarandeándose y riéndose escandalosos, revoloteando como polillas bajo la luz de las farolas, disfrutando del comienzo del fin de semana con un partido de fútbol y de un rato con los amigos en el bar cafetería del club deportivo. No pueden beber alcohol, por supuesto, pero les gusta la música que ponen allí y se reúnen para charlar, bailar y cotillear agitados y ebrios de la libertad que supone un fin de semana entero por delante. Sacha saluda con la mano a su padre, lanza al aire un beso a las dos chicas que tiene a su lado y se desliza en el asiento del copiloto, donde ahora está sentada viendo fotos en el móvil, sin decir una palabra.

—¿Lo has pasado bien, Sacha? —le pregunta su padre, que sale con el coche del aparcamiento.

Sacha no responde. Tiene la cabeza baja, sobre la pantalla del móvil que emite una luz azulada en el interior del vehículo. Al ir pasando bajo las farolas, unos fogonazos naranjas le iluminan la cara y el pelo morado, de punta. Craig desvía la mirada un instante y ve el brillo de una lágrima en la mejilla de Sacha.

—¿Quieres hablar? —le pregunta a su hija.

El coche traza una curva y se adentra en la oscuridad cuando las calles iluminadas por las farolas dejan paso a una carretera oscura por el campo. Craig conduce, la mirada al frente, en silencio. Esperando.

Sacha sorbe por la nariz y se la suena.

—Se han reído de mis zapatos —dice ella con desánimo.

Craig siente una oleada de alivio. ¡Los zapatos! No es más que una riña sobre moda. Se había mosqueado tanto como un oso al ver a su osezna amenazada. Le invade otra oleada, de disposición paternal para ayudarla, y le dice:

—Venga, cielo, solo son unos zapatos. No es para tanto. Vamos, que solo es cansancio. Vámonos para casa y a la cama. Si quieres, podemos ir a comprar zapatos el próximo fin de semana, ¿vale?

Sacha asiente, apaga el teléfono, se sube la bufanda y cierra los ojos. Si su padre es incapaz de entender lo de los zapatos, ¿cómo le va a contar lo otro?

Craig se alegra de haber hecho que su pequeña se sienta mejor.

Asimilar las malas noticias, contemplar la posibilidad de dificultades en el futuro, recordar los problemas del pasado: todo esto forma parte del hecho de ser humanos. Nuestra mente de urraca va haciendo acopio de nuestras dificultades y las sazona con temor, vergüenza y culpa. Es capaz de generar tamaña montonera de falsas penas que resulta difícil ver cualquier otra cosa. Enfrentarse a esto es desagradable, nos sentimos solos al contemplarlo y nos parece una carga que es demasiado pesada para llevarla sobre nuestros hombros y demasiado amarga para compartirla.

Aun así, compartir nuestras dificultades es una de las claves para sobrevivir a ellas sin acabar completamente destrozados. La narración de la historia de una lucha interior compleja consume energía física y emocional e implica correr el riesgo de que nos juzguen, nos censuren o nos rechacen. El razonamiento emocional tiene un sesgo inherente y sugiere que sentirse mal significa ser malo y que podrían descubrirnos si contamos nuestra historia. Dar con un oyente que no nos juzgue es una experiencia que nos valida y permite que la historia se cuente en voz alta, que el narrador la vuelva a escuchar, de nuevo, al contársela al oyente. Este simple hecho de volver a oírla puede ser tan potente como cualquier consejo externo.

La conducta de quien nos escucha es crucial para generar o no la seguridad de la conversación. Esa persona puede ser la misma que ha tenido que traernos la mala noticia, o quien sea con quien nos encontremos en nuestra angustia; puede ser un familiar, una persona de confianza o podría ser un desconocido. En cierta manera, da lo mismo quién sea. La escucha no consiste en quién escucha, consiste en que esa persona escuche.

Vamos pelando nuestras penas como si peláramos una cebolla. Las capas externas son las menos complejas, y somos capaces de dejarlas a la vista sin arriesgar demasiado. Mientras lo hacemos, vamos midiendo la respuesta de quien nos escucha. ¿Está horrorizado? ¿Asqueado? ¿Furioso? Quizá me esté mostrando el interés de una excitación morbosa. Quizá se muestre desdeñoso, sin más. Estas respuestas nos advierten de que mantengamos bien protegidas las capas más profundas. Una respuesta tranquila, curiosa y sin juicios puede indicar que es seguro profundizar más. Esas capas tienen una mayor carga emocional: son más difíciles de contar, duele más encontrarse con ellas. Conforme vamos revelando nuestro dolor, volvemos a evaluar la respuesta del oyente: el que escucha, acepta con calma y alienta con sutileza nos ofrece un terreno seguro sobre el que continuar. Su reflejo de nuestra angustia es una muestra de comprensión. Sin embargo, responder a base de intentar tranquilizar o restar importancia al dolor interrumpe el proceso de ir pelando capas y lo cierra de golpe.

No es de extrañar que no sea nada fácil saber escuchar bien. Requiere ser empático: ser consciente de la angustia del otro y capaz de ver las cosas desde su punto de vista, y aun así reprimir el impulso de reconfortar o consolar de manera prematura, no vaya a ser que esto cierre el espacio seguro. Crear un espacio para nuestro sufrimiento y permitirnos gestionar nuestra angustia es un componente importante del apoyo y la atención. Ser un compañero en el sufrimiento requiere de quien escucha que nos conceda un espacio donde no se juzgue nuestro sufrimiento, no se nos disuada de sentirlo ni se le reste importancia.

En una conversación, hablamos y escuchamos, hacemos preguntas, esperamos las respuestas, hacemos afirmaciones y nos preguntamos en voz alta. Sin embargo, las conversaciones profundas también incluyen silencios. Hay momentos en que ninguno está hablando y es el silencio el que hace el trabajo. Es en el silencio cuando reflexionamos, cuando juntamos ideas diferentes y formamos nuevas posibilidades, cuando alcanzamos un entendimiento nuevo de las cosas, cuando tomamos decisiones o cambiamos de opinión. Dicho de otra manera, en el silencio es cuando se produce el verdadero trabajo.

Uno de los aspectos de la comunicación que nos pueden crear confusión es el contacto visual. Existe la extendida creencia de que una comunicación «genuina» requiere de una mirada directa a los ojos, pero cuando examinamos realmente dicha proposición nos percatamos de que un contacto visual directo y prolongado a los ojos cuando nos sentimos emocionalmente vulnerables puede ser intrusivo y desconcertante. Es más, son muchas las conversaciones íntimas que se producen cuando vamos caminando hombro con hombro, o cuando estamos inmersos en una afición compartida y tenemos la mirada fija en la tarea, o cuando vamos en coche y uno de los participantes va conduciendo, de tal manera que las miradas a los ojos son escasas o inexistentes. Aunque en las conversaciones cotidianas utilicemos la mirada de forma instintiva para enviarnos señales como «te toca hablar a ti» o «eso me sorprende», cuando uno de los participantes aparta la mirada suele ser el momento en que le está ofreciendo al otro esa pausa para sus propios pensamientos, o le indica que no está listo aún para intervenir. Es posible que para dar pie al silencio como un «tiempo para pensar» sea necesario que prestemos atención a la mirada: apartarla para mostrar que estamos respetando ese momento de silencio, percatarnos de que el otro baja la mirada al centrarse en sus pensamientos e ideas mientras nosotros dejamos espacio al silencio, o volver a mirar al otro para indicarle que, cuando se sienta en condiciones de hacerlo, estamos esperando a que hable y que no vamos a interrumpir ese silencio antes de que lo haga el otro. Cuando no podemos mirarnos, ya sea porque estamos hombro con hombro observando el mismo lugar o porque estamos hablando por teléfono, encontramos otras maneras de hacer ostensible que estamos a la escucha, nuestros instantes pensativos y nuestros turnos para intervenir, y aun así utilizamos el silencio como un valioso elemento de nuestras conversaciones más serias.

Entender el valor del silencio es fundamental para las conversaciones delicadas. Lo que esperamos no es evitar la angustia, sino, más bien, permitir que la conversación incluya las dificultades, los pesares y las frustraciones de la situación y aceptar que las emociones que surjan serán lógicas y razonables. Siendo un acompañante en esas emociones incómodas, el oyente muestra compasión y nos da permiso para sentir lo que sea que sintamos sin juzgarnos.

Al mismo tiempo, al conceder dicho espacio, nos da la posibilidad de procesar nuestros pensamientos y emociones: estamos considerando, replanteándonos, reformulando y comprendiendo nuestras ideas y preocupaciones en una profunda reflexión que —a simple vista— parece un mero silencio. Es la pausa en el baile, cuando recobramos el aliento.

Llevémonos a Craig a la vuelta de la manzana, antes de que recoja a Sacha. Lo cierto es que llega un poco temprano, porque es muy protector con su hija, un milagro de un valor incalculable. Han pasado ya dos años desde su transplante de médula ósea. Su leucemia se ha curado gracias al regalo de un desconocido. Sacha ha vuelto al instituto y se está poniendo al día con las clases que ha perdido. Todas sus amigas están en «el grupo del fútbol», y la mayoría juega, pero no Sacha, a quien la quimioterapia le ha causado un daño nervioso permanente y no siempre se ve muy estable cuando está de pie. No podrá jugar al fútbol, pero le encantan los deportes, y anima los viernes por la noche junto a la línea de banda antes de dirigirse a la cafetería (las chicas prefieren llamarla «el bar» en un intento por sonar como los adultos) a pasar el rato con las amigas y celebrar la llegada del fin de semana.

Sacha camina más despacio que las demás. A veces se tropieza con la propia línea de banda, porque el terreno no es llano. No puede lucir los tacones ni las plataformas que están tan de moda porque se cae, sin más, o se tuerce un tobillo, y, aunque sus pies no le dicen a su cerebro con exactitud por dónde andan, sin duda le informan con absoluta precisión de cuánto le duelen.

Sacha se ha vestido hoy con sumo cuidado, porque tenía en mente algo especial para esta noche. Las botas altas de charol y suela gruesa, de un intenso azul iridiscente, eran el toque de color que reafirmaba su confianza en el atuendo elegido. En estas quedadas después del fútbol, Sacha ha empezado a conocer a Toni, la capitana del equipo de fútbol femenino. Ha encontrado una suerte de placer dulce y desconocido en la compañía de Toni, y Sacha cree que se están enamorando la una de la otra. Esta noche, Sacha pretendía pedirle salir a Toni y tener una cita.

Sin embargo, Toni no se ha unido al grupo en el bar. Ha salido disparada desde el vestuario hacia el aparcamiento, donde la esperaba en su coche un chico más mayor que ella.

—¡Adiós, chicas! —se ha despedido con la mano desde la ventanilla del acompañante mientras su pretendiente dirigía el coche hacia la salida—. ¡Nos vemos el lunes!

Sacha se ha quedado mirando ese coche que salía del aparcamiento y se alejaba con sus sueños, y ha sentido un desgarro en el pecho.

—¡Vamos, Sacha! ¡Con esas botas tan brillantes, deberías ir tú la primera! —ha dicho a voces una amiga mientras se dirigían con paso lento hacia la cafetería.

Pero de nada sirven las botas. De nada sirve la esperanza. De nada sirve el amor. A Sacha se le ha caído el alma a los pies, con esas botas ridículas con las que se había hecho ilusiones. No valen para nada, pero la están matando; qué ganas de tirarlas al primer cubo de basura que vea.

Vamos a llevar a Craig de vuelta al aparcamiento del club deportivo para recoger a una Sacha que tiene el corazón destrozado.

—¿Lo has pasado bien, Sacha? —le pregunta su padre mientras se alejan de allí.

Sacha no responde. Tiene los ojos clavados en la pantalla del móvil, que brilla dentro del vehículo. Los fogonazos de la luz de las farolas le recorren la cara y el pelo morado, de punta. Craig mira a su hija y ve el brillo de una lágrima en su mejilla.

—¿Quieres hablar? —le pregunta.

El coche pasa de las calles de la ciudad iluminadas por las farolas a una carretera oscura al adentrarse en el campo. Craig conduce, la mirada al frente, en silencio. Esperando.

Sacha sorbe por la nariz y se la suena.

—Se han reído de mis zapatos —dice ella con desánimo.

Craig se sorprende. Su hija no suele prestar atención a esas bobadas.

—Ay, Sash, cuánto lo siento —dice su padre, que se guarda sus pensamientos para sí—. Me ha parecido verte triste…

Craig se siente tan mosqueado como un oso al ver a su osezna amenazada. Su preciosísima hija está triste, y esto lo ha provocado alguna otra chica. Guarda silencio y mira de vez en cuando a Sacha, que va pasando fotos y suspira. Unos minutos después, da pie a que hable su hija con un «Si quieres contármelo, ya sabes que te escucho».

Sacha deja el móvil.

—Me he puesto estas botas de manera especial, papá. Las he elegido porque le gustan a alguien que me gusta, y quería demostrarle que estamos en la misma onda…

Craig aguarda. Sacha está hablando de que le gusta alguien. Jamás ha tenido un novio, pero está llegando a esa edad en que todo eso comienza a suceder. Sus pensamientos se disparan hacia un millón de lugares aterradores: desengaños amorosos, sexo, embarazos, más desengaños amorosos, perderla por un chico que no la merece. Echa la vista atrás y recuerda las citas de su adolescencia, la diversión, la vergüenza y las crisis de autoestima.

—Así que te gusta alguien… —invita a hablar a su hija y vuelve a guardar silencio.

—Sí, y pensaba que… y pensaba que yo también le gustaba a esa persona —dice Sacha, y las palabras se le atragantan en su tristeza.

«Ay, la vieja historia del amor no correspondido», piensa Craig, aliviado. El desengaño amoroso forma parte del proceso de madurar, pero duele, y cómo. Aguarda.

—Bueno… ¿y qué ha pasado? —pregunta Craig a la oscuridad silenciosa que lo acompaña en el coche.

—Pues… que se ha marchado con otra persona —suspira Sacha—. Es que no me lo esperaba, ¿sabes? Pensaba que yo le gustaba…

—Vaya, eso es duro, cielo —dice Craig—. Cómo odio yo esa sensación de desengaño.

—Pero tú tienes a mamá, ¡y yo no tengo a nadie! —dice ella.

Esto le duele a Craig: «¡Nos tienes a nosotros!», le dan ganas de gritar; pero no, bien hecho, Craig, bien por guardarte esos pensamientos en la cabeza. Asiente en la oscuridad. Espera.

—Nadie me va a querer nunca —solloza Sacha.

Craig quiere decirle que hay muchas otras personas en el mundo entre las que elegir, que conocerá a alguien, que tiene toda la vida por delante, pero esas frases de consuelo no sirven en este momento en que tiene tan fresca la herida en el corazón.

—Supongo que me imaginé más de lo que había… —Sacha le está dando vueltas—. A ver, que hemos hablado sobre botas. Y sobre fútbol. Y nos gusta la misma música. Es como si hubiéramos encajado, ¿sabes lo que te digo?

»Pero yo esperaba más, y me emocioné pensando que tal vez… esa persona también. Así que, además, me siento como una tonta. Por lo menos no le he dicho nada aún. No me he humillado, pero… —Y otra lágrima luce con un brillo plateado con las luces de un coche que pasa.

Sacha está utilizando el silencio para repasar sus esperanzas y suposiciones. ¿Le había dado Toni esas esperanzas, o había sido ella, que había malinterpretado su amistad? ¿Se han acabado para siempre sus esperanzas de ser feliz, o ha descubierto algo acerca de las relaciones sentimentales? ¿Se percata su padre de que Sacha está hablando sobre otra chica? ¿Estará listo para que su hija salga del armario? ¿Está ella lista para salir del armario?

Hay muchas más capas que ir quitando, cuando Sacha esté en condiciones de hablar. No obstante, este coche oscuro, este padre paciente, este silencio sin prejuicios le han ofrecido un lugar seguro para empezar.

Está clarísimo que esto no va de unas botas. Bien hecho, Craig, por conceder ese silencio.

Lo contrario de escuchar

Si se hubiese lanzado a ayudar, Craig habría enviado al garete sus intenciones de escuchar: qué natural es este impulso con independencia de que el otro, a quien estamos escuchando, sea nuestra hija, un amigo o un cliente. Intentar arreglar las cosas es prácticamente lo contrario de escuchar: tiene como objetivo reducir la angustia, y, aun así, la única angustia que reduce es la del oyente.

He aquí algunas conductas que son «lo contrario de escuchar» y que podemos reconocer. Igual que todos nosotros, es posible que te encuentres de entrada con que ya has adoptado alguna de estas actitudes o incluso que alguna de ellas sea un hábito en ti. No pasa nada si es así: darse cuenta es el primer paso hacia el cambio, y nosotros lo llamamos lucidez. La próxima vez que seas consciente de estar sintiendo el impulso de actuar, sonríe para tus adentros ante esta lucidez tuya y limítate a continuar escuchando. No te dejes distraer por «lo que yo haría en tu lugar».

Mantente presente, escuchando. Se vuelve más sencillo con la práctica, y el éxito refuerza que recurras en el futuro a la escucha.

Interrumpir. Deja que el otro cuente su historia. Evita rematar sus frases y terminarlas por él, o asumir que su historia seguirá el camino que tú te imaginas. Tranquilizar al otro es una manera de interrumpirlo.

Contar tu historia. Esta es la historia del otro. Evita decirle eso de «Es como aquella vez en que yo...». Insiste en decir «Estoy escuchando» en lugar de contar esa historia tuya que crees muy parecida pero que tal vez no se parezca tanto.

Aconsejar. Si hubiera una solución fácil, el otro ya habría resuelto su dilema. Escucha. Si parece fácil de resolver, entonces es más complicado de lo que tú habías pensado... hasta ahora. Continúa escuchando.

Identificarse en exceso. «Ya sé cómo te sientes». Pues no, no lo sabes.

Restar importancia a la angustia. Si el otro está alterado, acostúmbrate a admitir sus emociones. No intentes salvarlo, no intentes distraerlo ni trates de desviar la conversación: hazle saber que te vas a quedar allí con él mientras dure la angustia.

Intentar arreglarlo. No te corresponde a ti hacerlo. El otro lo hará, si es que tiene arreglo, cuando sea el momento apropiado. Tú sigue escuchando. Haz más preguntas. Intenta comprender más.

Hacer suposiciones. Esas lágrimas pueden ser de tristeza, pero podrían no serlo. Podría tratarse de un orgullo feroz, de una sensibilidad desbocada, de una riada de arrepentimiento. Las botas no eran el problema para Sacha, pero sí eran muy significativas. Cuando nos sentamos en silencio para estar con alguien en su angustia, debemos evitar la suposición de que hemos entendido toda la historia. Una muerte reciente puede suponer un golpe inimaginable, pero también puede ser un alivio después de un largo periodo de espera, o la complicada pérdida de una persona con la que era difícil conectar. La pérdida de un puesto de trabajo puede ser una liberación de años de acoso laboral además de ser un paso aterrador hacia la inseguridad económica. Suspender un examen puede suponer que se pospongan otros planes de vida: es posible que la decepción no se deba a la nota del examen. Pregunta, no supongas. Comprueba que lo has entendido.

Finalizar sin riesgo

La conversación ha comenzado. Has comunicado la noticia, o has oído como se la daban a otro. Has escuchado, y espero que te hayan escuchado también a ti. Ha llegado el momento de ponerle fin a la charla: si os habéis comunicado bien, la delicadeza de la conversación permanecerá en el ambiente. De haber sido una conversación abrupta, es posible que aún quede tristeza, dolor o enfado. Podría ser ambas cosas: un reconocimiento del dolor y también un conocimiento más profundo de la mutua preocupación.

¿Cómo llevamos la charla a un cierre apropiado? ¿Con un cambio brusco de tema? ¿Salimos corriendo hacia la puerta? ¿Hacemos un chiste torpe? Todo el mundo ha visto esto alguna vez, ¿verdad que sí? Sabemos que nos gustaría cerrar esta conversación de la manera más amable que sea posible: ofrecer apoyo y evitar riesgos dejan la puerta abierta para retomar la conversación, y para hacerlo de la mejor manera y en el momento en que sea necesario.

Hallar el momento justo para poner el broche es como hacer malabarismos. Depende de toda una variedad de cosas, algunas de las cuales podemos controlar y otras, simplemente, son como son. A las personas enfermas se les agotan pronto las energías: es posible que no puedan más que con unos minutos de conversación, y hemos de ser sensibles a las variaciones de sus niveles de energía. Puede ser que uno de los dos esté sometido a una limitación de tiempo para no perder el autobús, por tener que volver al trabajo o que recoger a los niños. Nuestro rato a solas se puede ver truncado por la llegada de otras personas, de manera inesperada o no. Es sorprendente lo rápido que pasa el tiempo al escuchar con profunda atención. Podría suceder de repente que nos diésemos cuenta de que hemos de abandonar la conversación pero no sepamos con seguridad si mencionarlo sería una falta de sensibilidad. Aun así, al gestionar el modo en que cerramos la charla, nos podemos asegurar de que todos los participantes se recuperan de las emociones fuertes que hayan podido surgir y que lo hacen sin sentir presiones, escozores ni daños.

Siempre me ha parecido muy complicada la gestión del tiempo en estas conversaciones delicadas, y, con el paso de los años, he descubierto algunas maneras de abordarla. La primera es dejar claro de cuánto tiempo se dispone antes de comenzar, de tal manera que la responsabilidad de ese tiempo sea compartida.

«Ahora tengo media hora libre, si quieres contarme a qué le estás dando vueltas en la cabeza».

«Si te apetece hablar ahora sobre esto, ¿a qué hora necesitarías que terminásemos?».

«El tema de conversación parece serio. ¿Te viene bien hablar ahora, o tal vez podría interrumpirnos alguien que venga y no quieras que nadie sepa nada de esto aún?».

«Me alegro de que quieras hablar conmigo sobre esto. Por favor, ayúdame a echarle un ojo al reloj, que no quiero perder el autobús para ir a clase».

O, si no estás en condiciones de prestar el tiempo y la atención necesarios en ese momento, reconoce la oportunidad y haz una oferta clara para escuchar al otro pronto, algo como: «Percibo que esto es importante para ti, pero, sintiéndolo mucho, no puedo hablar ahora. ¿Podemos hacerlo más tarde / mañana? ¿Cuándo? ¿Cuánto tiempo?». Esto no es desconsiderado: puedes tener otra cita, podrías estar muy cansado o hambriento para prestar atención en condiciones, y cuidarse uno mismo es importante para escuchar bien.

Compartir la responsabilidad del control del tiempo lo ha cambiado todo para mí. Antes me parecía una grosería estar mirando el reloj y me debatía entre lanzar una mirada honesta y sin tapujos a la muñeca (que me podía hacer quedar como una impertinente, distraída o aburrida) y hacer un gesto torpe con una mano para subirme el otro puño como quien no quiere la

100

cosa y mirar así el reloj, seguramente de un modo mucho menos discreto de lo que yo esperaba. Una vez que el control del reloj es algo explícito y compartido, puedo mirarlo y decir: «Vamos bien, tenemos tiempo de sobra» o «Veo que se acerca tu hora de coger el autobús/de mi próxima cita/de llevarte a casa», y comenzar entonces unas palabras breves y medidas para el cese de la conversación.

El cese de la conversación no es lo mismo que haber terminado de hablar del tema. Puede haber más sobre lo que pensar y hablar; quizá hallamos llegado tan solo hasta el punto de comprender cuánto queda aún por comentar. El cese es una medida temporal, y si lo hacemos bien, se llegará al acuerdo de que la conversación se puede dejar por ese momento, a salvo en algún lugar seguro, y retomarla en otro momento. Este baile se ha terminado, pero podemos volver a bailar pronto.

Ya hemos visto algunos ejemplos en este mismo libro de conversaciones que se inician y se interrumpen, listas para retomarlas de nuevo. Eloise y su madre (página 44), Jake y su profesor (página 57) y Craig y su hija Sacha (página 88): todos ellos tienen más de lo que hablar. Al partir sus discusiones en conversaciones más breves han iniciado un proceso de exploración del tema que tienen entre manos y también del modo en que lo pueden abordar. Han dejado su diálogo listo para poder retomarlo, ya sea con un acuerdo (el profesor ha invitado a Jake a continuar pensando y volver más tarde a charlar) o cuando el momento parezca el apropiado (Eloise ha sacado un tema a su madre al que llevaba mucho tiempo dándole vueltas y sabe que puede volver a mencionarlo la próxima vez que hablen; Craig ha demostrado que sabe escuchar, y Sacha se está planteando la posibilidad de seguir contándole secretos).

Aquí tenemos otro ejemplo de algo que nos puede resultar un tanto incómodo y que se soluciona fácilmente con solo decirlo.

«Creo que está bien por hoy. Podemos seguir en otro momento»; «Lo siento, pero ahora me tengo que ir, así que vamos a tener dejar la conversación por hoy»; «Pareces cansada. ¿Lo dejamos aquí y lo retomamos en otro momento?».

Antes de separarnos o de dedicarnos a otra cosa, sirve de ayuda comprobar que ambos estáis listos para poner el punto y seguido a la charla. Es otra situación en la que actuamos juntos y compartimos la responsabilidad del debate. De nuevo, no es tan complicado.

«¿Te parece bien que lo dejemos aquí por hoy?»; «Sé que te tienes que marchar; ¿te encuentras bien?»; «Me voy a tener que ir pronto, ¿te ves en condiciones?».

Expresar agradecimiento es una manera muy útil de terminar. «Gracias por escucharme»; «Me alegro de que hayas hablado de esto conmigo: gracias»; «Sé que no era fácil: gracias por tomarte un momento para darle una vuelta conmigo a este tema»; «Ya sé que no hemos terminado de hablar de esto, pero me alegro de que hayamos empezado a comentarlo».

También podemos acordar cómo vamos a continuar con nuestra charla. «Te llamo mañana»; «¿Te importaría darme un toque cuando hayas tenido la oportunidad de darle una vuelta a esta conversación que hemos tenido?»; «¿Cuándo te parece que volvamos sobre esto, a ver cómo estamos?».

Si la situación es amistosa, el final de la conversación delicada puede ser una oportunidad apropiada para un abrazo, un beso, un instante para una expresión de ternura. Lo que te dicte el corazón.

El resumen de toda esta filosofía es:

Escucha. Guarda silencio, concede espacio, presta atención. Es un esfuerzo compartido.

Cuándo buscar ayuda

Es posible que algunas dificultades requieran de más tiempo, espacio y escucha delicada, y es importante que sepamos reconocer cuándo podría ser necesaria la ayuda de un profesional o un especialista, y esta ayuda podría ser para la persona que está pasando por una situación de angustia o un apoyo para quien trata de ayudarla, incluidos nosotros mismos.

Si alguien nos habla de una problema de salud que pudiera ser grave o sobre una experiencia que parezca peligrosa o que le esté causando un daño, quizá nos haga falta explorar la opción de conseguirle una mejor orientación o ayuda de las que podemos proporcionar nosotros solos. ¿Y si el otro nos confiesa una conducta preocupante como la de darse al juego de forma compulsiva, a la bebida o al consumo de drogas? ¿Y si nos cuenta que se ha encontrado «un bulto» u otro síntoma que pudiera suponer un problema grave de salud? Se trata de dificultades que requieren de la ayuda y el respaldo de un especialista, y, aunque sí podemos escuchar y ofrecer apoyo al otro, lo correcto es sugerir que nuestro respaldo no es suficiente.

El otro podría revelarnos o hacer referencia a una situación que sugiera una violación, abusos en el entorno doméstico, abusos sufridos en la infancia, o revivir una experiencia traumática, como un accidente, un conflicto bélico u otras ocasiones marcadas por la sensación de tener escaso o ningún control sobre un suceso difícil. Es importante no asumir que únicamente pueden ser traumáticos los sucesos de este tipo: he conocido a gente traumatizada por haberse perdido en una ciudad que no conocía bien o por haberse desorientado durante un trayecto bien planificado de senderismo.

La experiencia de la pérdida de control es traumática, de modo que es importante ayudar al otro a tener la sensación de control al respecto de qué hacer a continuación. Si lo que desea es hablar de ello, lo mejor que podemos hacer para apoyarlo es escuchar con calma. Recuerda que forzar la conversación puede resultar dañino, pero podemos emplear nuestra curiosidad en pensar en cómo podría hacer frente a su angustia. ¿Qué ha probado en otras ocasiones? ¿Tiene a alguien más que le apoye para superar ese trauma? ¿Le gustaría que le echaras una mano para buscar más ayuda? Es importante decir que tú sí preferirías pedir más ayuda: tal vez el otro asuma que tú serás quien le ayude, pero deberías tener en cuenta también tu propio bienestar.

«Quiero ayudarte a lidiar con esto. ¿Buscamos a algún experto que nos aconseje?»; «No tengo los conocimientos suficientes para ayudarte con esto. Te voy a apoyar, pero me gustaría que buscásemos a alguien que nos oriente»; «¿Quieres que te acompañe si decides ir a ver a tu médico/la policía/un orientador?».

Podemos encontrar ayuda y orientación acerca del trastorno por estrés postraumático en la página web de Mind [en inglés].[2]

¿Y sobre los pensamientos suicidas? Puede sorprenderte saber que más o menos a una de cada cinco personas se le ha pasado por la cabeza la idea de suicidarse en algún momento de su vida. Son pensamientos fugaces en la mayoría de los casos, pero para ciertas personas pueden ser abrumadores. Las investigaciones nos muestran que los actos de suicidio suelen venir precedidos de un periodo en que la persona se siente distanciada del mundo, de sus problemas y su angustia, y por eso puede parecer tranquila a pesar de estar por completo entregada a la idea de llevar a cabo el suicidio. Dar conversación a alguien cuando se encuentra en este estado puede «pincharle la burbuja» y traerlo de nuevo a una situación segura. Esta es la esencia de la campaña «Una conversación trivial salva vidas» de los Samaritans (véase la página 292).

El suicidio es uno de los tabúes en las conversaciones. Ahora bien, igual que hablar de sexo no deja embarazada a nadie y hablar de la muerte no le quita años de vida a nadie, hablar del suicidio no hará que nadie actúe para quitarse la vida, sino que, más bien, somete el tema a debate.

La persona que tiene pensamientos suicidas rara vez habla de ello de manera directa, sino que hace afirmaciones del tipo: «Da igual todo», «No valgo para nada», «¿Quién me iba a echar de menos?» o «No merece la pena seguir con esto». Fijarse en estas señales y responder con curiosidad puede abrirnos sus pensamientos e ideas sobre el suicidio, que podrían variar desde un vago deseo de no seguir viviendo hasta un plan claramente detallado para poner fin a su vida. La mayoría de la gente que tiene pensamientos suicidas no desea morir, sino que quiere vivir, pero con una mayor calidad de vida o con algunas dificultades concretas ya resueltas. Preguntarle por estas ideas suele ser un alivio para la persona que tiene pensamientos suicidas.

[2] https://www.mind.org.uk/information-support/types-of-mental-health-problems/post-traumatic-stress-disorder-ptsd-and-complex-ptsd/about-ptsd/.

Es seguro utilizar preguntas del tipo: «¿Qué sensación tienes de cara al futuro?», «¿Has tenido algún pensamiento al respecto de hacerte daño alguna vez?», «¿Has pensado alguna vez en el suicidio?». Si el suicidio no se le ha pasado al otro por la cabeza, tu pregunta no hará que se lo plantee, y si lo ha pensado, es posible que el otro tenga miedo de sus propios pensamientos y se sienta aislado por el temor a reconocerlos, o quizá se sienta culpable o avergonzado por ello. Tu pregunta sin prejuicios puede ofrecer la tranquilidad de que será seguro hablar, y podrás ofrecerte a ayudarle a buscar apoyo. La página web de los Samaritans ofrece más consejos [en inglés] sobre cómo ayudar a alguien que tiene pensamientos suicidas, desde cómo responder en una crisis hasta cómo ayudarle a montar una red de apoyo.

Hacia el cambio

Los primeros capítulos de este libro han ofrecido una idea general de cómo iniciar unas conversaciones sobre las que no estamos del todo seguros, y de las maneras de llegar a entender el punto de vista del otro, su dilema o su situación. Hemos visto los principales «pasos de baile» de una escucha atenta por medio del uso de la curiosidad y las preguntas, permitiendo los silencios y manteniéndonos presentes con la persona angustiada. Siguiendo el principio de ofrecer un espacio de acogida para que el otro cuente su historia y considere sus opciones, le ayudamos a comprender su propia situación de un modo más amplio o más profundo. Esto suele ser suficiente. El otro se siente acompañado en un momento de dificultad, se siente comprendido y reconocido; puede utilizar este conocimiento más afinado para resolver su problema o para hallar un modo más confortable de lidiar con él.

Sin embargo, hay veces en que un conocimiento más claro podría no servir de ayuda para cambiar las cosas. Puede ser que la situación se reconozca de manera más plena y se entienda mejor, pero nos sigue dando la sensación de estar atascados en ella. A continuación, vamos a ver cómo podríamos ayudar a alguien a encontrar la manera de empezar, si es que hay alguna posibilidad de cambio. La buena noticia es que sí suele ser posible realizar cambios útiles: incluso cuando uno no puede mejorar las circunstancias, la manera de lidiar con ellas puede suponer una diferencia en su bienestar y confort.

¿Y hay mala noticia? Bueno, eso dependerá de tu perspectiva. Si lo que quieres es arreglarle la vida al otro, la mala noticia es que nosotros no lo vamos a intentar. «Arreglar» es una solución para mí, no para el otro. El principio que vamos a seguir es que cada cual es quien está mejor dotado para resolver sus propias dificultades, y el estilo que hemos adoptado es el de la curiosidad y el interés, el de estar presentes como compañeros y no como expertos ni «solucionadores». Ese es el estilo que mantendremos al capacitar al otro para que avance, para que deje atrás su angustia y su bloqueo, camino de sus propios cambios.

Al ir aumentando la complejidad de la danza, los bailarines mantienen el mismo equilibrio y la misma pose: quizá se muevan más rápido o cambien de dirección con mayor frecuencia, pero aun así continúan utilizando los mismos pasos. El baile sigue siendo una colaboración, el ritmo sigue marcando el paso, el espacio sigue siendo un espacio compartido. Del mismo modo, ahora vamos a ver las mismas técnicas de conversación que ya nos hemos encontrado para utilizarlas con el fin de capacitar al otro para observar con mayor profundidad su situación y valorar posibles maneras de pasar página. Vamos a aplicar ideas desarrolladas para su uso en terapias cognitivo-conductuales (TCC) que nos ayudarán a describir la experiencia de la persona con mayor detalle, y valoraremos la manera en que la escucha y el acompañamiento al otro en su angustia le pueden proporcionar una plataforma para evaluar la situación, reformularla y comenzar a pasar página.

Para avanzar, hemos de confiar en que la música nos guíe. En las conversaciones complejas, esto se hace a base de confiar en nosotros mismos, confiar en los principios y confiar en que el otro será el mejor a la hora de resolver sus propias dificultades.

Escuchar, percatarse, preguntarse

Después de formarme como terapeuta cognitiva, me di cuenta de que el «modelo de angustia emocional de la Terapia Cognitivo-Conductual» es, en realidad, un modelo de «cómo es el ser humano». El conjunto de técnicas de la TCC ofrece un marco para escuchar y percatarse, porque, cuando escuchamos con atención, observamos conductas y respuestas emocionales además de atender al lenguaje utilizado, el tono de voz, la fluidez o las vacilaciones a la hora de expresarse. Esta escucha meticulosa nos lleva a preguntarnos acerca de la experiencia interior del otro, sobre la manera en que interpreta los sucesos que está describiendo y sobre el modo en que su interpretación afecta a su bienestar. La TCC defiende que esta curiosidad sea compartida por quien escucha: al preguntarnos juntos en voz alta, damos forma a una conversación que explora las posibilidades además de los hechos.

El modelo de la TCC describe cuatro piedras angulares de nuestra experiencia interior: nuestros pensamientos, emociones y sensaciones físicas y las conductas a las que están vinculados estos tres elementos. Se puede trazar el mapa de cualquier momento de la vida atendiendo a estos cuatro dominios y a las relaciones entre ellos, y, aun así, es escasa la atención que les prestamos durante la mayor parte de nuestra vida y solo percibimos aquello que nos resulta obvio de manera superficial e ignoramos, descartamos o nos perdemos el resto de nuestra experiencia.

En mi trabajo como terapeuta cognitiva, mi tarea consiste en ayudar a un cliente a percatarse de las cuatro áreas: el modo en que sus pensamientos responden a las situaciones en las que él se encuentra y cómo, a continuación, esos pensamientos son el motor de sus respuestas emocionales y conductuales. Es fascinante ver cuán diferentes somos todos en tantos aspectos, incluso en nuestro conocimiento de nosotros mismos. Algunos somos minuciosamente conscientes de nuestras sensaciones corporales y, sin embargo, estamos sorprendentemente desconectados de la manera en que pensamos y hablamos para nuestros adentros. Otros percibimos nuestras emociones con una fuerte intensidad pero no las conectamos con los pensamientos que las impulsan o con las respuestas corporales que provocan. Algunos vivimos en nuestra burbuja mental, conscientes de nuestra manera de pensar pero ajenos a su relación con nuestro estado de ánimo o nuestra conducta.

Ya sea cuando enseño a una persona a entender su propio mundo interior o cuando enseño a cuidadores a comprender a aquellos a los que cuidan, este es el diagrama que utilizo para explicar el concepto de las cuatro piedras angulares:

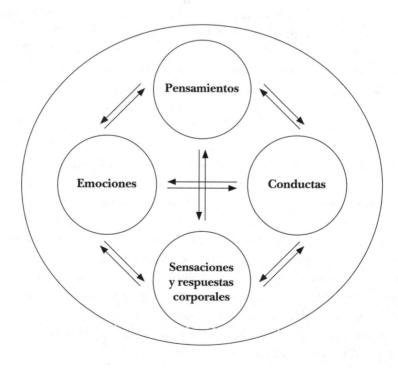

Además de las cuatro piedras angulares: pensamientos, conductas, emociones y sensaciones corporales, yo siempre pido a la persona que intente identificar las circunstancias específicas que se daban en la situación que me está describiendo, o el desencadenante de esa situación.

Suele resultar más sencillo observar la relación entre los pensamientos, las emociones, las conductas y el estado físico de otras personas que en nosotros mismos. Pensemos en un niño (o quizá un adulto) que tiene hambre y que, como consecuencia, se enfada: malhumorado, ingobernable e infeliz, y que se vuelve a convertir en una maravillosa compañía cinco minutos después de que su sabia madre o su sufrido compañero le haya dado una galleta para comer.

En el caso de la persona enfadada porque tiene hambre (todos conocemos a alguien, así que espero que esto te convierta en una persona más comprensiva y quizá mejor preparada), este es el aspecto que tendría el diagrama:

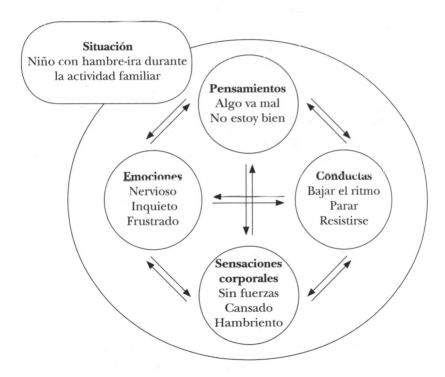

Lo que observamos —las protestas o el mal humor, la ralentización de las respuestas o los movimientos— son **conductas**

que son resultado de unas **sensaciones corporales** de cansancio y de hambre. Aun así, hay gente que no presta atención a su cuerpo, de manera que no actúa para alimentarse conforme se van vaciando sus reservas de energía. De lo que tal vez sí sean conscientes, más que de las sensaciones corporales de hambre o cansancio, es del desasosiego **emocional** de sentirse con los nervios a flor de piel o inquietos, impulsado por **pensamientos** (de los que tal vez no se percaten) de que «algo va mal» o por la frustración generada por su propio cansancio o porque las personas que los rodean les piden cosas «poco razonables».

Esa galleta no es mágica: simplemente restaura los niveles normales de azúcar en la sangre, lo cual permite el retorno de una sensación física de seguridad que acaba con el desasosiego que ocasiona esa sensación de «no estoy bien» y permite también que el niño (o cónyuge, o compañero de trabajo) se sienta lo suficientemente bien como para volver a mostrarse contento y cooperador.

Este modelo de procesos interrelacionados es de uso común en la terapia cognitiva para ayudar al paciente a ser un mejor observador de sí mismo y a ser más consciente del conjunto de su experiencia. En la terapia, nos referimos al diagrama como una formulación, y se utiliza como un mapa para describir las ocasiones especiales en que el paciente se ha encontrado con dificultades y acto seguido aprende técnicas para poner a prueba los potenciales beneficios de cambiar su conducta o de examinar y cuestionar su forma de pensar. De esta manera, encuentra formas nuevas de abordar y de gestionar sus dificultades. Un buen terapeuta no resuelve los problemas de su paciente, sino que le enseña cómo resolver las dificultades a las que se enfrenta y le da las herramientas que ha de usar durante el resto de su vida. Este libro no es un manual de terapia cognitiva, pero sí podemos tomar de esta escuela algo de teoría y ciertas técnicas para aplicarlas al arte de la conversación delicada.

El modelo cognitivo-conductual, que observa los pensamientos, las conductas, emociones y sensaciones corporales, nos puede ayudar a conocernos mejor para que conozcamos bien nuestro propio cuerpo y nuestra mente, y también nos puede ayudar a conocer al escuchar, ayudarnos a percibir dónde tiene el otro la concentración, qué partes de su experiencia podría estar reservándose y de qué aspectos podría no ser consciente siquiera.

Conocerse a uno mismo

Para estar de verdad presentes con otra persona, es necesario que reconozcamos la manera en que nuestros propios pensamientos y emociones pueden modificar nuestra atención y nuestra conducta. Esta interrelación de pensamientos, emociones y respuestas puede influir en nuestra manera de participar, de oír y de interpretar una conversación. Del mismo modo, la interpretación que el otro haga de nuestra conversación se verá afectada por su estado emocional. Conocer bien el funcionamiento de nuestros procesos interiores nos va a permitir mantener un equilibrio emocional mientras tenemos una conversación. Podemos desarrollar la capacidad de percibir nuestras emociones, tomar nota de nuestros pensamientos y de sus potenciales sesgos de atención, y no perder la sensación de que seguimos centrados mientras participamos en el debate.

¿Y cómo se consigue eso? Conocerse uno mismo es tener el hábito de prestar atención a nuestra experiencia interior. Reparar en lo que les sucede a nuestros pensamientos y nuestras emociones, reconocer nuestras respuestas corporales y tener en cuenta nuestra propia conducta mientras nos preparamos para una conversación relevante y después participamos en ella nos da pistas e información de si somos de ayuda en la tarea. Al escucharnos a nosotros mismos de este modo, podemos utilizar nuestras observaciones y reflexiones, nuestras corazonadas y reacciones emocionales, para dar forma al modo en que respondemos conforme avanza el diálogo. Escrutar las cuatro piedras angulares nos ayuda a asentarnos con firmeza y mantener el equilibrio mientras hablamos con alguien que está buscando su propio equilibrio y claridad.

Pensamientos

Los pensamientos son el vehículo de la actividad de nuestra mente. Podemos pensar en palabras o imágenes, en colores o números, formas, sonidos o sensaciones. A veces pensamos de manera lineal, encadenando pensamientos para componer una línea temporal de sucesos. En ocasiones podemos montar un *collage* mental o un diagrama de flujo para resumir nuestra manera de comprender muchos fragmentos de información diferentes. Algunos pensamientos son comentarios acerca de sucesos, otros son recuerdos o imágenes del pasado o de posibles eventos del futuro. Los pensamientos son el motor de las conductas y las emociones: el pensamiento «Llego tarde» puede cambiar nuestra conducta (darnos prisa, tomar un atajo, llamar a un taxi) o hacernos sentir ansiedad, frustración o culpa, en función de las circunstancias. Un pensamiento que sea una imagen mental de un posible suceso futuro podría, incluso, desencadenar la esperanza, la tristeza, la ira o la desesperación.

Cuando estamos presentes en una conversación delicada, tendremos a propósito en mente ciertos pensamientos: la información que deseamos transmitir o recibir, lo que ya sabemos acerca del otro y de la situación que vamos a comentar. Durante la charla surgirán otros pensamientos nuevos. Algunos estarán relacionados con la conversación, mientras evaluamos las respuestas del otro, escuchamos sus comentarios y sus preguntas.

Algunos de nuestros pensamientos estarán menos «controlados» y serán más espontáneos: el comentarista interior que experimenta el mundo a través de nuestras sensaciones y que juzga, critica, suscita emociones, nos pone en movimiento y genera una cháchara que nos distrae y puede estorbarnos en nuestras intenciones de escuchar en condiciones. Son pensamientos como «A lo mejor le doy un disgusto. ¿He cerrado el coche? Estoy convirtiendo esto en un desastre…». Ser conscientes de este «ruido de fondo interior» puede ayudarnos a evitar responder ante él y concentrarnos, en cambio, en la tarea que tenemos entre manos.

Es importante darse cuenta de que no todos los pensamientos que tenemos son verdaderos. Voy a volver a decirlo. El simple hecho de que pensemos algo o incluso lo creamos no lo convierte en una verdad. Somos muy dados a sacar conclusiones precipitadas, a tratar suposiciones como si fueran hechos y a todo tipo de inexactitudes en nuestros pensamientos. Los pensamientos no tienen por qué ser hechos, necesariamente. Y esto se puede

114

decir tanto de nuestra mente como de la de esa persona a la que estamos escuchando. Nuestros pensamientos nos deben orientar, pero no engañarnos.

Emociones

Las emociones son un importante indicador de nuestra situación interna. Influyen en nuestra atención y en nuestra conducta. Cuando nos sentimos más inquietos, prestamos más atención a las posibles amenazas; cuando nos sentimos tristes recurrimos con más facilidad a nuestros recuerdos infelices; cuando estamos satisfechos nos resulta más fácil relajarnos. Prestar atención a nuestro estado emocional puede ayudarnos a mantener conversaciones delicadas más lúcidas. ¿Cómo me siento antes de la conversación? Es posible que mi estado emocional interior sea evidente para quienes me rodean, tal vez más de lo que yo me doy cuenta. ¿Van a afectar mis emociones al modo en que me comunico con el otro? ¿Y si afectan, cómo lo harán? ¿Tiene esto alguna implicación en cuanto al momento y el escenario de la charla? ¿Qué apoyo podría necesitar antes, durante o después? ¿Cómo me siento durante esta conversación? Percibir el flujo de nuestras emociones mientras mantenemos una conversación puede ayudarnos a conocer mejor nuestras propias necesidades además de conocer las del otro, a ir adaptando nuestras respuestas conforme cambian los estados de ánimo, a mantener nuestra propia seguridad con unos límites claros aunque amables, a desconfiar de ese modo en que la ansiedad nos puede minar o en que nuestra ira puede desbaratar nuestra capacidad para hablar de forma clara.

En ocasiones, la historia que oímos puede desencadenar unas emociones intensas en nosotros. Esto es algo natural, pero puede resultar incómodo e incluso amenazar con apoderarse de la conversación. Es posible que tengamos que enfriar nuestras propias emociones mientras prestamos atención a las del otro, de manera que es importante tomarse un momento después, tal vez en soledad o charlando con otra persona distinta (manteniendo la confidencialidad del otro, por supuesto), para reconocer nuestra angustia y procesarla. Los profesionales y voluntarios que hacen de oyentes tienen acceso a una «supervisión», un espacio confidencial y de apoyo para hablar sobre el impacto emocional de escuchar a otros y para afrontar de manera segura las fuertes emociones que pueden surgir como consecuencia. Esto les ayuda a mantener una buena salud emocional. Si eres la persona a la que suele acudir tu familia o tu grupo de amigos, merece la pena pensar en cómo estructurar una forma de mantener tu bienestar emocional buscando a alguien que te ofrezca el mismo espacio de apoyo sin prejuicios que tú ofreces a otros.

Conocernos a nosotros mismos nos ayuda a evitar que las emociones nos dominen o nos desvíen de nuestro camino.

Sensaciones corporales

Somos seres corpóreos, y cuando tratamos de volcar nuestra atención mental en escuchar y respaldar a otro por medio de una conversación delicada, nuestro cuerpo puede ser una ayuda o un estorbo. Cuando estamos cansados o hambrientos, eso tiene un impacto sobre nuestro estado de ánimo y nuestra capacidad, tanto como esas sensaciones tan importantes procedentes de la vejiga y los intestinos, a veces hasta el punto de que puede ser mejor mencionarlo y solucionarlo.

«Quiero que me lo cuentes, pero estoy cansadísimo hoy. ¿Te importa que prepare unos cafés para los dos mientras charlamos?»; «Esto es importante y quiero escuchar con atención. Dame un momento para ir al servicio antes de continuar»; «¿Podemos ir a por algo de comer mientras hablamos? Tengo mucha hambre, pero también quiero escucharte».

Las sensaciones corporales también pueden contarnos algo sobre nuestra respuesta ante algo que nos está contando el otro: un dolor de cabeza puede sugerir que tal vez estamos en tensión; las lágrimas, un nudo en la garganta por la pena que sentimos al oír la historia; la boca seca, palpitaciones o cambios en la respiración si sentimos inquietud, temor o incluso ira. Este flujo de sensaciones físicas puede alertarnos además de las respuestas emocionales que también podría estar experimentando el otro y que podemos comprobar como una parte más de nuestras preguntas con curiosidad.

Conocernos a nosotros mismos nos da la posibilidad de evitar que las sensaciones físicas nos distraigan o nos aparten de la conversación.

Conductas

Nuestras conductas pueden ser lo más valioso que tenemos o nuestra más profunda debilidad. Si somos capaces de mantenernos centrados y conservar la curiosidad, de conceder el espacio necesario para que la conversación carezca de prejuicios y para que el otro explore su situación en respuesta a nuestras preguntas, nuestra conducta tranquila y nuestro uso pausado de esas preguntas, las reflexiones y una comprobación de que estamos entendiendo la situación ofrecen un marco seguro para que el diálogo se produzca al ritmo del otro y dentro del respeto a su autonomía. Estas «conductas útiles» son excelentes.

Pero, ¡ay!… Qué ganas tenemos de dar consejos. Qué ganas de proponer soluciones, de ofrecer consuelo, de interrumpir las respuestas del otro para contar esa historia de aquella vez en que… La gestión de nuestros impulsos de «ayudar» o de «solucionar» depende de que anulemos estas conductas, que son prácticamente automáticas. Observarnos a nosotros mismos y percatarnos de nuestra urgencia por intervenir nos permite volver a concentrarnos en la tarea de escuchar, resistirnos al impulso de tomar el mando, prestar atención al mantenimiento del espacio, conservar la curiosidad y ver al otro como el agente de su propia solución. De este impulso por solucionar las cosas nos hablan incluso los terapeutas experimentados, que tienen que contenerse mentalmente para no ofrecer esas soluciones.

Ser conscientes de nuestro impulso por actuar nos permite modificar nuestra conducta.

Conocer al escuchar

Cuando nos observamos para asegurarnos de que estamos ofreciendo espacio y de que no permitimos que nuestros propios pensamientos y convicciones tomen el mando, también estamos prestando una atención detallada al otro, esa persona a la que escuchamos. Todos los participantes en una conversación delicada experimentan mentalmente esa interrelación entre el pensamiento, las emociones, las sensaciones y las conductas. Podemos utilizar el mismo modelo para buscar un equilibrio en nuestro diálogo.

117

Podemos utilizar el verbo «sentir» de diversas maneras, y esto puede llevar a una cierta confusión al fijarnos en el modelo cognitivo. Puede expresar pensamientos (me siento sola, incomprendida, abandonada; no me siento preparada, con valentía, escuchada); emociones (me siento triste, furiosa, esperanzada), o sensaciones físicas (siento náuseas, frío, hambre). Al observar a la persona con la que estamos conversando, podemos verla sofocada, nerviosa, vacilante, inquieta; ver que tiene los ojos llorosos o que está temblando. Cuando le preguntamos «¿Cómo te sientes?» podemos obtener como respuesta una emoción, un pensamiento o una sensación física. Podemos ser más claros si preguntamos: «¿Qué tienes en la cabeza?», «¿Qué emociones percibes?» y «¿Qué sensaciones notas en el cuerpo?».

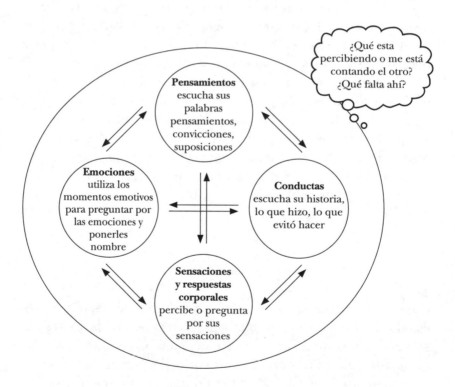

El modelo tiene la utilidad de ayudarnos a percibir no solo cuanto nos están describiendo, sino también lo que están omitiendo. Nos preguntamos qué podría haber en esos paréntesis, y podemos formular nuestra curiosidad como preguntas que ayuden al otro a reflexionar y a percibir más al respecto de esa parte de su situación y de su respuesta ante ella. Juntos llegamos a un mayor conocimiento de esa situación.

Alguien podría insistirnos mucho en lo mal que está durmiendo, en que ha perdido el apetito y que se siente en un constante estado de nervios. Cuando nos percatamos de que solo nos está describiendo sus sensaciones corporales, podemos esperar a que se presente la oportunidad de formularle preguntas sutiles y curiosas sobre qué es lo que piensa cuando está despierto en la cama, sus emociones cuando se percata de que está nervioso, cómo responde cuando no tiene hambre a la hora de comer.

De manera similar, podemos estar apoyando a alguien que es muy consciente de los pensamientos tan preocupantes que se le pasan por la cabeza: predicciones de dificultades y obstáculos que le hacen sentirse encallado. Al preguntarle por las acciones (u omisiones) a las que le conducen sus pensamientos podemos ayudarle a percatarse del modo en que se pone nervioso o en que escapa de su difícil situación sin llegar a resolverla. Por ejemplo, los pensamientos del estilo de que «va a suspender el examen de conducir» llevan a emociones —o «sentimientos»— de ansiedad que impulsan en respuesta otros «sentimientos» desagradables de carácter físico como la boca seca, el estómago revuelto y las náuseas… y esas náuseas lo empujan a no presentarse al examen, lo cual podría aliviar todos los síntomas. Se trata de un círculo vicioso, y, aun así, el otro podría no haber juntado todas las piezas y habérselo planteado de ese modo. Al utilizar preguntas curiosas sobre lo primero que se percibe y qué sucede a continuación, a qué conduce esto a su vez, etcétera, puede ayudar a la otra persona a ver el modo en que se está quedando atrapada en ese bucle.

Podemos utilizar el modelo para ayudarnos a formular preguntas que sirvan para dejar establecidos más detalles e incluso para ayudar al otro a percatarse de los vínculos entre sus emociones, pensamientos, conductas y sensaciones corporales. Las preguntas útiles van a capacitar al otro para discernir ciertos aspectos a los que quizá no había prestado atención previamente, o para percibir vínculos entre distintas partes de la situación difícil que podrían servirle para hallar formas nuevas de intervenir y responder.

Que no te engañen los pensamientos.
Que no te dominen las emociones.
Que no te distraigan las sensaciones corporales.
No permitas que las conductas saboteen las conexiones.

Estar presente

Podemos llegar a sentirnos incómodos durante una conversación que requiera de largos silencios. ¿Debería hablar o quedarme callada? ¿Será esto demasiado difícil como para que el otro lo soporte? ¿Debería rescatarlo ahora y cambiar de tema de conversación? Si es una charla telefónica, podríamos incluso preguntarnos si se habrá cortado la llamada, si el otro sigue ahí.

Aun así, sabemos que esos silencios son los instantes en los que se lleva a cabo el trabajo: conceder esos silencios es una de las técnicas que podemos utilizar para dar al otro más espacio de modo que se plantee todas sus dificultades, los elementos que componen un dilema o las posibles soluciones para un problema. Pues bien, ¿cómo damos muestra de que estamos concediendo ese espacio?

Es prácticamente medianoche en el teléfono de ayuda al alumno. Los voluntarios de esta noche son Charlie y Pippa. Es primavera, y se avecina ya la temporada de exámenes. Es la época del año de un mayor ajetreo en esta línea de ayuda. Suele haber algo de lío en las primeras semanas del primer trimestre, cuando los alumnos nuevos echan de menos su casa, se sienten solos o se topan con la pérdida del apoyo familiar en problemas de salud mental a largo plazo; los alumnos ya establecidos se encuentran con formas nuevas de presión que ponen a prueba sus amistades en las residencias, o se enfrentan a las dificultades para pagar el alquiler, o sienten ansiedad por tener éxito al comenzar su último año de estudios o al redactar su tesis. Se produce un pico de actividad hacia las Navidades, la época más solitaria de todo el año para cualquiera cuyo estilo de vida no concuerde con el de esas familias tan cariñosas que te ponen en las típicas películas, anuncios y programas televisivos navideños. No obstante, la época de mayor ajetreo es la primavera: se aproximan los exámenes, la gente hace planes para el verano, llegan las fechas tope de entrega de los trabajos de final de carrera, la búsqueda de trabajo con múltiples rechazos antes del alivio del éxito. Hay un cuerpo que lucir en la playa, o del que avergonzarse; hay fiestas a las que asistir o de las que te dejan al margen; hay tanto a lo que aspirar y tanto por lo que sentirse aplastado.

Suena el teléfono, y le toca cogerlo a Charlie. Siempre hay dos voluntarios además de un miembro del equipo de psicólogos de la universidad al que pueden recurrir en caso de necesitar apoyo. Charlie presiona el botón «altavoz» y dice:

—Teléfono del alumno. Gracias por llamar. ¿Cómo te llamas?

No hay respuesta, tan solo el ruido del tráfico que se oye de fondo. Quien llama está en la calle. Es una noche cálida, pero ya es tarde. Bueno, también es posible que no sea tan tarde en la jornada de un estudiante universitario, que tienen su propio ritmo circadiano: para alguno del grupo de los más noctámbulos, podría ser la hora del desayuno.

—Hola —insiste Charlie—. Oigo el ruido del tráfico, pero no oigo tu voz. ¿Me puedes decir cómo te llamas?

—Farah. Me llamo Farah —dice una voz femenina.

Vuelve el silencio, salpicado por el paso del tráfico y una sirena de bomberos lejana.

—Hola, Farah. ¿Qué tal va la noche? —le pregunta Charlie.

Le ha preguntado por ese momento concreto porque su interlocutora podría tener unas preocupaciones tan grandes que un soso «¿Qué tal estás?» puede hacer que la tarea de explicarlo parezca titánica. Mantener la conversación en el momento presente ayuda al hablante a concentrarse en este preciso instante. Charlie está invitando a su interlocutora al baile de una conversación.

—¿Puedo preguntarte una cosa? —dice la voz, que sale a bailar.

—Claro, pregunta. Quizá no conozca la respuesta, pero le podemos dar una vuelta, si tú quieres —responde Charlie, y Pippa le muestra un pulgar hacia arriba.

—¿Cómo puedo yo… ? —vacila Farah.

Charlie aguarda. El silencio continúa. El ruido del tráfico. A lo lejos, gritos de borrachos. Las campanadas dan la medianoche. Charlie espera un poco más.

—Que cómo puedes tú… ¿qué, Farah? ¿Me puedes decir algo más? —dice, y vuelve a su espera.

—¿Cómo… cómo puedo yo… ? —vuelve a dejar la frase en el aire.

Pippa señala entonces el otro teléfono. Se pregunta si podría tratarse de una pregunta sobre autolesiones, y, de ser así, su política consiste en trabajar en pareja, uno con la llamada y el otro como apoyo, que puede llamar a su supervisor si fuera necesario. Al ver que Charlie asiente con la cabeza, Pippa descuelga su teléfono para impedir que otra llamada le ocupe la línea.

Oyen a Farah al otro lado del teléfono, que respira hondo entre sollozos mientras dice:

—¡No me puedo casar con él! ¡No puedo hacerlo! ¿Cómo se lo digo a mis padres? ¿Cómo se lo digo?

Pippa y Charlie cruzan una mirada, y Pippa asiente mientras Charlie dice:

—Vaya, Farah, eso parece un motivo importante de preocupación. ¿Has llamado para hablar de eso?

Otra vez silencio. Pueden oír su respiración y lo que suena como unos pasos. El ruido del tráfico se aleja. Pippa se percata de que el martilleo de su propio corazón se va reduciendo. El sonido del tráfico siempre le pone los pelos de punta: ya ha tenido alumnos al teléfono que llamaban desesperados desde el arcén de una autopista concurrida, planteándose el suicidio. Se temía que esta pudiera ser una de esas llamadas, pero parece que Farah se está alejando de la calzada.

En el silencio, dice Charlie:

—No hay prisa, Farah. Cuéntamelo cuanto te veas en condiciones. —La respiración de Farah suena forzada—. Parece como si fueras caminando muy rápido —dice Charlie—. ¿Te sientes segura, Farah?

—Es la cuesta de Eastgate Hill —jadea—. Esto es seguro, voy de camino a casa. He salido a dar un paseo para despejarme la cabeza de todo esto, pero es que no dejo de darle vueltas y más vueltas.

Se queda callada, sin aliento, y Charlie espera una vez más. Pippa tiene la sensación de que es seguro hacerlo, así que vuelve a colgar su teléfono, de nuevo listo para recibir más llamadas. Se mantiene a la escucha de la llamada de Charlie, con él.

—Ah, vale, Farah. Menuda pendiente tiene esa cuesta —dice Charlie—. Mientras recobras el aliento, déjame que compruebe si he entendido lo que me has contado hasta ahora, ¿te parece? —hace una pausa. Farah no responde, y su respiración sigue sonando forzada, así que Charlie prosigue—: Esta noche has salido a darte un paseo porque tenías muchas cosas en la cabeza y te querías aclarar las ideas, ¿verdad? —Charlie aguarda mientras Farah evalúa el resumen.

—Sí —dice Farah, pero no añade más.

—Y lo que más preocupada te tiene es contarle a tus padres que no te quieres casar. ¿Lo he entendido bien? —Charlie vuelve a esperar.

Los pasos se detienen, y dice Farah:

—Estoy en casa. En el pasillo. Voy a tener que hablar en voz baja para no despertar a nadie…

—Vale —dice Charlie—. Me alegro de que hayas llegado sana y salva. ¿Quién hay en casa?

—Mis amigas —dice Farah—. Mis compañeras de piso. Compartimos la casa, pero ellas no saben nada sobre esto… Están emocionadas con que mis padres me hayan encontrado un marido, y no comprenden que eso no es lo que yo quiero. Todas ellas están esperando a que sus familias les presenten hombres buenos y fieles. Pero yo no quiero eso, ¡y ya no sé qué hacer!

Pippa tiene los ojos como platos en una cara que le ha palidecido. Ha sido un turno largo y ella está muy cansada, pero esta conversación es fascinante. Suena como si Farah viviese con unas compañeras de su misma comunidad, y parece estar pasándolo mal con una serie de tradiciones que ella no comparte por completo. Charlie continúa concentrado.

—Farah, ¿me estás diciendo que tus padres te han concertado un matrimonio? —le pregunta para corroborarlo.

—Sí, eso es. Con un hombre encantador. El marido perfecto. Pero… —Y Farah vuelve a guardar silencio.

Charlie espera.

—Mmm —dice él pasado un rato—. Según te oigo, sí que parece que tienes muchas cosas en que pensar. —Y vuelve a esperar.

—Mi familia es muy tradicional —dice Farah—. El matrimonio concertado de mis padres es muy feliz, y el de mi hermana también. Tampoco es que yo piense que es un mal partido o que el sistema sea malo…

Se vuelve a quedar callada.

—¡Es que soy una mala hija! —suelta de sopetón, y el sonido de los sollozos se expande desde el altavoz.

Charlie escucha, y como ve que continúan los sollozos, dice:

—Gracias por contármelo, Farah. Oigo en tu voz lo difícil que debe de ser esto para ti, que te ves como una mala hija. No tengo prisa ninguna. Tómate tu tiempo…

Pippa le hace otro gesto con el pulgar hacia arriba. Son innumerables las preguntas que Charlie podría formular para aclarar esta situación, pero este no es el momento adecuado. Por ahora, lo que Farah necesita es un espacio de confidencialidad donde experimentar esas emociones tan fuertes sabiendo que tiene un acompañante con ella. Charlie le está diciendo cosas sencillas que no la van a distraer, y Farah va a poder procesar sus pensamientos y emociones sin interferencias mientras las frases simples y cortas de Charlie le dicen que él sigue allí con ella.

—Sigo aquí —dice Charlie. La respiración de Farah suena calmada ahora, ya no hay sollozos—. Hay mucho en lo que pensar —dice Charlie. Continúa el silencio—. Es mucho —dice; más silencio.

Entonces habla Farah.

—No había dicho esto nunca en voz alta —dice—. Me siento muy desleal con ellos. Siempre me han llamado «la hija difícil». —Se queda callada; se hace una pausa.

—¿La hija difícil? —le pregunta Charlie, que vuelve a utilizar las palabras de Farah para mostrar que está prestando atención.

Se oye una risa corta por el teléfono, la típica que se te escapa cuando reconoces una verdad amarga y una pena en el corazón.

—Sí, difícil… «¡Qué cabezota!», «¡qué obstinada!» —dice Farah, que ahora imita la voz de otra persona—. «¡Te comportas como un chico!». —Farah se acusa a base de repetir frases que, claramente, ha escuchado desde hace muchos años.

—Ah —dice Charlie—, «difícil» en ese sentido. Da la sensación de que esta noche estás reflexionando sobre muchas cosas... —Está manteniendo la conversación en el presente en lugar de preguntar por un pasado difícil.

—Sí... muchas. Soy una decepción para ellos. No soy una buena chica. Pensaban que venir a la universidad me iba a corregir, pero me ha mostrado la vida que podría llevar. Un modo de vida distinto... Soy ingeniera. Soy una buena ingeniera. Voy camino de sacarme la carrera con matrícula de honor y ya tengo una oferta de trabajo... Pero ¿cómo puede una buena esposa, obediente, ser ingeniera?

La voz de Farah queda suspendida en el aire cuando se vuelve a quedar pensativa.

Y mientras ella piensa, Charlie permanece con ella en espíritu, limitándose a decir:

—Mmm... ya... Es mucho sobre lo que reflexionar.

—Gracias por escucharme —le dice Farah—. Qué diferente suena todo esto cuando lo dices en voz alta. Me sirve para darme cuenta de qué hija tan difícil soy realmente.

—¿Hay algo más que te suene diferente, Farah, ahora que estás hablando de ello? —le pregunta Charlie y aguarda mientras ella formula su respuesta.

—Mmm... —la oyen cavilar—. Bueno... decir en voz alta que quiero ser ingeniera suena bastante razonable. Mentalmente sonaba como si fuera algo terrible, pero ahora que lo he dicho en voz alta no me parece tan tremendo, en absoluto.

Suena el teléfono de Pippa. Charlie desactiva el altavoz de su llamada para que Pippa pueda atender la suya y él pueda continuar su conversación con Farah. Ahora que está más metida en la charla, Farah está más habladora y, en respuesta a las preguntas específicas de Charlie, le cuenta que su gran esperanza es convertirse en ingeniera para hacer puentes, que su peor temor es decepcionar a sus padres, que aquello del matrimonio había sido la gota que colmaba el vaso, el punto de inflexión en percatarse de que desea llevar una vida más independiente y que dispondrá de medios económicos para hacerlo. Charlie le pregunta dónde podría recibir una orientación con sensibilidad hacia su cultura que le sirva de respaldo en cuanto a la manera de abordar esta conversación con sus padres, y Farah le dice que ella pretendía llamar a la Asociación Islámica de la universidad, pero está cerrada a estas horas, y por eso había llamado al teléfono del alumno. Mañana pedirá consejo a la Asociación Islámica. Está segura de que ellos tendrán experiencia con dilemas como el suyo.

—Gracias —dice Farah—. Ni siquiera sé cómo te llamas, pero tengo la sensación de que esta noche has sido un gran amigo para mí.

—De nada, Farah. Me alegro de que hayas llamado. Estamos aquí todos los días, las veinticuatro horas, por si te apetece hablar. No estarán siempre las mismas personas, pero siempre habrá alguien aquí para escucharte.

La línea se queda en silencio.

Charlie deja escapar un suspiro y se estira: ya está prácticamente amaneciendo, y oye a Pippa decir:

—Según te oigo, me da la sensación de que estás muy preocupada por tu gato. Lamento mucho que los bomberos no te pudiesen echar una mano. ¿Te gustaría contarme un poco más sobre lo que está pasando?

Charlie sonríe a su pesar y hace un gesto con la mano en forma de taza a Pippa, que asiente. Con un poco más de café conseguirán llegar hasta el final de su turno, voluntarios que escuchan por el bien de su comunidad.

Charlie le ha dado a Farah la posibilidad de pensar bien en su dilema. Al utilizar un silencio reflexivo, con expresiones simples alentadoras para indicar que continuaba escuchando a Farah y repitiendo algunas de las propias palabras y frases de esta para mostrarle que seguía prestando atención, Charlie ha animado a Farah a «pensar en voz alta». Ha utilizado las preguntas y la curiosidad para apoyar a Farah y que se extendiera en su narración y los resúmenes para comprobar su comprensión. No ha aconsejado nada, no ha ofrecido su opinión ni ha emitido juicio de ninguna clase al respecto del dilema de Farah. Le ha concedido espacio para pensar, y Farah lo ha utilizado para decidir cuál iba a ser su siguiente paso y para darse ella misma el consejo que creía que le iba a funcionar. Charlie ha utilizado el conjunto de técnicas conocido como escucha activa. Farah se ha sentido segura y escuchada.

Traspasar el poder

Cuando nos enfrentamos a una dificultad, nos sentimos menos sobre-pasados si somos capaces de hallar nuestra propia manera de resolverla o de decidir cómo o en qué condiciones vamos a convivir con ella. En-frentarnos a la situación conflictiva e idear nuestras propias soluciones es fortalecedor, y, por lo general, sabemos cuál es el mejor paso que dar a continuación. Cuando es otro el que llega y se pone al mando, nos pode-mos sentir humillados o debilitados por mucho que nos esté resolviendo el problema. El hecho de reconocer esta verdad nos obliga a reevaluar nuestra manera de prestar apoyo a los demás en sus dificultades de tal forma que nuestra «ayuda» no los prive de su fortaleza.

En un momento de apuro, la mejor manera de asistir al otro suele ser estar a su lado sin «ayudar» y respaldarlo para que él mismo sea el ar-quitecto de su propia solución. Esto puede ser bien difícil de lograr, como saben todos los padres. Acompañar en lugar de tomar el control supone aceptar un riesgo, tolerar nuestra propia ansiedad y resistir nuestro im-pulso de «arreglar» las cosas. Estamos entregando el poder al otro.

Es un acto de sabiduría, de valentía e incluso de amor.

Tengo deberes de Física. Estoy hecha un mar de lágrimas. He leído y releído este problema hasta llegar a aprendérmelo de me-moria. He repasado todos y cada uno de los datos que te ofrecen y he intentado imaginarme cuál es la fórmula que lo resuelve, y me da la sensación de que me están preguntando una cosa distin-ta cada vez que lo leo. Me entra el pánico, me siento humillada y estúpida. Este examen no lo apruebo en la vida, y jamás entraré en la facultad de medicina. Debería haber elegido unas asignatu-ras diferentes, haberme quedado con Arte y dedicarme a escribir redacciones, ir a lo seguro.

Qué paciencia tiene mi padre.

—Explícame cómo se expanden los gases —me propone.

Es científico. Entiende de esto. Quiero que me dé la respuesta. Quiero que me haga sentir mejor. Cuando era muy pequeña, bailábamos juntos: me subía en sus zapatos agarrada a sus manos y me partía de risa mientras él me llevaba bailando por la habitación. Eso es lo que quiero ahora mismo, a papá al timón, y yo como una feliz pasajera. Él, sin embargo, me está enseñando a pensar. Insiste en hacerme preguntas. Suelto ese suspiro de adolescente torturadísima que se las tiene que ver con un padre que no está dispuesto a cooperar y le explico cómo se expanden los gases. Esa es la parte fácil.

—Ahora, cuéntame qué pasa cuando se reduce el volumen de un cilindro de gas —me pide.

Ahora sí que me pongo hecha una furia. ¡Si eso ya me lo sé! Tengo que solucionar un problema de física sobre la temperatura, ¿por qué me pregunta por el volumen? Y ¿cómo voy a hacer esto en mi examen, cuando esté sola? El pánico y la ira me estrangulan otra vez la respiración, y los ojos se me vuelven a llenar de lágrimas. Mientras pego sorbetones por la nariz, describo el comportamiento de las moléculas de gas cuando se reduce el volumen: se incrementa la presión conforme se van juntando más, chocan y generan calor.

La bombilla no se me enciende al instante. Aquí tengo a alguien que conoce la respuesta, pero no me la quiere contar, y me está haciendo unas preguntas ridículas, y me he puesto de muy mal humor, así que tardo un momento en percatarme de que estoy hablando de temperatura a pesar de que empezamos hablando de un cambio de volumen que altera la presión en el cilindro de gas. Genial, acabo de hallar la respuesta al problema de mis deberes de física, «pero no porque el mísero y amargado de mi padre me ayudara, sino porque lo solucioné yo solita».

¿Ves lo que hizo mi padre ahí? Yo no lo vi. Me apunté el tanto, hice los deberes, aprobé el examen. Perdona, papá.

Cuando ayudamos al otro dándole pie a ayudarse él solito, no siempre se mostrará agradecido. Si lo respaldamos bien, es posible incluso que se quede convencido de haberlo logrado por su exclusiva cuenta. Mientras bailaba con nosotros, esa otra persona ha hallado su propia fuerza. Esto sí que es un triunfo: le has dado lo que necesitaba, y lo has hecho con tal elegancia que ni siquiera se ha dado cuenta. Yo intento adoptar el mismo planteamiento con mis propios hijos. Me recuerda lo mucho que les debo a mis padres, que me respaldaban en mi sufrimiento para entender las cosas y después me permitían que les dijera que las había resuelto yo solita.

El impulso de ayudar es innato: somos una especie cooperativa que ha sobrevivido milenios a base de trabajar en grupo. Trabajar juntos ahorra tiempo, reduce el esfuerzo individual de los miembros del colectivo, ahorra energías y, en muchas ocasiones, podemos lograr más a base de reunir los diversos talentos y los esfuerzos combinados de un grupo que si lo hacemos a golpe de esfuerzo individual. El trabajo en equipo es algo bueno.

Y esta forma de trabajar requiere del consentimiento mutuo de los compañeros. Todos se implican en la empresa común y todos se benefician de los resultados. Esto es algo ligeramente distinto de la ayuda. Cuando ofrecemos ayuda y es aceptada, nos hemos convertido en un compañero de trabajo por medio de un acuerdo. Cuando nos limitamos a hacer algo que le resuelve un problema al otro sin que nos lo haya pedido o sin haber pedido permiso nosotros, no ha quedado establecido ese consentimiento mutuo. Lo que hacemos, en cambio, es «ayudar» y trabajar conforme a nuestros propios intereses: animar al otro, disminuir su sufrimiento, mantener nuestra vida en orden, minimizar nuestra propia angustia. Sin su consentimiento, nuestro acto de ayuda es un ataque contra su autonomía. Ser útiles nos hace sentir bien a nosotros, pero el otro lo percibe como algo que «le han hecho», no que «hemos hecho juntos».

La expresión «hacer buenas obras» se refiere precisamente a esta situación, y la mayoría de nosotros ha caído en esa trampa en una u otra ocasión. Ayudar sin pedir permiso es un atajo que tomamos para resolver un problema, y entendemos de forma errónea que proporcionar una solución es un acto de apoyo al otro. El acto de apoyo habría sido ofrecer la ayuda y permitir que fuera el otro quien valorase la oferta y la aceptara o la rechazase. Del mismo modo en que la vía de entrada en muchas conversaciones que son necesarias —pero también incómodas— será la de invitar en lugar de insistir (véase la página 27), el acto que convierte la ayuda en verdadero apoyo es ofrecer esa ayuda sin insistir.

Hay ocasiones en que dar una ayuda inmediata es justo lo que hay que hacer: atender a un niño que se ha perdido junto a una carretera concurrida, llamar a los bomberos si vemos una casa en llamas, asistir a una persona que se ha desplomado en una tienda. Esperar a recibir el permiso es una pérdida de tiempo que no se podrá recuperar: siempre será mejor que los bomberos reciban varias llamadas en lugar de que todo aquel que vea el fuego piense que no debe interferir sin permiso mientras se quema la casa. En muchas o, posiblemente, en todas las demás ocasiones, una ayuda sin preguntar se percibe como una interferencia. Debilita a quien recibe esa «ayuda» y, por mucho que la intención fuese la de hacer algo bueno, es posible que la ayuda no sea la apropiada, que solucione tan solo un problema colateral, que ofenda al otro o mine su autoestima.

Al ofrecer ayuda para después escuchar con atención cuál es la manera en que el otro preferiría que le ayudaran, podremos ofrecer un respaldo que sí está en condiciones de recibir. Le damos el control sobre nuestra sugerencia, renunciamos a nuestro poder y se lo traspasamos para que erija el suyo. Una vez más volvemos a escuchar, a mostrar curiosidad, a discernir qué contribución aceptable podemos hacer a la resolución de su problema. ¿Cómo puedo estar contigo en esta dificultad y apoyarte de la mejor manera posible?

«Estar con», «caminar junto a», no «hacerle a».

Ellen era una asistente social del turno de noche en una residencia de cuidados paliativos y, además, orientadora voluntaria en procesos de duelo para una ONG en sus ratos libres. Ellen se había dedicado a ayudar a los demás desde siempre, y hacerlo le daba sentido a su vida. Asistía a uno de nuestros cursos de «primeros auxilios» en TCC. Había tenido algunas dificultades para matricularse en el curso, que exigía a los asistentes que tuviesen un título universitario en cuidados sanitarios o sociales de alguna clase como barrera de cualificación para recibir una beca: su experiencia como orientadora y su entusiasmo por participar en el curso fueron tales que buscamos una manera de admitirla sin la cualificación necesaria habitual, y desde el primer día se hizo evidente su habilidad como comunicadora.

Hacia la mitad de su periodo de formación, se le pide a los alumnos del curso que presenten un caso para describir el modo en que están poniendo en práctica las nuevas técnicas que han adquirido. Este es el caso de Ellen.

En su residencia estaban cuidando de un anciano que tenía cáncer. Ella lo llamaba «Jim», un hombre que no tenía familia y que había vivido solo. No era capaz de cuidar de sí mismo a causa del dolor en las piernas y en la espalda cuando intentaba caminar. Su independencia era importante para él, de manera que se había mostrado reacio a ingresar en la residencia para enfermos. Llegó desaliñado y oliendo a orina rancia, nada sorprendente dada su dificultad para llegar al cuarto de baño. Se quedaba todo el día en la cama en su habitación individual salvo cuando el fisio lo convencía para ir a la sala de ejercicios, donde había una pantalla gigante de televisión donde retransmitían partidos de fútbol en directo. Distraído por el deporte, Jim toleraba la molestia de los ejercicios con las piernas.

El hombre tenía el pelo apelmazado y, con el paso de los días, la pelusa de la cara se fue convirtiendo en una barba desgreñada y sembrada de restos de comida, pero, aun así, se negaba a permitir que nadie lo ayudara a asearse ni a afeitarse. Tenía demasiados dolores como para llegar al servicio, pero rechazaba un catéter urinario y tenía serios problemas para orinar en las botellas, de tal forma que salpicaba la cama y el suelo. Aceptaba los pijamas limpios de la residencia con un bufido de desdén.

—Era un hombre difícil de ayudar, difícil de llegar a conocer bien, y era difícil que te cayese bien —decía Ellen—. Todos detestábamos la idea de que un paciente no te cayese bien, pero este hombre se empeñaba en apartar a todo el mundo.

El caso de Ellen trataba sobre el uso de las preguntas para entender la perspectiva del otro y para discernir el modo en que le gustaría recibir apoyo. Nos contó que Jim empeoraba de manera constante, que necesitaba más analgésicos y que cada vez mostraba un menor interés por comer y por beber. Incluso dejó de acudir a ver los partidos de fútbol en la tele de la sala de ejercicios. Se tiró toda una noche tocando el timbre para llamar a las enfermeras, y cada vez que acudían, él les decía que se sentía sucio y que quería que lo asearan. Cuando ellas le ofrecían ayuda para asearse, él la rechazaba. Las enfermeras se sentían impotentes y desesperadas…

—Y un poco enfadadas, para ser sincera —reconoció Ellen.

Ellen decidió utilizar su nueva técnica de las preguntas de la TCC y fue a la habitación de Jim. Ya era prácticamente medianoche: ya había finalizado la ronda nocturna de administración de medicamentos, y la mayoría de los pacientes estaba durmiendo. Esto le daba a Ellen más tiempo para sentarse y charlar con Jim.

—Esta noche parece que estás muy inquieto, Jim —le dijo ella—. ¿Hay algo que te tenga preocupado?

Y así lo contó Ellen:

—Hubo un silencio muy largo, y pensé que Jim estaba intentando pasar de mí, pero yo me quedé allí sentada. Entonces me dijo: «Así no voy a estar digno», y se le quedó una cara de tal tristeza que te partía el corazón.

»"Háblame sobre lo de no estar digno, Jim", le dije, y él se pasó la mano por la barba y respondió: "Asqueroso, indigno". No sabía qué era lo que quería decir. Le pregunté cómo se sentía uno digno, y él me dijo que había que estar aseado para estar digno.

»"¿Quieres que te afeiten, Jim? ¿Que te aseen?", le pregunté, y él me dijo: "Sí, pero quiero hacerlo yo". Me ofrecí para traerle un cuenco con agua caliente, pero él me agarró la mano, la sacudió bastante enfadado y me gritó: "¡No! ¡En el cuarto de baño! ¡Como un hombre!". Pero ambos sabíamos que no podía caminar y que apenas era capaz de incorporarse en la cama sin dolor…

Los compañeros de curso de Ellen asentían y murmuraban. Reconocían aquella situación de la típica persona que no se deja ayudar y ese abismo entre lo que uno desea hacer y lo que su cuerpo es ahora físicamente capaz de lograr.

Ellen continuó con su historia.

—Fui a hablar con las enfermeras tituladas, les dije que me iba a llevar a Jim al cuarto de baño en la silla de ruedas y que lo iba a preparar para afeitarse. Ellas no querían que lo hiciese, porque el hombre se podía caer al suelo de baldosas del cuarto de baño y romperse algún hueso con mucha facilidad, pero les dije que esto era muy importante para Jim, de un modo que él no era realmente capaz de explicar. Le administraron una dosis extra de analgésicos para soportar tanto movimiento de aquí para allá y me ayudaron a colocarlo en una silla de ruedas. Entonces lo llevé hasta el cuarto de baño, le ayudé a utilizar el retrete y lo volví a llevar hasta el lavabo. Cada movimiento era un tormento, tardamos cerca de media hora tan solo en eso. Le llené el lavabo de agua caliente, le busqué un peine, una cuchilla limpia y espuma de afeitar.

»"Dámela a mí", me dijo. "Déjame que lo haga yo". No me quedaba nada tranquila dejándole una cuchilla afilada a ese hombre tan alterado para que la manejara él solo, pero estaba claro que no me iba a permitir afeitarlo. Le dije que esperaría al otro lado de la puerta. Y también le dije… —Ellen se sonrojó y le tembló la voz; la clase guardó silencio, pendiente de cada palabra—. También le conté lo orgullosa que estaba de su hombría. Entonces le pedí que tuviese mucho cuidado, porque me iba a meter en un lío si se cortaba.

»Me daba miedo que pudiese utilizar la cuchilla para lesionarse. Y si lo hacía, seguramente perdería mi empleo, pero es que veía lo importante que era para él estar a solas en ese cuarto de baño.

»Esperé media hora, y fue la media hora más larga de mi vida, sinceramente. Estaba desesperada por asomarme a la puerta. Jim había accedido a dejarla entornada a cambio de que lo dejara solo dentro. Podía oír su respiración, el sonido de la brocha al pasar por el agua y roce de la cuchilla sobre su piel.

»Al final, me llamó a voces, y allí estaba: con el pelo peinado hacia atrás y las mejillas recién afeitadas. Me dejó que terminara yo de afeitarle el cuello en la zona de la nuez y lo llevé de regreso a la cama.

»"Necesito un pijama limpio", me dijo, así que fui a nuestro armario, cogí unos pocos y le di a elegir el que más le gustase. Le cambié las sábanas, vinieron las enfermeras a ayudarlo a volver a meterse en la cama, y todas le dijimos lo guapo que estaba.

Ellen sonrió entonces, se encogió de hombros y nos contó que lo dejó incorporado en la cama sobre unas almohadas y con una sonrisa en la cara mientras ella se marchaba a prepararle una taza de chocolate caliente.

—Y cuando volví a su habitación, pues claro... bueno, ya sabéis, había muerto. Por eso necesitaba afeitarse, asearse y ponerse un pijama limpio. Para estar digno... para lo que fuese que sintiera que se avecinaba. Él sabía que se moría, y no estuvo listo hasta que se aseó.

Esta sigue siendo una de las historias más contundentes sobre una escucha sincera, sobre servir al otro, «estar con» en lugar de «hacer a», que he oído jamás.

El poder de no arreglar nada

Las técnicas y el planteamiento que hemos analizado hasta ahora han asumido que el otro es quien ideará mejor sus propias soluciones. Ayudar a alguien a base de escuchar y de hacerle preguntas que aclaren y expandan su relato para ofrecerle observaciones nuevas, o a base de pedirle al otro que asuma su historia cuando le damos una nueva información que ha de añadir, lo mantiene a él a los mandos de su propia narrativa personal.

A la inversa, resolver sin más el problema del otro cuando nos lo pide sin darle la capacidad de intervenir no le proporcionará las herramientas necesarias para solucionar otros problemas similares en el futuro. En lugar de capacitar al otro, el exceso de ayuda genera dependencia: bailará sobre nuestros zapatos conforme nosotros damos los pasos, pero jamás se aprenderá esos pasos para darlos por si solo. El hecho de mantener el espacio de separación entre ambos, cada uno con los pies (o nuestras propias ruedas) en el suelo, nos permitirá bailar juntos, reflexionar sobre su dilema o su dificultad y avanzar hacia las posibles soluciones que el otro podrá hacer suyas y gestionar por su propia cuenta.

Por supuesto, no toda dificultad se puede resolver a base de escuchar y de pensar en voz alta. Hay situaciones que requieren de una actuación práctica para corregir un problema: una grúa, un fontanero, un médico, un curso de técnicas de conversación… Otras situaciones no se pueden «corregir», y hay dificultades que tan solo se pueden sobrellevar, como el duelo, la decepción, la frustración, la pena… La tarea de un acompañante en la angustia no es la de «mejorar» la situación, sino lograr que sobrellevarla sea algo menos solitario.

El poder de no arreglar nada, sino de mantenerse junto al otro, reside en que concede un espacio para que esa otra persona asimile su dificultad y haga suyas las posibles soluciones. Le traspasa el poder, alienta su compromiso en la búsqueda de esas soluciones y demuestra solidaridad y apoyo mientras el otro resuelve su problema. Ofrecemos más consuelo al sostener una mano que se ha perdido en la oscuridad que a base de gritar instrucciones desde la seguridad de la luz.

La voz interior

Escuchar no siempre consiste en oír lo que dicen los demás. Una de las voces más importantes y, quizá, que menos tenemos en cuenta es la voz interior. ¿Con qué frecuencia nos detenemos a escucharnos a nosotros mismos?

Nuestra voz interior tiene muchas modalidades y humores. Puede ser nuestra guía y nuestro crítico, ofrecernos halagos o censurarnos, animarnos a seguir adelante o tratar de contenernos. Al contrario que los consejos y opiniones que escuchamos en boca de los demás, solemos aceptar lo que dice la voz interior sin cuestionarlo y creer que sus informaciones y comentarios son ciertos, justos y ecuánimes. Ahora bien, ¿lo son?

Aprender a escuchar nuestra voz interior es tan vital para nuestro bienestar como escuchar a cualquier otra persona, pero tenemos que escucharnos, que oírnos y después hacer una pausa para reflexionar antes de aceptar nuestro propio consejo. Nuestra voz interior puede ser nuestro salvavidas o nuestra perdición. El simple hecho de que pensemos algo no lo convierte automáticamente en una verdad. Hemos de aprender a escuchar y a cuestionar nuestra voz interior si pretendemos que sea una guía de apoyo y no una detractora que nos mine o una diablilla imprudente.

Esta historia muestra una manera de ayudar al otro a ser consciente de sus pensamientos y después a cuestionarlos en lugar de creérselos sin más. Podemos ayudar al otro a hacer esto, y también podemos utilizar el mismo planteamiento para nosotros mismos.

Christie me está explicando en qué consiste el rap. Al chico le brillan los ojos y hace aspavientos con los brazos al hablar, con el centelleo de esos anillos metálicos enormes que lleva en esos dedos suyos tan expresivos. Tiene diecisiete años, está mirando carreras universitarias y se pelea con su madre por la hora de llegar a casa. Tiene el mundo ante sí, pero tan solo por un tiempo. Es poco probable que Christie viva para celebrar su trigésimo cumpleaños. Estamos en las consultas externas de una clínica para enfermos terminales. Es un muchacho pálido, delgado y cetrino que va envuelto en una camisa enorme de cuadros y esos pantalones sueltos de moda que le obligan a estar tirando hacia arriba constantemente de la cinturilla cuando se pasea a grandes zancadas por la habitación con tal de no dejar a la vista más calzoncillo de lo reglamentario.

Estamos en mi consulta de terapia cognitiva, y Christie viene derivado del equipo local de fibrosis cística. Ha estado perdiendo peso, sufriendo diarreas y se ha ido encerrando cada vez más en su casa. Le confesó a su dietista que había dejado de tomarse las cápsulas de las enzimas que sustituyen unas funciones digestivas del páncreas que él perdió hace mucho tiempo, y que había dejado de tomarlas porque le parece que «nada tiene sentido». Aun así, cuando lo examinó un psiquiatra, Christie no encajaba en los criterios de la depresión. Más bien, parecía abrumado por las mismas preocupaciones que se ciernen sobre todos los adolescentes en esa época de su vida: la transición a la madurez, la presión de los exámenes y la planificación del futuro, las relaciones —tanto las amistades como las enemistades— en el instituto y el sentirse incomprendido por sus padres.

Es más, al decir que «nada tiene sentido», Christie no está expresando un deseo de morir. Para él, la muerte es una compañía constante, y varios de los amigos que hizo durante sus visitas al hospital han muerto ya de fibrosis cística. Él se limita a reconocer una verdad: si no recibe un trasplante de pulmón en los próximos años, su esperanza de vida será cruelmente corta, y la planificación universitaria a largo plazo que hacen sus compañeros de instituto le parece irrelevante. ¿Para qué esforzarte en aprobar los exámenes, si tal vez no vivas para terminar la carrera? ¿Para qué buscar un trabajo cuando no tienes la menor perspectiva de utilizar tus ingresos para construirte un futuro?

Pero el rap... Bueno, eso es distinto. Me está hablando sobre su último ídolo, Dizzee Rascal, que no es sino otro adolescente.

—Está haciendo música, habla de movidas reales, lo han apuñalado, ha pasado por el hospital y ahí está otra vez, ¡es una

138

pasada! —dice Christie—. Y mi madre lo odia —sonríe de oreja a oreja.

—Parece que te agrada lo mucho que tu madre lo desaprueba —le devuelvo la sonrisa. Seguramente soy de la edad de su madre, más o menos. No tengo claro que a mí me encantara eso de tener el rap atronando en mi casa, tampoco, pero yo no estoy aquí para juzgar a nadie, sino para indagar—. Háblame más sobre eso —le invito.

Christie continúa paseándose por la habitación mientras habla.

—Es que es muy cuidadosa con todo… —suspira él—. «Cuidadosa» podría ser su segundo nombre —dice y me rapea una imitación de su madre—: *Ten cuidado, Christie. No des tantos saltos, Christie. ¿Adónde vas? ¿Cuándo vuelves? ¿Quién estará allí? ¿Te has tomado las medicinas? ¿Están hechos los deberes?* —Se le da bien, y tengo que sonreír.

—¿No actúas con público? —le pregunto.

Me cuenta que acude a las noches de micro abierto del club local donde admiten a mayores de dieciséis años acompañados de un adulto responsable.

—¿Quién es tu adulto responsable? —le pregunto suponiendo lo improbable de que sea su Mamá Cuidadosa.

Hace una pausa, se lo piensa y desliza la mirada hacia un lado mientras decide lo que me va a contar.

—Mi primo —responde.

Dicho eso, se sienta de golpe en la butaca que tenemos para los pacientes. Aguarda a mi siguiente pregunta. Yo espero a que él me cuente más. El cambio en su ademán resulta llamativo. Me da la sensación de que ahí hay algo más.

Empieza a inquietarse en el silencio. Espero. Hace ruiditos en plan *beat-box*. Espero. Y me dice:

—Bueno, es como si fuera mi primo. En realidad es el primo de mi madre, pero está más cerca de mi edad que de la suya. Además, tiene mesa. —Debo de tener pinta de no entender nada, porque Christie me mira con cara de pena y suspira. De repente me siento como su madre—. Mesa de mezclas —me explica—. Trabaja en un club dos noches a la semana y también rapea, así que somos colegas musicales. Él me deja mezclar. Nos retamos con *riffs*.

—Entonces, él sí entiende por qué te gusta el rap, y te cuela en el club —le resumo. Christie asiente—. ¿Pero…? —le invito a continuar verbalizando ese algo raro que hay en el ambiente.

Muerde el anzuelo.

—Pero… bueno, es como si él se pensara que es mi padre. Me suelta charlas para motivarme y me dice que tengo que tratar mejor a mi madre. A veces va de colega en plan «míranos tío, somos como hermanos», y de repente va de profesor, todo son normas y me viene con el rollo de por qué no haces esto o lo otro.

—¿Recibes mensajes contradictorios, entonces? —compruebo si lo he entendido—. ¿A veces es tu colega y otras veces es más bien como tu padre? —Christie asiente—. ¿Y te dice que trates mejor a tu madre…? —dejo en el aire esta repetición de sus palabras y me quedo a la espera.

—Mi madre tiene que odiarme —dice y baja la cabeza, con el mentón pegado al pecho, y parece alicaído, jugando con los anillos sueltos entre los dedos—. La verdad es que soy un cabrón con ella. Sé que le he destrozado la vida… —Se queda en silencio, suspira y levanta la mirada hacia mí con los ojos muy abiertos, redondos en esa cara tan pálida.

—Estás diciendo cosas muy fuertes —le respondo—. Crees que te odia. Piensas que le has destrozado la vida. Parece difícil asimilar algo así.

Me pregunto si ese primo tan joven y solemne le habrá lanzado esas acusaciones, o si habrá sacado esas ideas de alguna otra parte, pero sigo esperando. Esto va a necesitar un tiempo. No hay prisa ninguna. Esta es la consulta donde reflexionamos sobre lo que pensamos y sobre cómo nos afectan esos pensamientos.

—¿Me podrías explicar cómo le has destrozado la vida a tu madre? —le pregunto.

—Es obvio, ¿no? —responde—. Nací con esta mierda de enfermedad. Fui un crío escuchimizado. Me pasaba el día llorando con dolor de barriga. No crecí como debía. Mi padre abandonó a mi madre porque ella me daba a mí toda su atención, y ella se quedó con un crío flacucho que estaba malo constantemente, sin perspectivas de tener más hijos, sin una vida propia. No habría pasado nada de eso si yo no hubiera nacido.

—¿Y esto es algo que te ha dicho alguien? —le pregunto—. ¿O es algo que tú te dices?

—Ella es demasiado buena para decirlo, pero es la verdad, ¿no? Todo es culpa mía.

—¿Contrajiste a propósito la fibrosis cística para hacerle la vida imposible a tu madre?

Christie me mira con el ceño fruncido. Me imagino que se trata de una mirada que su madre conoce a la perfección.

—A ver, nooo… —me dice con un tonillo sarcástico—. Es algo genético, así que no lo decidí yo, obviamente.

—Háblame de la genética —le invito, y él me explica a la perfección ese gen recesivo del que él ha heredado dos copias, lo cual significa que no es portador (tener solo un gen recesivo), sino una persona con fibrosis cística, y pone los ojos en blanco en un gesto de exasperación ante mi estupidez: «uno de cada progenitor», por supuesto.

Hago una pausa antes de repetirlo.

—Uno de cada progenitor. Entonces… no fuiste tú quien la contrajo por su propia cuenta. ¿Te contagiaron ellos la fibrosis?

Su barbilla se eleva de golpe y me mira a los ojos. Esta no es la dirección en la que él se esperaba que fuese la charla, eso está claro. Abandona el ceño fruncido de adolescente y entrecierra los ojos mientras piensa.

—Bueno, no… pero… algo así… quiero decir… —titubea con la mirada al frente, inexpresiva, mientras trata de procesar sus pensamientos—. Ellos no sabían que eran portadores, así que no es culpa suya, pero sí me pasaron sus genes.

Asiento. Espero. Él continúa pensando.

—Y mi madre dice que me habría tenido igual si lo hubiera sabido. Nada de abortar. Eso sí me lo ha dicho.

De manera que se trata de una conversación que sí se ha producido en casa. Eso es bueno.

—Muy bien. Entonces quieres decir que tus padres no tienen la culpa de tu fibrosis, aunque sí te pasaron a ti sus genes, ¿es eso? —vuelvo a comprobar, y él asiente con firmeza, mirándome a los ojos. Y yo asiento con él—. Y, aunque piensas que la vida de tu madre habría sido mejor si tú no hubieras nacido, ella te ha dicho que te habría tenido de todas formas, ¿verdad?

141

—vuelve a asentir, y veo una lágrima que asoma por la comisura de un ojo.

—Ayúdame con esto, Christie —le pido—, porque me he perdido. ¿Quién dice que le has destrozado la vida a tu madre? ¿Te lo ha dicho ella? ¿Ha sido tu primo? ¿Tal vez otra persona? ¿O... acaso es la opinión de la voz que oyes en la cabeza?

Se apresura a secarse la lágrima con el dorso de la mano y hace un gesto negativo con la cabeza.

—Nunca lo ha dicho nadie en voz alta, pero yo lo he averiguado por mi cuenta. El problema soy yo.

—¿Podemos entrar en eso con un poco más de detalle? —le pregunto.

Cierra los labios y asiente, entristecido.

—Me gustaría tomar nota de algunas de las cosas que me has contado —le explico mientras alargo la mano hacia mi bloc de notas y el bolígrafo.

Coloco el papel donde lo podamos ver los dos y trazo una línea de arriba abajo por el centro de la página. Escribo «Creo que» en la parte superior izquierda, y «Pruebas» en la parte superior derecha.

—En esta columna de aquí van algunas de las cosas que me has dicho que crees en estos últimos minutos —le digo—. Me has dicho que «Dizzee Rascal es una pasada». —Y lo escribo mientras hablo—. También me has dicho «Mi madre odia a Dizzee Rascal», ¡y déjame que te diga que eso te parecía muy divertido! —Sonríe mirando a la página—. Veamos, esta columna de aquí es donde vamos a comprobar las pruebas que respaldan las afirmaciones de la primera columna. Me has dicho muchas razones por las que D. R. es una pasada: cuéntame algunas más ahora, para anotarlas aquí.

Entonces me habla del éxito de D. R. en las listas, su pelea de bandas y su recuperación del apuñalamiento, sus nuevos temas musicales tras la recuperación. Lo anoto en la columna de pruebas.

—Muy bien, ahora las pruebas de que tu madre odia a D. R. —le digo con una sonrisa, y él se ríe.

—Me dice: «Baja el volumen de esa matraca», «¿Por qué no te gusta la música agradable?» y «¡Ese tío es un matón!».

Tomo nota de todo.

—Lo que estamos haciendo es asegurarnos de que las afirmaciones encajan con las pruebas, ¿lo ves? —Le muestro la página—. Y, hasta ahora, parece ser así. Vale, ¿qué más me has dicho? Pues me has dicho: «Mi madre tiene que odiarme». —Lo escribo mientras él me observa—, «Le he destrozado la vida», «Soy un cabrón con ella» y «Mis padres no tienen la culpa de que yo tenga fibrosis». ¿Es correcto? ¿Te he entendido bien ahí?

Christie mira el papel con el ceño fruncido. Es un chico inteligente, y veo que ya está pensando en lo que vamos a debatir a continuación. Las pruebas. Empezamos con «Mi madre tiene que odiarme».

—Necesitamos pruebas —le cuento—. ¿Te ha dicho ella que te odia? ¿Actúa con crueldad? No va a pasar nada si me cuentas que lo hace.

Me dice que no con la cabeza.

—Me echa muchísimo la bronca —me dice.

—¿Por quién eres, o por las cosas que haces?

De nuevo, ese gesto brusco al levantar el mentón cuando le llega una idea nueva.

—No, ella nunca dice nada malo sobre mí. Me defiende cuando mis tías se quejan de que mi madre no me obliga a buscarme un trabajo y eso. Se mosquea si hago demasiado ruido, o si no me tomo las medicinas como debo, o si paso de ir al fisio del pecho. Nunca había pensado en eso hasta ahora... Cuando se enfada, es por lo que hago o por lo que no hago, pero no por quien soy...

Christie está pensando en silencio cuando digo:

—Y me has contado que ella te mosquea a ti porque siempre se anda con cuidado, cuando se preocupa por dónde estarás y cuándo regresarás, de si tú te estás cuidando bien. ¿He entendido bien esa parte?

Asiente con un sorprendente aspecto solemne.

—No estás montando una buena argumentación, que digamos, para respaldar esa afirmación de que tu madre te odia —observo—. Es más, hasta ahora no se ha presentado ninguna prueba por parte de la acusación, y, sin embargo, ya hay unas cuantas a favor de la defensa... Voy a cambiar un poco la página —le digo, trazo otra línea vertical que desciende por el centro de la columna «Pruebas» y encabezo las dos columnas nuevas como «A favor» y «En contra».

—¿Podrías darme un solo ejemplo de una conducta de odio, cruel y poco razonable para anotarla en la columna «A favor» y que respalde la creencia de que «Mi madre tiene que odiarme»? —le pregunto.

Comienza a sonreír. Se le pone una sonrisa de oreja a oreja en la cara cuando dice:

—¡No, todavía no la he pillado en eso!

Le devuelvo la sonrisa, le ofrezco el bolígrafo y le digo:

—Vale. Ahora las pruebas en contra. Me gustaría que escribieses tú las pruebas de que tu madre no te odia, justo ahí. —Le señalo, y él anota.

—Se preocupa por mí. Intenta que no me pase nada malo. Soporta el ruido que hago. Dice a las tías que está orgullosa de mí. Quiere conseguir un trasplante de pulmón.

—Vaya. Menuda lista —le digo al verlo anotar las pruebas en contra de su convicción de que «Mi madre tiene que odiarme»—. ¿Cómo es que estás al tanto de todas esas pruebas? —le pregunto.

—Porque lo he visto y lo he oído. Ella no me odia, ¿verdad? Pero yo sí hago que lo pase mal. —Parece abatido.

—Solo para estar segura, ¿eres tú quien hace que lo pase mal? ¿O lo pasa mal por las cosas que haces o dices, o que no haces?

Ya está asintiendo antes de que termine de formular la pregunta, y comienzan a temblarle las manos de excitación.

—¡Sí, eso! —desde luego que está entusiasmado—. No soy yo, es lo que hago. ¡La vuelvo loca! Pero a veces no quiero… y a veces… sí… a veces sí. A veces la trato mal.

—Muy bien. ¿Estás ofreciendo pruebas de que «Soy un cabrón con ella»? —le pregunto—. ¿Quieres darme un ejemplo o dos?

Estudia la página y escribe: «La trato mal» en la columna «A favor».

—Me quedo por ahí sin decirle dónde estoy —añade—. No me tomo las medicinas antes de comer. La llamo «vaca».

Tiene buenas pruebas, sí.

—¿Alguna vez la tratas bien? —le pregunto.

Se lo piensa. Se levanta y vuelve a pasearse por la habitación.

—A lo mejor soy una persona terrible —dice.

—A lo mejor, sí —coincido con él, y parece sorprendido—, pero no lo creeré sin pruebas que lo corroboren. Hasta ahora, esas pruebas son cosas que reconocerían la mayoría de las madres de hijos adolescentes. ¿Tienes algo peor? —me responde con un gesto negativo con la cabeza—. Y ¿qué me dices de las veces en que no eres un cabrón?

—Bueno, la semana pasada se quedó sin detergente, así que fui a comprárselo en bicicleta. ¡Y estaba lloviendo! —dice Christie. Y le escribí un rap por su cumple, y eso le gustó. Y yo siempre… bueno, yo suelo decirle que lo siento si la he tratado mal.

—Escríbelo —le digo, y deja de pasearse y se sienta con el bloc de notas—. ¿Se te ocurren otros ejemplos de situaciones en que hayas intentado ser amable, ayudarla o tener paciencia?

Subraya «cuando estaba lloviendo», y me doy cuenta del tipo de esfuerzo que supuso para él ir a comprar detergente pedaleando bajo la lluvia. Escribe: «Le preparo café. Ayudo con la casa», y añade: «pero no mucho», y lo adoro por su sinceridad.

—Vale, ¿y qué piensas ahora sobre lo de que eres un cabrón con ella? —le pregunto.

Christie asiente despacio mirando la hoja de papel.

—Puedo serlo —dice—, pero a veces no lo soy.

—¿Igual que ella puede ser agobiante con su manera de preocuparse, pero a veces no lo es? —le pregunto, y él asiente con decisión.

—No somos de una sola manera, ¿verdad? —observa.

Para él, acaba de nacer una nueva idea que se va a poder llevar y reflexionar sobre ella: no somos una sola cosa.

—Tenemos que ver aún las pruebas de dos afirmaciones —señalo—. ¿Cuál escogemos? ¿«Le he destrozado la vida a mi madre» o «Mis padres no tienen la culpa de que yo tenga fibrosis»?

—Ya he pensado sobre eso de destrozarle la vida. No lo he hecho, ¿verdad? Mi madre dijo que me habría tenido de todas formas, y eso es una prueba en contra —lo anota—, y el problema no soy yo, sino que yo tengo fibrosis, y la fibrosis no es culpa mía —lo escribe tal cual—, y papá fue un pringado cuando nos abandonó —escribe: «Papá decidió marcharse = no es culpa mía»—, y ella sí me quiere…

Se le hace un nudo en la garganta. Una lágrima cae sobre el bloc. Christie la barre y escribe: «Se siente sola» en la columna «A favor», seguido de un «me quiere» en la columna «En contra». Lo ha pillado.

CREO QUE	PRUEBAS	
Dizzee Rascal es una pasada	Rapea genial. Mola su ritmo. Estilo Apuñalado y recuperado. Listas	
Mi madre odia a D.R.	Dice que el rap es una «matraca». No es un tipo de música agradable D.R. es un matón	
Mi madre tiene que odiarme	A FAVOR	EN CONTRA Se preocupa por mí Intenta que no me pase nada malo Soporta el ruido que hago Dice a las tías que está orgullosa de mí Quiere conseguirme un trasplante de pulmón
Le he destrozado la vida	Se siente sola	Me habría tenido de todos modos La fibrosis no es culpa mía Papá decidió marcharse = no es culpa mía Ella me quiere
Soy un cabrón con ella	La trato mal Me quedo por ahí sin decirle dónde estoy No me tomo las medicinas antes de comer La llamo «vaca»	Fui a hacer la compra cuando estaba lloviendo Le preparo el café El rap de su cumple Ayudo con la casa, pero no mucho

146

—Ahora me gustaría que volviésemos a repasar esas afirmaciones, Christie, y que me digas si te las crees.

Levanta el bloc y lo sostiene firmemente con ambas manos, supervisando su trabajo.

Guarda silencio mientras observa la página.

—Me pregunto qué conclusión sacas de ahí —le digo, y él me sonríe y mueve la cabeza en un gesto como si quisiera decir «yo también».

Respira hondo y dice:

—Bueno, sigo pensando que Dizzee es una pasada, y que mamá nunca pensará lo mismo.

Suelto una carcajada y coincido con que tiene pruebas en ambos casos.

—Háblame sobre los otros pensamientos —le invito—. ¿Te das cuenta de que no los he llamado «hechos»? ¿Por qué crees que los llamo «convicciones»?

—Son las ideas que tienes en la cabeza, ¿no? —me dice despacio, con aire de asombro—. En la cabeza tienes las movidas que piensas, y crees que son verdad. ¡Y son chorradas! —se ríe avergonzado y con un suspiro de alivio.

Es magnífico que Christie haya obtenido esta verdad de la conversación que hemos mantenido y de las pruebas escritas en el bloc de notas. No todo lo que creemos es verdad, en realidad, pero cuando se nos pasa una idea por la cabeza, nuestro primer instinto es comportarnos como si fuera cierta, y a veces lo es, pero con bastante frecuencia, si tomamos algo de distancia, podemos ver que esa idea no es toda la verdad.

Christie corre el riesgo de lanzarse al extremo contrario: pensar que nada de lo que creemos es cierto, pero tenemos pruebas sólidas de que alguna de las cosas que él creía eran ciertas, al menos en parte. Vuelvo a señalarle el papel.

—Pero no todo son chorradas, ¿no? Mira la hoja de papel. Algunas cosas son ciertas. Hay una de las cosas que piensas para la que no tienes absolutamente ninguna prueba a favor, y hay algo de verdad en otras, pero, cuando te detienes a valorar las pruebas, resulta que lo que tenías en la cabeza no era toda la historia. Veamos, estoy pensando en ese primo tuyo, que a veces es tu colega y a veces te dice cosas que no te gusta oír. ¿Hay algo en esta lista que le sorprendería?

—Creo que le sorprendería lo mucho que quiero a mi madre —dice Christie, que se vuelve a sonrojar y le tiembla la voz—. Se sorprendería de que me mojara el pelo por ir a hacerle la compra, pero algunas de las cosas que él me dice… son ciertas, ¿verdad que sí? ¿Buenas y malas? Me encanta el rap, se me da bien, y él me apoya. Y yo trato mal a mi madre y él piensa que debería tratarla mejor. Y yo debería hacerlo. —Christie hace una pausa—. Y lo voy a hacer —termina, muy decidido.

—Ahora que lo pienso, ¿crees que él te da buenos o malos consejos? —le pregunto.

Mi compañero observa la hoja como si la respuesta se encontrara ahí. Se produce un largo silencio.

—Creo que tiene razón —dice Christie muy a su pesar—. Te partes la caja con él, y no tiene malas intenciones. A lo mejor solo intenta que yo sea mejor persona, porque él es lo más parecido que he tenido nunca a un padre de verdad, un tío al que admirar y eso.

—Pienso que tal vez podríamos enseñarle esto. A lo mejor podíamos hacer un rap con lo que te dice tu cabeza.

Christie se levanta de un salto de su silla con una sonrisa de oreja a oreja y se pone a dar zancadas rítmicas por la habitación, diciendo:[3]

Solo por que lo pienses no tienes que creerlo,
ponlo a prueba, tienes que forzarlo, intenta romperlo,
cuestiónate,
examínate.
¿Verdad o mentira? ¿Lo jurarías por tu vida?
Tu mente soltará falsas movidas,
por eso cuestiónate,
examínate.
No te tragues esa basura, que no te llega a los zapatos,
tú tienes más altura, así que no pases malos ratos.

---

[3] Con mis disculpas a Christie, cuyo magnífico rap espontáneo incluía estas ideas ¡pero muchísimo mejor expresadas de lo que yo recuerdo!

Cuestiónate,
examínate,
la mente es como un cepo, te puede hacer papilla.
Dale una vuelta: ¿es cierto? No sé si lo pillas.
Colega, espero que me entiendas,
eres más de lo que tú te piensas…

Adoro mi trabajo todos los días, pero hay algunos que, vaya, traen momentos que son oro puro.

Escuchar tu propia voz interior tiene su aquel incluso para los muy experimentados en escuchar a los demás. Toda esa técnica de ir acumulando observaciones suele ir dirigida hacia el exterior, centrada en las palabras del otro, en su voz, en su comunicación no verbal, en su mirada, en la expresión de la cara, en su manera de hablar y de titubear, en su quietud o en sus ansias, o en sus lágrimas o temblores: todas estas pistas se van acumulando en nuestro proceso de discernimiento de lo que quiere comunicar el otro. Ahora bien, ¿cómo discernimos nuestras propias necesidades y deseos? ¿Cómo nos evaluamos a nosotros mismos? ¿Cómo nos vamos a ofrecer nosotros esa misma atención sin prejuicios que esperamos poder ofrecer al otro?

Puede ser difícil confiar y abrirse por completo a otra persona, y, sin embargo, nos cuesta todavía más ser honestos con nosotros mismos. El juicio acompaña a la autorreflexión: podemos rebajar nuestras carencias o pasarlas por alto, podemos deleitarnos con nuestros talentos o nos podemos ocultar a nosotros mismos; podemos ser nuestro peor crítico en ciertos aspectos y, aun así, regalarnos una excusa en otros. Es verdaderamente difícil aceptarnos a nosotros mismos, nuestras habilidades y talentos, nuestros fallos e ineptitudes, tal y como somos. Nos cuesta un mundo incluso entender nuestra plena complejidad y nos rebajamos a etiquetas planas como «amable», «ambicioso», «malhumorado», «afortunado» o «incomprendido».

Escucharnos a nosotros mismos es una técnica cuyo aprendizaje requiere de paciencia y de práctica. Hemos de reservarnos un tiempo para nosotros mismos en el que podamos pensar y reflexionar, procesar nuestras experiencias, contar nuestra propia historia y observarla con curiosidad y asombro. Tal vez esto implique charlar con un amigo o una persona de confianza, o tal vez llevar un diario. Quizá hablemos con desconocidos en el transporte público para contarles nuestra historia, o se la contemos a los cielos mientras observamos su infinitud desde una silla cómoda o durante un paseo al aire libre. Sea cual sea el método que escojamos, lo que nos permite llegar a conocernos y a saber quiénes somos es la narración de nuestra historia, centrarnos en lo que hay ahí y lo que no, la curiosidad para ir completando los vacíos y la autocompasión necesaria para observarnos sin juzgarnos.

Escuchar la voz interior con actitud de aceptación de uno mismo nos permite conocernos, explorar nuestro pasado y reconocer nuestro potencial. Igual que el resto, somos individuos que tienen fallos pero, al mismo tiempo, somos unos seres magníficos, cada uno con la capacidad de reflexionar sobre nuestras experiencias para crecer y prosperar. Todos y cada uno de nosotros somos capaces y dignos de mirarnos en el espejo para ver la verdad sin prejuicios de nuestras inmensas posibilidades.

Cuidar de nosotros mismos

Nuestra voz interior es una guía orientativa sobre nuestro bienestar. Cuidar de uno mismo es algo vital cuando está poniendo su tiempo, atención y compasión al servicio del otro. Apoyar a los demás requiere de nuestra energía y nuestra entrega, ya seamos el amigo al que siempre se recurre en nuestro círculo social, el pariente que acoge a otro familiar atribulado, o seamos asistentes profesionales; puede ocupar mucho tiempo y ser agotador. Ofrecernos para quedarnos con el otro en su profunda agonía y admitirla nos puede entristecer y hacernos sentir exhaustos. Somos tan dignos de recibir nuestros propios cuidados y nuestra compasión como cualquier otro.

Para estar bien, necesitamos tener una sensación de aptitud —de estar «lo suficientemente bien»— en nuestra salud física, nuestra vida emocional, nuestras relaciones con los demás y nuestro yo espiritual o existencial. Rara vez son perfectas las circunstancias de la vida, de manera que decidir qué es «lo suficientemente bien» será una valoración personal de cada uno. Cuanto más perfeccionistas seamos, más difícil nos resultará cumplir con nuestras propias exigencias, y nos costará más estar bien.

Bienestar físico. Es necesario tratar bien nuestro cuerpo, que requiere de sueño, el ejercicio suficiente y la comida apropiada para estar en forma: tú decides hasta qué punto es «lo suficientemente en forma». Algunos somos corredores de maratón, otros nos contentamos con que las rodillas artríticas nos aguanten para cruzar el aparcamiento del supermercado. Nuestro cuerpo requiere de chequeos rutinarios de mantenimiento, acceso a cuidados preventivos (vacunas, control de la tensión arterial, gestión del peso corporal, revisiones médicas generales) y acceso a periodos de recuperación y a una sanidad receptiva de la que podamos hacer uso en el momento apropiado cuando no nos encontramos bien.

Bienestar emocional. Es necesario respetar nuestro propio derecho al bienestar emocional y a una buena salud mental. Exactamente igual que con el bienestar físico, podemos llevar a cabo determinadas acciones que fomentarán el bienestar emocional. Además del sueño, necesitaremos un tiempo de relajación que nos permita bajar revoluciones: prácticas tan diversas como la conciencia plena o *mindfulness*, pasear por la naturaleza, la jardinería, los pasatiempos creativos, la lectura o escuchar música. Puede resultar complicado rascar este tipo de «tiempo para mí» de nuestra vida cotidiana tan ajetreada, pero es esencial para estar «lo suficientemente en forma» en el plano emocional. Igual que el sueño o las comidas, quizá sea necesario que lo incluyas en la agenda de las rutinas diarias, o ese espacio de tiempo lo terminará ocupando cualquier otra cosa.

Conexión social. Está relacionada con el bienestar. Tal vez no podamos elegir a nuestra familia ni a los compañeros de trabajo, pero buscar y encontrar aquello que tenemos en común favorece el bienestar. Asegurarnos de que dedicamos un tiempo a comunicarnos con amigos fortalece nuestro sentido de la conexión.

151

Bienestar espiritual o existencial. Nuestra percepción del yo y del sentido de la vida es un componente importante del bienestar. Para algunos, esto es una fe y una práctica religiosa; para otros, se trata de hallar la trascendencia en las maravillas de la naturaleza, o el asombro al contemplar una gran obra de arte. Hay quien se esfuerza por servir a una causa como vía para hallar el sentido de su vida. Puede ser una convicción política, una cuestión de justicia, una preocupación medioambiental o el apoyo a un movimiento benéfico o social: una manera de estar conectados a algo que percibimos como algo superior a nosotros y que le da a nuestra vida un propósito y un sentido.

Tener unos límites claros. No es un acto de egoísmo, sino una manera de protegerse y sobrevivir. Decir que no es un importante acto de esa compasión que empieza por uno mismo. Escucharte a ti mismo y prestar atención a satisfacer tus propias necesidades es tan importante como ofrecer esa ayuda a los demás. Puede que se haga necesario tomarse un descanso del apoyo que prestamos a otro: ¿cómo establecemos otra línea de ayuda para esa persona? Es posible que, en lugar de cargar nosotros con todo el sostén a un pariente o amigo en una situación de angustia, le podamos ayudar a montar una red de apoyo. Esto nos permite disfrutar de la satisfacción de ofrecerle respaldo y el alivio de saber que hay otras personas que también lo apoyan.

El «mantenimiento rutinario» de nuestro bienestar incluye la búsqueda de ayuda y de apoyo para continuar bien. Si dejamos una charla con la sensación de que la experiencia nos ha dejado emocionalmente agotados, nuestro conocimiento de nosotros mismos puede instarnos a tomarnos un momento para cuidarnos. ¿Qué es lo que más te repone a ti? Conozco a gente que se marcha a dar un paseo de cinco minutos al fresco, o quien se toma cinco minutos para centrarse en el momento presente y prestar plena atención a sus respiraciones, o para prepararse una taza de té o de café (parece que también reconforta el propio el ritual de la infusión), o gente que escucha música con el móvil. Todo esto son prácticas de «primeros auxilios del bienestar» que nos permiten continuar con el trabajo de la jornada.

Sin embargo, hace falta algo más cuando hay una conversación problemática que no nos deja tranquilos: entonces llega el momento de hablar con un compañero o, si la charla se ha producido en un entorno más informal, social, de buscar el apoyo de alguien con quien hablar sin revelar la identidad de la otra persona. Para algunos es útil escribir un diario de reflexiones para despejarse la angustia de la cabeza y verla de manera objetiva: desplazarla desde «mi angustia» hasta «la angustia de otro, de la que he visto un atisbo». La objetividad nos ayuda a no interiorizar el dolor de otra persona. Y, por supuesto, cuando hablamos de nuestra angustia con otro, esperamos que se nos conceda a nosotros la misma delicadeza que defendemos en este libro.

El cuidado de uno mismo es la práctica que nos permite conservar nuestra fortaleza, resistencia y bienestar. Espero que te cuides, por el bien de todos: forma parte del pacto mutuo que hacemos y que nos permite a todos seguir dando un paso al frente, listos para servir a la gente que nos necesita.

Tender puentes

En ocasiones mantenemos conversaciones delicadas en una situación difícil. Tal vez haya incertidumbre al respecto de cómo se podrán desarrollar los hechos, quizá las personas implicadas tengan diferentes opiniones sobre cuál es la mejor manera de abordar las cosas, tal vez haya una noticia inoportuna que comunicar y una verdad complicada que asumir.

El desacuerdo, la ira, la ansiedad y la negación de una realidad dura pueden complicar más las conversaciones. Cuando tratamos de tender el puente de una conversación sobre un río de emociones difíciles, es una ayuda contar con algunos puntos de apoyo firmes y fiables.

Los pasos básicos de escuchar bien, hacer preguntas útiles y trabajar mano a mano con las demás personas implicadas cobran una importancia aún mayor cuando se produce un desacuerdo o incluso un conflicto.

En los siguientes capítulos veremos interacciones más largas, cada una de las cuales ilustrará alguna de las complicaciones que surgen cuando la verdad resulta difícil de asumir, cuando es incómodo contarla o es inoportuna. ¿Cuál podría ser la manera de apoyar al otro mientras asimila, cuando comparte o cuando recibe una noticia inoportuna? Estos relatos examinarán la manera de permanecer implicados sin perder la calma cuando las emociones se disparan. ¿Cómo superamos el desacuerdo o mantenemos nuestra compañía en presencia de la ira? ¿Cómo escuchamos cuando lo que oímos nos está partiendo el corazón?

Los umbrales: el valor para empezar

Hay veces en que la comunicación nos parece importante y también nos intimida. Buscar información sensible, comunicar una noticia inoportuna, mencionar un desacuerdo, conocer a alguien, pedir un aumento de sueldo, invitar a alguien a salir en una cita: todas estas situaciones pueden requerir de una cierta planificación y preparación para estar listos para iniciar la tarea, y, aun así, cuando llega el instante o surge la oportunidad, nos puede dar la sensación de que nos quedamos petrificados. Las dudas y la falta de confianza en nosotros mismos, el temor a cómo podrá evolucionar la conversación, la ansiedad por la culpa, el temor al rechazo o la preocupación por causarle ansiedad al otro pueden ir en nuestra contra y hacer que perdamos la oportunidad del momento. Existe un «efecto umbral»: nos hace falta la habilidad (y el valor) no solo para mantener la conversación, sino también para reconocer cuándo y cómo iniciarla.

Esto es aplicable a toda conversación en la que puedan surgir emociones intensas: sentimos nuestra propia renuencia. Hay ocasiones en que se alinean los astros, cuando un amigo nos abre una puerta o alguien nos hace una pregunta que permite que arranque la conversación. No obstante, la aprensión por empezar la charla conduce con frecuencia a la pérdida de la oportunidad.

Por supuesto que nadie quiere causarle angustia a nadie. Una vez cruzado el umbral, no hay vuelta atrás. Y sé de lo que hablo cuando se trata de perder la ocasión del momento.

—¿Me estoy muriendo, doctora?

La mujer agotada y somnolienta a la que acabo de conocer en la tarde de un domingo de primavera apenas me ha dirigido una palabra inteligible mientras la examinaba, le sacaba una muestra de sangre y le ponía el gotero. Su cáncer de mama avanzado está haciendo estragos en la bioquímica de su sangre: sus niveles de calcio son peligrosamente elevados, la están llevando hacia un coma y la muerte. Sola en una habitación de hospital muy ordenada, sin su marido que se ha marchado a casa con sus hijas pequeñas, la mujer parece consumida y pálida en contraste con las sábanas blancas y la colcha de color verde de la sanidad pública británica. Como médico de guardia del centro de cáncer, la más novata del departamento, hoy es la primera vez que la veo. Cuelgo el gotero con una solución temporal para su problema del calcio, pero también es posible que llegue ya demasiado tarde.

—¿Me estoy muriendo, doctora? —vuelve a preguntar con la boca tan seca que le chasquean los labios.

Me deja desconcertada. Nadie me había hecho nunca esa pregunta. «¿En serio? ¿O tan solo es que no la había oído nunca con tanta claridad?», pienso. No sé qué decir. Está lo bastante enferma como para morirse, pero podría salir adelante. «A mí no me corresponde hablar de esto. Esta mujer debería hablar con el equipo al que conoce, mañana».

—¡Por supuesto que no! —me oigo decir con una voz aguda: estoy recogiendo mi equipo, salgo apresurada de la habitación.

«Estoy huyendo».

A la mañana siguiente, el lunes, la mujer ya ha muerto. No tuvo la oportunidad de despedirse de su marido. No dio un último abrazo a sus hijas. «Me estaba pidiendo una verdad que a mí me parecía demasiado amarga para aceptarla, y le mentí. Quizá no me recupere nunca de esta vergüenza». Obviamente, no se lo cuento a nadie.

Más de treinta años después, tengo ese sentimiento de culpa y de vergüenza más fresco que nunca. Su marido será ya un pensionista; sus hijas tal vez tengan sus propios hijos. Nunca podrán recuperar aquellas horas que les robé, y me pregunto cómo les habrá afectado eso en sus vidas. Sé bien cómo me ha afectado a mí en la mía.

He aprendido a decir esas palabras que empiezan por «M». Les he estado dando vueltas dentro de la boca como si fuesen unas canicas gigantescas, demasiado enormes para articular palabra, demasiado grandes para escupirlas, demasiado doloroso tragárselas. Las he mordisqueado y chupado y las he reducido hasta un tamaño manejable. *Muerte. Moribundo. Muerto.* ¿Lo ves? Porque hablar de la muerte no hace que esta se produzca, pero no hablar de ella nos hurta oportunidades y momentos que no volverán nunca.

Me he especializado en cuidados paliativos, y he mantenido miles de conversaciones sinceras sobre el final de la vida. He explicado el proceso de morirse, cuya suavidad sirve de consuelo a la gente una vez que sabe lo que le espera. He respondido a sus preguntas con sosiego y claridad: he visto la muerte muchas veces, y no tengo miedo. Ya no me tiembla la voz. Es seguro hablar sobre morir, es vital que lo hagamos. Y es vital que hablemos los unos con los otros en el seno de la familia y de los grupos de amigos, no solo en los entornos sanitarios, y que hallemos las palabras con las que cruzar ese umbral.[4]

Sea cual sea el tema de conversación, la ansiedad ante el umbral es un miedo a la insuficiencia: falta de confianza, de experiencia, de tiempo, de autoridad en el trabajo, de conocimientos para responder a las preguntas que puedan surgir… Y, aun así, hemos de ser capaces de llegar hasta el umbral y, acto seguido, dar el paso que lo cruza. Nadie puede conocer todas las respuestas, nadie cuenta con toda la experiencia requerida para aclarar todas las preguntas en todas las ocasiones. Hay algunas expresiones importantes que podemos aprender para lograr que el umbral nos intimide menos.

En primer lugar, hay algunas expresiones útiles para el momento en que descubrimos que el umbral ha quedado atrás y nos damos cuenta de que ya estamos inmersos en una conversación respecto de la cual nos podemos sentir algo más que un poco intimidados o mal preparados.

No lo sé. A veces, esa es toda la respuesta para una pregunta. Otras veces, la respuesta es: «No estoy seguro, pero intentaré ayu-

---

[4] Este relato se publicó por primera vez en 2019 como parte de un blog para el Marie Curie Cancer Care. El texto completo [en inglés] se encuentra en https://www.mariecurie.org.uk/blog/marbles-in-my-mouth-using-the-d-words/225028.

darte a encontrar una respuesta». Ser capaces de decir «No lo sé» nos evita el temor de que alguien considere que no estamos capacitados. No saber forma parte de la condición humana, y no necesitar saberlo todo es profundamente reconfortante; la humildad de reconocer que no se sabe algo es una virtud. Aquí estamos, juntos, sin saber la respuesta.

Lo siento. Tiene más de un posible significado, y los diferentes sentidos que transmite la han convertido en una expresión con cuyo uso somos cada vez más precavidos.

En un sentido, «lo siento» significa «siento pesar». Es una comunicación de humano a humano, una oferta para sufrir con alguien en su tristeza. Puedo sentir profundamente la muerte de tu perro, que tu empresa te haya despedido por reducción de plantilla, que tu nieto esté enfermo. Es un reconocimiento amable y sentido del dolor del otro.

En su otro sentido habitual, «lo siento» significa «estoy arrepentido». Es el reconocimiento de una culpa que nos parece que requiere de una disculpa. Puedo estar disculpándome por un error que he cometido yo, o que ha cometido mi equipo, o mi familia, y del cual me hago responsable, o me puedo disculpar por que mi gato te haya roto un jarrón. La disculpa es el primer paso para mitigar un daño.

La dificultad reside en el uso de una disculpa como una afirmación de culpabilidad. Si eres mi amigo, si sé lo mucho que quieres a tu perro y tengo la desgracia de atropellarlo con el coche, entonces mi «lo siento» significará ambas cosas: «Comparto tu pena» y «Me disculpo por haberte causado esa pena». Si atropello al perro de un desconocido, por mucho que yo siga diciendo «lo siento» en ambos sentidos, la ausencia de una relación previa y lo repentino de la noticia traerán al primer plano mi culpabilidad más que mi pesar, aunque el perro fuera suelto, el accidente inevitable y mi culpabilidad muy reducida.

En la práctica de la medicina, veo que hay personas que evitan las disculpas por si acaso esto implica que se emprendan acciones legales que se valgan de ellas como el reconocimiento de una negligencia, aunque no haya mediado error ni negligencia de ninguna clase. Sin una expresión sincera de pesar por el dolor, no se habrá dado el primer paso para mitigar el daño, y este daño se acrecentará en ese umbral fallido: el personal sanitario que cierra filas y no habla de lo sucedido con el paciente ni la familia, un hospital o un consultorio médico que redacta una respuesta defensiva en lugar de reconocer el pesar y el dolor que ha sufrido el paciente o la familia. En lugar de saltar en defensa propia, podría haber sido un comienzo mucho mejor el de ese médico que dice: «Siento mucho que todo esto haya sido tan triste para usted. ¿Hay algo que pueda hacer yo que tal vez le sirva de ayuda para afrontarlo?», o el de esa institución que envía una carta (firmada por la persona designada para estar a disposición del paciente o su familia, por si quieren contactar con ella) que dice: «Vemos lo terrible que ha sido esto para usted, y sentimos que haya ocurrido. Deseamos ayudarle a recuperarse [o «a entender lo sucedido», quizá]. Le escribiremos de nuevo acerca de cómo se van a investigar las cuestiones que le preocupan a usted, pero deseamos decirle que lamentamos profundamente que haya sufrido de este modo». Es importante expresar ese «siento pesar».

No sé qué decir. Esta es una expresión que nos sirve de ayuda cuando nos hemos quedado sin palabras. Está íntimamente relacionada con «Voy a necesitar un momento antes de continuar hablando», cuando las emociones son demasiado intensas para hablar o pensar con calma ya sea por ansiedad, ira, pena o sorpresa. Admitir nuestras emociones diciendo «Estoy demasiado impresionada para comentarlo», «Estoy demasiado triste para hablar» o «Ahora mismo estoy demasiado enfadada para pensar con claridad» reconocen que, aunque hayamos estado participando en una conversación hasta ese momento, quizá necesitemos una pausa para reflexionar antes de seguir.

Pero ¿y si decidimos cruzar ese umbral de manera deliberada? Si nos quedamos perplejos e inquietos al borde de una posible conversación, las expresiones útiles para cruzar el umbral son variaciones de «Tengo algo muy importante que decir/preguntar» e incluyen «Esta conversación podría volverse emotiva», «Te puede resultar difícil oír esto», «Es posible que me cueste un poco hablar de esto», «Tengo una noticia inesperada», «Estoy buscando respuestas sinceras a unas preguntas difíciles». Todas estas frases transmiten que estamos a punto de cruzar un umbral camino de una conversación de alto riesgo.

Hacer una afirmación para cruzar el umbral también nos permite comprobar que el otro o los otros implicados entienden que es una conversación importante lo que hay en perspectiva y que disponen allí mismo de las personas apropiadas para ofrecerles apoyo antes de comenzar. Prepararlos de este modo nos puede posibilitar el compartir con ellos la responsabilidad sobre la dirección que pueda ir tomando la charla. Procederemos de esta manera ya se trate de dar una noticia de peso (buena o mala) a familiares o amigos, de revelar un diagnóstico médico inoportuno, de comentar algún aspecto de salud mental o sexual con el otro (sea suyo o nuestro) o de plantear un desagradable debate sobre abusos o violencia.

¿Qué consejo le daría a esa joven, inexperta y aterrorizada doctora que huyó de un umbral hace cosa de treinta años? Ojalá pudiera retroceder en el tiempo y decirle un par de cosas.

Confía en ti. No te hace falta conocer las respuestas. Tú escucha.

—¿Me estoy muriendo, doctora?

Deja todo ese equipo que estás recogiendo. Siéntate en una silla, en la cama (es una oportunidad única de escucharla en su enfermedad) o en el suelo. Pídele que te repita la pregunta, para estar seguras de que te quiere preguntar eso y tener la certeza de que no la has oído mal.

—¿Me estoy muriendo, doctora? —vuelve a preguntar con la boca tan seca que le chasquean los labios.

Me deja desconcertada. Nadie me había hecho nunca esa pregunta. «¿En serio? ¿O tan solo es que no la había oído nunca con tanta claridad?», pienso

Me lo ha preguntado dos veces. Quiere saberlo. Tiene una familia joven, y sabes que puede perder el conocimiento a causa de su problema con el calcio. Tal vez quiera disponer de una oportunidad de hablar con su familia. Confía en tu capacidad para cruzar este umbral a su lado. No estás sola. Ella también está allí, haciéndote esa pregunta; no es solo tu paciente, es una persona. En

161

este departamento hay enfermeras muy expertas y amables; hay otro médico en formación que lleva más tiempo que yo y un asesor, ambos disponibles con levantar el teléfono. Tienes refuerzos.

No sé qué decir. Está lo bastante enferma como para morir, pero podría salir adelante. «A mí no me corresponde hablar de esto. Esta mujer debería hablar con el equipo al que conoce, mañana».

Sí que te corresponde a ti hablar de esto. Hoy, tú eres su médico. Te ha preguntado a ti. Dos veces. Reconoces la precariedad de su situación, mañana podría ser ya demasiado tarde. Siéntate aquí y dile cuanta verdad esté en tu mano: que no conoces la respuesta, pero que vas a tratar de ayudarla a obtener respuestas a sus preguntas.

Empieza con una pregunta. Ayúdala a contarse a sí misma el relato de lo que ha sucedido hasta ahora. Puede ayudarla a reconocer hasta qué punto está empeorando. Será el comienzo de la respuesta a su pregunta.

—Me llamo Kathryn, y soy la médico residente que está de guardia este fin de semana. ¿Cómo te gustaría que te llamase?

Vamos a llamarla Myra.

—Myra, es la primera vez que nos vemos, y por el momento solo he podido echar un vistazo rápido a tus notas. Cuéntame cómo te han ido las cosas en las últimas semanas.

Escucha mientras ella te cuenta lo cansada que ha estado, lo difícil que era mantenerse despierta. Su madre ha venido a quedarse en su casa porque ella estaba demasiado agotada para encargarse de las niñas después de clase. Se ha pasado en la cama la mayor parte de las últimas tres semanas. Le cancelaron la última sesión de quimioterapia porque no se encontraba lo bastante bien como para someterse a ella. Ahora le preocupa que no se haya programado ninguna más.

Repítele lo que te acaba de contar y asegúrate de que lo has entendido. Ha estado muy cansada, prácticamente sin salir de la cama, demasiado indispuesta para la quimio. Tiene dos niñas, y la abuela está en casa para ayudarla con ellas. Pregúntale qué es lo que más le preocupa en ese momento.

Escúchala mientras te cuenta que piensa que se está muriendo. Está empezando a llorar. Tiene la boca tan seca que le cuesta mucho hablar. Ayúdala a tomar un sorbito de agua. Dile que vas a conseguirle un poco de hielo en cuanto ella termine con sus preguntas. Dile que no tienes ninguna prisa, aunque sí la tengas. Dale un pañuelo de papel. Continúa escuchando.

Responde a su pregunta. Este problema del calcio es una señal de que el cáncer está avanzando. Esto hace que algunas personas se pongan tan enfermas como para llegar a morir. Utiliza esas palabras, con amabilidad, pero con claridad. Haz una pausa para dejarle que lo asimile. Ofrécele otro sorbo de agua. No le metas prisa. Ya has traspasado el umbral, estás sumida en la conversación. Continúa utilizando preguntas para juzgar qué quiere saber, y después responde a las preguntas que ella te haga a ti.

¿Qué edad tienen sus hijas? Te dice que siete y diez años, y te cuenta cómo se llaman. ¿Saben ellas lo seria que es su enfermedad?

—No, porque no queríamos asustarlas.

¿Cuándo las viste por última vez?

—La semana pasada, antes de venirme al hospital. No permiten las visitas de niños en esta área.

Tú sabes que la enfermera jefe del área tiene la potestad de permitir que entren las hijas de Myra. Pregúntale si le gustaría que sus hijas vinieran a visitarla con su padre y su abuela. Cuéntale que los niveles tan altos de calcio provocan sueño y, aunque le estás administrando un antídoto, no sabes hasta qué punto va a funcionar. Si quiere estar despierta para verlos, para abrazarlos, debería hacerlo hoy. Ofrécele más agua. Dile lo mucho que sientes estar transmitiéndole unas noticias tan inoportunas. Lo sientes, y no pasa absolutamente nada por decirlo.

«Las malas noticias no son culpa tuya», pienso.

Estas malas noticias son suyas. Es su situación. Tú no haces más que describirlas. Tú no has hecho que sucedan, no estás empeorándolas al responder a sus preguntas, la estás tratando como a una persona autónoma y dándole opciones para elegir. Es cierto que la respuesta la angustiará, seguramente, pero tal vez ella haya intuido ya la verdad y esté buscando con esto tu compañía y tu consuelo. Quizá su deseo de saber sea mayor que el deseo de evitar la angustia de saberlo. Una vez que le hayas dicho ya la verdad, podrás comenzar a apoyarla mientras la asimila.

163

Escucha tu voz. Al principio te ha salido aguda, como de pito, pero ahora que has cruzado el umbral estás hablando con amabilidad, con bondad, de mujer joven a mujer joven. Percibe tu tristeza: es un reconocimiento de la suya. La tristeza se halla en su vida, y tú no puedes sufrir por ella. Si lo intentas, te vas a quemar antes de tiempo. Sé compasiva con su situación, pero no cometas el error de preguntarte cómo te afectaría esta situación si esta mujer fuese tu hermana, tu amiga, si fueses tú. A ti ya te llegarán tus penas a su debido tiempo, no tengas tanta prisa por que lleguen.

Pero sí puedes ser su compañía en la angustia, y luego llorarás en el despacho de la enfermera jefe del área, y ella te dirá que todos los médicos vienen a llorar aquí, que no es ninguna vergüenza, que lo has hecho muy bien. Esas niñas vienen de camino con su padre, y una de las enfermeras las acompañará durante su visita. La enfermera jefe te aconsejará que vayas a revisar las vías intravenosas de los demás pacientes y que te vayas a casa de una vez, que ha sido un fin de semana bastante duro para una doctora tan joven. Y tú le estarás agradecida por su bondad.

Y mañana descubrirás que Myra falleció durante la noche, después de la visita de sus hijas con su marido y con su madre, que se habría llevado a las niñas a casa mientras su marido se quedaba allí para estar a su lado cuando ella dejaba de respirar, y tú habrás aprendido que se puede hablar sobre la muerte.

Si pudiera retroceder en el tiempo y ayudarte, lo haría.

En cambio, has aprendido mucho sobre las oportunidades perdidas y sobre umbrales que no cruzaste. Y de esta oportunidad perdida aprendiste algo muy diferente que te llevó a una senda muy distinta. Otras familias han recibido la ayuda de tus reflexiones acerca de aquella vez en que no lograste cruzar el umbral, pero ese error es algo que ya no tiene arreglo, y siempre lo sentirás, en los dos sentidos de la expresión.

Renqueamos camino de la sabiduría sobre las brasas encendidas de nuestros propios errores. Ahora, véndate bien los pies y sigue caminando.

La ira

La ira consiste en unas expectativas que no se cumplen. Es una respuesta de alarma generada por la brecha que se produce entre lo que está sucediendo y lo que uno piensa que debería estar sucediendo: la percepción de una injusticia, de que se están incumpliendo las reglas, ya sea de forma explícita o soterrada. Cuando una parte —o las dos— de una conversación siente ira, la charla puede resultar difícil, y la ira puede convertir un diálogo en una confrontación. ¿Cuál es la mejor manera de llevar una conversación cuando la ira también está presente?

Estoy sentada en una habitación con las paredes forradas de paneles de roble, en un piso alto, sobre los jardines de la parte victoriana de nuestro hospital. Las ventanas están abiertas para refrescar el ambiente: estamos en plena primavera, y pasa una abeja zumbando por la habitación y sale por otra ventana camino del fuerte aroma de las ramas altas de un magnolio que hay más allá. Sentados conmigo se encuentran la responsable del departamento de reclamaciones, Enid, y un eminente profesor de cirugía ya jubilado, y nos estamos preparando para ver a los descontentos familiares de un paciente que ha fallecido estando al cuidado de nuestro hospital.

Estamos separados a lo largo de una mesa de reuniones grande y reluciente. Sobre la mesa hay una jarra de agua y una serie de vasos, una caja de pañuelos de papel y una grabadora con un micrófono gris. El ambiente es de una contemplación silenciosa. La calma que precede a la tempestad.

El profesor Price fue uno de los jefes de cirugía de esta institución durante muchos años. Me dio clase a mí cuando estudiaba Medicina. Me parecía aterrador. Desde que se retiró, ha adoptado un papel de mediador en la resolución de conflictos, y verle en acción ha supuesto toda una experiencia formativa para mí como responsable de los cuidados paliativos de este hospital. Aquel ardiente y joven cirujano al que yo temía se ha transformado en un sabio anciano por obra de las experiencias de su vida. No ha sido su esplendorosa carrera, sino las dificultades, los procesos de duelo y las pérdidas de carácter personal que ha capeado lo que ha convertido esa pasión suya en paciencia; aquel temperamento tan famoso de entonces se ha reducido a una chispa que se enciende con las injusticias. Cuando habla con las personas que presentan una queja por el trato recibido, el profesor tiene un sentido del derecho de estas personas a la imparcialidad que resulta tan palpable que las tranquiliza. Sabe admitir la ira del otro y reconocer su derecho a sentirla. De igual modo, no tolera ninguna crítica injustificada sobre la intención del personal hospitalario de ofrecer un servicio excelente: el suyo es un tribunal de cortesía en la escucha, de empatía generosa y de unas claras normas de imparcialidad.

Enid nos ha proporcionado una pila de papeles: copias de las notas del caso, notas de las enfermeras, gráficos de las medicaciones, cartas de los familiares, respuestas del equipo de responsables del hospital, etcétera. Es algo típico y deprimente: un hombre mayor y muy querido por su familia ingresa en el hospital por algo que parece rutinario. Una vez en el hospital, se hace patente que el hombre está mucho más enfermo de lo que nadie se había percatado hasta el momento. Su intervención quirúrgica fue como la seda, pero su cuadro de salud se fue deteriorando y falleció antes de poder marcharse a casa. Su familia tiene la percepción de que, ya que el hombre «no estaba tan mal» cuando ingresó, su deterioro posterior y su muerte han de ser culpa de alguien, y que el hospital no les está contando la verdad. Para más inri, la noche antes de morir, el paciente se desorientó y llamó a su casa para decir que el personal hospitalario estaba amenazando con matarlo. Como es comprensible, su doliente familia se quedó aturdida, perpleja y enfadada.

Una extensa investigación por parte del hospital ha identificado los motivos del empeoramiento del estado del paciente y ha determinado que el hombre ocultó las malas noticias a sus familiares en un intento por evitar preocuparlos, pero cuando sus riñones —ya deteriorados— dejaron de funcionar por completo, sufrió una desorientación a causa de una acumulación de toxinas en la sangre, percibió una muerte inminente y llamó a su casa para suplicar ayuda. Qué rato más aterrador debió de pasar, solo en el hospital con la sensación de una muerte inminente y sin explicación. Qué llamada telefónica tan impactante debió de ser para su mujer, que vino en taxi en cuestión de minutos después de esa llamada. Qué difícil ha debido de ser para sus familiares entender lo cerca de la muerte que estaba ya este hombre cuando no tenían ni idea de lo enfermo que se encontraba. No es de extrañar que culpen al hospital de su muerte.

También me doy cuenta de que su ira está distorsionando y complicando su duelo. Incapaces de resolver la secuencia de los acontecimientos relacionados con la estancia de su ser querido en el hospital, están atrapados en un dolor alterado por la convicción de que su muerte era evitable y que fue provocada por una negligencia o una falta de cuidados en el hospital. Esto es como una herida abierta, y no puede empezar a cerrarse hasta que se haya resuelto la causa de su ira, si tal cosa es posible.

En mi preparación para este encuentro, he leído y releído todas estas informaciones y me he hecho un esquema de la historia en un papel. El señor Rook tenía ochenta y tantos años, era un carnicero jubilado. Conozco su tienda, que ahora lleva su hijo. Era conocido que el señor Rook tenía problemas respiratorios y una artritis que lo limitaba a la hora de caminar. El aumento de tamaño de su glándula prostática —algo que no es inusual en los hombres mayores— había comenzado a obstruirle la vejiga y, al no estar dispuesto a tolerar un catéter, ingresó en el hospital para someterse a una sencilla intervención bajo anestesia en la que se le extirparía parte de la próstata para permitir que la orina volviese a circular.

Los análisis de sangre rutinarios en el hospital mostraron que el deterioro de los riñones a causa del bloqueo de la orina ya era significativo. El señor Rook prohibió que el equipo se lo contara a su familia. La anestesista de su intervención estaba preocupada por la combinación de problemas pulmonares, un corazón entrado en años y el deterioro renal del señor Rook. Hay una nota sobre su conversación con él, y la anestesista le advirtió al respecto de la pequeña posibilidad de las complicaciones de someterse a una operación de próstata: ataque al corazón, hemorragia en la vejiga, dificultades respiratorias, infección, y anota que «él acepta estos riesgos y no desea preocupar a su familia al respecto de los mismos».

En las notas queda claro que el señor Rook salió de la cirugía razonablemente bien, aunque los análisis de sangre mostraban que sus riñones se habían deteriorado aún más y le habían provocado somnolencia el día después de la intervención. La señora Rook vino a verlo esa misma tarde y supuso que su somnolencia se debía a los medicamentos necesarios para la operación. Dijo a las enfermeras que su marido nunca había querido un catéter, y ellas le explicaron que el catéter había sido necesario para poder monitorizar la función renal deficiente del señor Rook. A las enfermeras les preocupó que la señora Rook no pareciera entender las implicaciones de una evacuación deficiente de la orina, la sugerencia de que los riñones de su marido no se estaban recuperando. Todas estas conversaciones están registradas en las notas de su historial médico.

Al día siguiente, el señor Rook estaba aún más somnoliento, un poco falto de respiración y ligeramente desorientado. Sus análisis de sangre mostraban que los riñones estaban empeorando.

En la hora de visitas, las enfermeras anotan que «la señora Rook estaba disgustada por ver a su marido tan adormilado. El señor Rook ha prohibido que se facilite información médica a su familia. La enfermera jefe le ha explicado que los riñones del señor Rook se han deteriorado por la contrapresión ejercida por la próstata, y que pueden necesitar tiempo para recuperarse».

Esa noche, el señor Rook se puso inquieto y agitado, y se quitó el catéter. Utilizó su teléfono móvil para llamar a su mujer a las tres de la mañana y le dijo que el personal del hospital estaba intentando matarlo. La familia acudió rápidamente, y la doctora Shah, la amable residente iraní, les explicó que el fallo renal le provocaba al señor Rook la somnolencia y la desorientación. Les comunicó que el señor Rook estaba empeorando cada vez más y que era posible que se pusiera tan mal como para llegar a morirse. La familia protestó diciendo que al señor Rook jamás le había pasado nada malo en los riñones, tan solo un problema con la próstata. Acusaron a la doctora Shah de contarles mentiras, de estar encubriendo algo, y exigieron ver a un médico de mayor autoridad.

Al día siguiente, rodeado de su familia en un estado de angustiada incredulidad, el señor Rook continuó deteriorándose. Se encontraba demasiado frágil para la hemodiálisis. Los riñones habían dejado de funcionar por completo. Falleció esa noche, con su mujer junto a su cama, tal y como había estado desde aquella agitada conversación con la doctora Shah.

Un ruido estrepitoso, el de la gruesa puerta de la sala al cerrarse de golpe a causa de la corriente de aire de las ventanas abiertas, nos anuncia la llegada del cirujano que estaba a cargo del cuidado del señor Rook. Viene vestido con traje y corbata en lugar del uniforme de hospital con el que yo suelo verlo. Trae su fardo de papeles, el que le ha dado Enid, y se le ve inquieto.

—Han dicho algunas cosas muy duras —nos dice mientras deja sus papeles sobre la mesa y se sirve un vaso de agua—. Mis residentes están muy angustiados. La pobre doctora Shah está consternada. Nunca le habían puesto una reclamación. —Se sienta y mira al profesor—. ¿Entendido, jefe? —pregunta, y me doy cuenta de que el profesor Price debió de formar también a Max en la primera parte de su carrera.

Relájate, Max —dice el profesor—. Tus residentes no tienen nada que temer, pero vas a ver cómo le pido a la familia que me cuente toda su historia, y es posible que hagan comentarios muy críticos. Lo más importante es no interrumpirlos. Es necesario que se sientan escuchados. Da igual quién más se sienta triste o inquieto hoy, el hecho es que ellos están de luto. La investigación no parece indicar que haya negligencia por parte de nadie, pero el hombre murió estando a nuestro cuidado, y la ira de su familia forma parte de su duelo. Así que, Max —el profesor le mira muy serio—, voy a darte la oportunidad de intervenir, pero es necesario que no te enfades. ¿Me has entendido?

Max sonríe, y sus hombros se relajan. Los buenos formadores muestran una defensa casi paternal hacia sus protegidos. El profesor ha tenido esa relación con Max, y Max la tiene ahora con la doctora Shah. Han removido el avispero, y Max quiere defender a su protegida. Las palabras del profesor son importantes: es difícil que encontremos en nosotros la compasión si nos sentimos enfadados o a la defensiva. El profesor está manteniendo el equilibrio en esta sala: los representantes de nuestro hospital tenemos que centrarnos hoy en nuestra compasión hacia esta familia. Queremos ayudarles a entender lo que le sucedió a su ser querido. De haber habido negligencias o errores por nuestra parte, debemos admitirlas con humildad y con pesar. Tal vez sea necesario que demos explicaciones a la familia, pero no estamos aquí para defendernos. Estamos aquí para escuchar.

Max resume la historia que todos hemos leído ya; responde a nuestras preguntas para que tengamos claros todos los detalles. Max y yo trabajamos juntos con regularidad para mantener cómoda a toda su colección de ancianos con cáncer de próstata, para que no pierdan la movilidad y continúen sin síntomas. Es un cirujano joven, entusiasta y tan delicado con estos hombres mayores como si fuera su hijo. Igual que el profesor en sus tiempos, es un hombre apasionado, con un fervor que puede derivar en ira cuando la programación del quirófano va con retraso o si los cuidados no están al nivel que él exige.

El reloj del pasillo hace sonar la señal de y media, que es la hora de la cita de la familia Rook, y Enid abre en silencio la puerta grande para hacerla pasar. La señora Rook es una mujer bajita y de piel pálida. Camina muy precavida con un bastón. Viene acompañada por dos hombres más o menos de mi edad, sus hijos: reconozco a uno de ellos de la carnicería. El profesor les da la bienvenida, y nos sentamos todos.

El profesor pide permiso a la familia para grabar la sesión. Acceden, y él presiona el botón. Siempre lo hace con una floritura un tanto teatral. Bajo la mirada a mi regazo. Cualquier señal de diversión estaría fuera de lugar en una reunión tan tensa.

—Creo que ya conocen al señor Max Evans, uno de nuestros cirujanos titulares y el médico responsable de los cuidados del señor Rook en nuestro hospital —comienza diciendo el profesor.

La señora Rook resopla. Sus hijos hacen a Max un saludo de cortesía con la cabeza.

—Me alegro de volver a verlos —dice Max.

—A mí no me engaña —refunfuña la señora Rook entre dientes.

Tengo la sensación de que va a ser una reunión difícil.

—Seguramente no conocerán a la doctora Kathryn Mannix, nuestra responsable de cuidados paliativos —dice el profesor—. Ha estado revisando el informe de nuestra investigación para ver si hay algo que podamos aprender a partir de lo sucedido.

»Y yo soy el profesor Eric Price. Fui cirujano en este hospital, y ahora represento a la dirección del hospital en las reuniones con familiares, como en esta ocasión. Les recibimos con los brazos abiertos. Sé que estas son unas circunstancias muy tristes para ustedes y agradezco que nos dediquen hoy su tiempo.

»Enid está tomando notas. Entregará a todo el mundo una copia de las anotaciones que haga. La grabadora tiene por único objeto servirle de ayuda para completar sus notas. ¿Les parece bien a todos ustedes? El asentimiento y el murmullo son generalizados. Me pregunto por qué Enid se ha quedado sin apellido ni cargo y siento una punzada de solidaridad entre mujeres, ya que a mí me presentan con frecuencia de manera diferente a la que se utiliza para mis compañeros masculinos. «Todos iguales en dignidad», cito mentalmente, aunque de aquella manera.

—Bien, ¿tendrían la amabilidad de presentarse? —pregunta el profesor.

Habla el hijo al que reconozco.

—Soy George Rook, hijo de Robert Rook, que era paciente de ustedes —dice—. Este es mi hermano Paul, y es farmacéutico. Nos ha estado proporcionando información médica mientras tratábamos hallarle el sentido a todo esto. Y esta es nuestra madre, la esposa de Robert.

—Señora Rook, George, Paul, me gustaría comenzar diciéndoles lo mucho que lamentamos que su marido, su padre, halla muerto cuando estaba bajo nuestro cuidado —dice el profesor—. Sé que es un momento muy difícil para todos ustedes, y todos nosotros les ofrecemos nuestras más sinceras condolencias. También les ofrezco esas condolencias en el nombre de la dirección del hospital, desde donde se me ha pedido que les informe personalmente sobre la investigación de la muerte del señor Rook.

La familia Rook no responde. Se hace el silencio.

—Desearía empezar invitándoles a contarnos qué les está causando una mayor preocupación. Todos hemos leído su carta de queja, y también su carta en respuesta a nuestra investigación sobre su queja, pero hoy les propongo que hablemos y nos escuchemos entre nosotros para tratar de responder a sus preguntas y para ver si hubo algo que hubiéramos podido hacer de manera distinta [me percato de que utiliza la palabra «podido» en lugar de «debido»] o si hubo algo que fuese un rotundo error.

La mirada de la señora Rook me abandona camino de Max.

—Su personal ha fallado a mi marido —afirma la mujer—. Era un hombre con buena salud cuando llegó aquí para su intervención, y unos días después estaba muerto. Eso no debería haber pasado. Algo salió mal, y queremos saber qué fue.

Max le sostiene la mirada y yo me apoyo en el respaldo de la silla como un juez de tenis, atrapada entre ambos.

Habla el profesor.

—Ustedes tienen la sensación de que algo salió mal —dice—. ¿Y creen que estamos ocultando algo?

—Sin ninguna duda —dice la señora Rook—. Mi marido estaba bien, y entonces se murió. Y usted —se vuelve hacia Max— lo operó entre medias. ¿Y qué fue lo que salió mal? ¿Qué error cometió usted? —Le tiembla el rostro—. Él debería estar vivo ahora, ¡y usted en la cárcel!

Se hace una pausa e interviene el profesor, muy serio.

—Señora Rook, sabemos que está profundamente angustiada por la pérdida de su marido. Se trata de emociones muy intensas, pero debo pedirle que tenga hoy la bondad y la paciencia de no lanzar acusaciones a gritos. Vamos a escucharla detenidamente, se lo prometo. No habrá necesidad ninguna de gritar.

»¿Desea contarnos o preguntarnos algo más sobre lo que le sucedió al señor Rook? ¿Sobre sus cuidados, su medicación o su intervención quirúrgica?

—Lo único que sé es que está muerto, y un hombre en buenas condiciones físicas no debería haber muerto. Quiero saberlo todo, y quiero saberlo ahora —dice la señora Rook con una voz que tiembla al mismo tiempo que su cabeza.

—En ese caso, me gustaría pedirle a la doctora Mannix que nos exponga los sucesos tal y como ella los ha entendido —conti-

172

núa el profesor—. Ella no participó en la atención al señor Rook, de manera que todos sus comentarios serán neutrales.

La señora Rook vuelve a soltar un bufido y dice:

—¡Aquí están todos compinchados!

Consciente de que bulle en silencio a mi lado, decidida a clamar justicia, respiro hondo antes de comenzar mi resumen.

Tengo delante las notas del caso, pero, en lugar de utilizarlas a modo de escudo, me giro en mi asiento para mirarla a ella. Le cuento que he recopilado el relato a partir de la lectura de las cartas de su consulta, de los resultados de los análisis de sangre, de las notas del departamento y de los informes de laboratorio, y que me gustaría que ella comprobase que he comprendido los detalles. Comienzo antes de que el señor Rook hubiese visto siquiera al equipo de Max.

—Veo que el problema de próstata que tenía el señor Rook era una verdadera molestia para él. Le costaba mucho orinar, y se quejaba de que tenía que levantarse varias veces durante la noche. ¿Lo he entendido bien, señora Rook? —asiente con un gesto tembloroso de la cabeza—. Veo también que tenía artritis en las caderas y en las rodillas, de modo que sería doloroso salir de la cama además de la molestia por la perturbación del sueño. Incluso al volver a la cama, sospecho que tardaría un rato en estar lo bastante cómodo como para volver a dormirse. ¿Se parece esto a lo que sucedía?

Vuelve a asentir.

—Se quejaba de que pasaba malas noches, pero él siempre era de poder con todo lo que le echaran, Bob. Quería ser él quien cuidara de mí, y no al revés.

Le cuento que el deseo del señor Rook de cuidar de ella queda claro en las notas: se lo había mencionado a varias personas. Me mira a los ojos por primera vez.

—¿Podemos pasar a hablar sobre la operación? —pregunto, y ella asiente—. Veo que la intervención se programó por dos motivos —digo—. Primero, él no quería utilizar un catéter, aunque eso hubiera resuelto fácilmente los problemas prácticos que le acarreaban las dificultades para orinar y la alteración del sueño por las noches. El señor Rook le dijo al señor Evans que antes muerto que llevar puesto un catéter. Es un mensaje bastante claro. ¿Lo comentó con usted en alguna ocasión?

173

La señora Rook hace un gesto negativo con la cabeza.

Y dice uno de sus hijos:

—No sabíamos que le habían ofrecido un catéter. Nos preguntábamos por qué no lo habían hecho.

—En la nota de derivación a este hospital, su médico comenta que el señor Rook «se opone frontalmente a utilizar un catéter» —respondo—, así que tanto su médico como el señor Evans hablaron con él al respecto, y, por sus propias y muy importantes razones, él lo rechazó. Sus médicos respetaron su decisión.

Hago una pausa para permitirles asimilar el hecho.

—El otro motivo por el que se programó la intervención quirúrgica fue que la próstata del señor Rook había alcanzado un tamaño tan grande que estaba bloqueando el paso de la orina, y eso estaba ejerciendo una contrapresión sobre los riñones. Su médico de cabecera le pidió unos análisis de sangre y unas radiografías, ¿lo recuerda usted? —me vuelvo hacia la señora Rook.

—Me contó que tenía un poco retenida la orina —me dice ella—. No me dijo que tuviese dañados los riñones. No creo que él lo supiera. El médico tenía que habérselo dicho, ¿por qué no se lo contaron?

—La carta del médico para derivarlo a cirugía dice: «Le he explicado que sus riñones muestran signos de deterioro, y, a menos que se alivie pronto la obstrucción, los riñones terminarán fallando por completo, pero él sigue negándose a plantearse la posibilidad del catéter». Parece que su médico de cabecera sí se lo dijo, señora Rook.

La mujer me mira, y me veo incapaz de interpretar su mirada fija, sin pestañear.

Cuento a la familia que las cartas y las notas clínicas, redactadas por el equipo de Max después de examinar al señor Rook en su consulta hacen hincapié en que la intervención quirúrgica es una cuestión de urgencia.

—La urgencia consistía en salvarle los riñones. Por eso ingresó de manera tan inmediata después de ser examinado. ¿Ven ustedes el sentido de todo esto?

Paul Rook, el farmacéutico, carraspea.

—¿Puedo decir algo? —pregunta.

—Por supuesto —responde el profesor.

—Papá era un hombre muy reservado —dice Paul—. Jamás le gustó montar un escándalo por una cosa u otra. Su objetivo en la vida era el de llevar bien su negocio para que nosotros pudiésemos disfrutar de una buena vida. Cuando se jubiló, quería que mamá fuese feliz. Tenía la sensación de habernos desatendido cuando estaba ocupado con la tienda, con tanto papeleo, las cuentas y los pedidos, las jornadas que empezaban tan temprano. Quería compensarnos por todo eso. Mamá era todo su mundo —con el rabillo del ojo, veo que las manos de la señora Rook comienzan a temblar—. Así que no es tan descabellado que se hubiera guardado para sí alguna clase de problema médico que pudiera tener. Así era papá.

—Gracias por contarnos esto —le digo—. Suena como si fuera una persona muy bondadosa y decidida. Si estaba guardando algún secreto, sería por amor a todos ustedes.

No quiero que nadie tenga la sensación de que estamos culpando al señor Rook de los efectos de su secretismo: su intención era más bien la de un acto de bondad y de protección por su parte.

—¿Puedo llevarlos a lo que sucedió desde el día en que el señor Rook ingresó en el hospital? —les pregunto y me vuelvo a centrar en la señora Rook—. Entiendo que tiene la preocupación de que sucediera algo de lo que usted no tenía conocimiento, y creo que eso es cierto, pero no se debe a que nadie esté encubriendo nada. Se debe a que el señor Rook pidió al personal que no diese información médica a su familia. No quería preocuparlos. Permítanme que vayamos día a día…

—O sea, que en lugar de contarnos la verdad, nos contaron mentiras, ¿no? —me interrumpe la señora Rook—. Mi marido estaba farfullando, ¡ni siquiera sabía lo que decía! Y, aun así, ¿siguieron ustedes sus disparatadas instrucciones? Yo soy su mujer. ¡Tenía el derecho de saberlo!

Lo que desencadena la ira es la distancia entre lo que esperábamos —lo que debería haber sido— y lo que sucede. El vocabulario de la ira es el «debería». Cómo debería ser el mundo, cómo debería comportarse la gente, qué me debería haber imaginado.

La señora Rook se imaginaba que su marido tendría un paso breve y sencillo por el hospital. Se imaginaba que él le daría toda la información con la que contaba. Se imaginaba que la informarían en caso de haber alguna clase de preocupación médica. Estos son sus «debería». Y, sin embargo, la ley es clara: todo paciente tiene derecho a la confidencialidad, y nuestro contrato es con nuestro paciente. La gente puede tomar decisiones desaconsejables, y nosotros podemos tratar de disuadirlos, pero, al final, están en su derecho. Rechazar el catéter fue una decisión desaconsejable. Si lo hubiera utilizado unas semanas, ese catéter podría haber permitido que los riñones del señor Rook se recuperasen y hacer que la cirugía fuera más segura para él. Las cartas demuestran que tanto el médico de cabecera como el equipo del señor Evans comentaron este aspecto con el paciente. Ante el deterioro de la función renal, el rechazo del catéter fue el primer paso en una cadena de sucesos que condujeron a su muerte. El señor Rook tomó decisiones que ocultó a su familia. Al echar la vista atrás, esa fue otra decisión desaconsejable.

Me guardo todo esto para mí. Debo escoger mis palabras con mucho cuidado.

—Por lo que veo en las notas, la intención del señor Rook era protegerla de la preocupación —le cuento a la señora Rook—. Él no lo veía como una mentira, sino como un acto de bondad. Suena como si esto, además, encajara con lo que nos cuenta Paul sobre su forma de ser. ¿Qué piensa de eso?

Aprieta las manos sobre su regazo. Es una mesa alta, y ella está un poco encorvada, de modo que el tablero le llega a la altura del pecho. Esto debilita, y yo no sé cómo remediarlo. El modo en que disponemos el mobiliario cambia la dinámica de una conversación. Para estas reuniones nos hace falta una mesa redonda, sin un asiento que la presida. Necesitamos sillas cómodas. Necesitamos bebidas. Esta maravilla victoriana es imponente, pero transmite que es el hospital quien está al mando. Esta sala no se encuentra en el área de las visitas.

—Me lo deberían haber dicho —dice ella, pero esta vez es un suspiro.

—Y a ellos les habría gustado poder decírselo —le cuento al percibir la carga de su pesar en pleno desconcierto—. Y, al final, la doctora Shah sí se lo contó a usted, ¿verdad? Pero me imagino la impresión que debió de causarles en ese momento.

176

Ustedes no tenían ni idea de lo enfermo que ya se encontraba cuando ingresó en el hospital, ¿no?

La señora Rook hace un gesto negativo con la cabeza, entristecida, y alza de nuevo la barbilla con determinación para volver a hablar en el instante en que se viene arriba con otra oleada de ira.

—Entonces, ¿el impacto de la operación empeoró las cosas? ¿Fue un error intervenirlo?

—Intervenirlo era la única manera de protegerle los riñones —le digo—. Lo cierto es que no había elección. La alternativa era un fallo renal, y no tenía la fuerza suficiente en la circulación para aguantar los tratamientos para esos fallos renales.

Miro a Max.

—El señor Evans sabía que suponía un riesgo, y había escrito en las notas que comentó ese riesgo con el señor Rook. ¿Quiere decir algo más sobre esto, señor Evans?

Max se inclina hacia delante para mirar más allá de mí, a la señora Rook.

—Todo consistía en cuidar de usted, señora Rook —le dice—. «Tengo que estar bien para cuidar de mi mujer», me dijo su marido. Me contó que a usted le habían diagnosticado la enfermedad de Parkinson, y que él tenía que estar lleno de brío para cuidar de usted.

La señora Rook le sostiene la mirada a Max, y ese parkinson se muestra en sus movimientos de cabeza.

—Yo no sabía que él había prohibido al personal sanitario que la mantuvieran informada —continúa Max—. Yo siempre pienso que lo mejor para la familia es que no haya sorpresas repentinas. Ni traumas. De haber sabido que el señor Rook había prohibido que los mantuvieran informados, habría intentado convencerlo. —Max hace una pausa antes de añadir—: Lo siento muchísimo, esto ha sido muy duro para ustedes.

Esta es la delicadeza que he visto en él junto a las camas de los pacientes. Lo dice de corazón.

Se produce otro silencio antes de que retome la narración de lo sucedido: la intervención fue como la seda, pero los riñones del señor Rook no se recuperaron como se esperaba. Su cuerpo retenía líquidos, y se le encharcaron los pulmones.

Paul se inclina hacia delante.

—Me gustaría preguntar acerca de eso —dice—. Los riñones ya le estaban fallando, y alguien le dio a papá una buena dosis de furosemida.[5] Parece que eso le hizo completamente polvo los riñones. ¿De quién fue la decisión de administrarle furosemida, y qué opinión tenemos ahora sobre esa decisión?

Esto ha sido una parte importante de la investigación interna, y se lo hago saber.

—La administración del medicamento está firmada por la doctora Shah, médico residente, en formación de cirugía —respondo—. En las notas, ella indica que pidió consejo a un médico titular del equipo renal. —Miro a la señora Rook—, un especialista de los riñones, la mejor persona a la que solicitar ese tipo de consejo. Este médico titular revisó los análisis de sangre del señor Rook y las radiografías del pecho, y su consejo fue que, a pesar del riesgo de un mayor deterioro de los riñones por la furosemida, la presencia de un edema pulmonar, agua en los pulmones, señora Rook, suponía un riesgo mayor para la vida del señor Rook en ese momento.

»De manera que se trató de un riesgo calculado. Un criterio médico. El especialista renal dejó constancia de todo ello en sus notas.

Agradezco mentalmente la ejemplar precisión de la doctora Shah al hacer el informe, porque no siempre resulta tan sencillo deducir los detalles de las decisiones médicas.

Paul se echa hacia atrás en la silla.

—Tiene sentido —dice a su familia—. Ningún medicamento carece de riesgo. Creo que yo habría aconsejado lo mismo en esas circunstancias. No había elección, realmente.

—Después de eso, los riñones del señor Rook no hicieron sino continuar deteriorándose, y el fallo renal provoca desorientación en el enfermo —les digo—. Esa desorientación explica por qué la llamó a usted, señora Rook. Estaba asustado por lo mal que se sentía, y usted siempre fue su mayor consuelo.

---

[5] La furosemida es un medicamento que actúa sobre los riñones para aumentar la producción de orina. También puede dañar los riñones en ciertas circunstancias.

Hago una pausa. Le pregunto si el señor Rook estaba despierto cuando llegó ella al hospital.

La mujer mira a George.

—Sí, llegué en veinte minutos, y George llegó poco después. Mi marido me reconoció, y pudimos estar juntos mientras las enfermeras volvían a acomodarlo en la cama. No me podía creer que se encontrara en ese estado, tan aturdido y con sangre en el pijama, en la zona donde se había quitado el catéter.

Se estremece.

—Y entonces —prosigue— vino a hablar con nosotros esa joven doctora con la cabeza cubierta con un pañuelo. Nos dijo que estaba muy enfermo... que podía morirse. No me lo podía creer. Le grité, la hice llorar...

—¿Y qué piensa ahora de esa conversación con la doctora Shah? —le pregunto.

La señora Rook mira a sus hijos y baja después los ojos hacia sus manos, aferradas la una a la otra. Suspira.

—Ella fue la primera persona que me dijo la verdad, ¿no? —dice la señora Rook—. No tenía ni idea de que pudiera ponerse tan enfermo, pero el hecho de saber que podría morirse me hizo quedarme en el hospital. Me alegro de que la doctora nos lo dijese. Me alegro de haber estado ahí. Estaba enfadadísima con ella, pero... creo que hizo lo correcto... Lamento haber hecho llorar a la doctora, que lo estaba haciendo lo mejor que podía. Fue amable. No se estaba comportando como una mala persona.

—¿Piensa que alguien sí se comportó como una mala persona, señora Rook? —le pregunto.

Agacha la cabeza, temblorosa, y veo las lágrimas que le caen sobre las manos. Se toma un rato largo para responder. Finalmente, con una voz de tristeza y hastío, dice:

—No... todo el mundo hizo lo que esperaba que fuese lo mejor. Incluso Bob. Tener secretos conmigo. ¿Cómo pudo hacer eso?

Se echa a llorar. Max empuja hacia ella la caja de pañuelos de papel, sobre la mesa; ella le hace un gesto de agradecimiento y coge un pañuelo, se sienta y lo retuerce entre los dedos.

El profesor espera, y el silencio se alarga. Y dice, finalmente:

—Si consideran que sus preocupaciones han quedado atendidas como es debido, daré por concluida nuestra reunión. ¿Alguien desea añadir algo más?

Vuelve a esperar. Nadie dice nada.

—¿Tienen alguna preocupación que no hayamos atendido hoy? Pregunta de forma directa a la familia.

La señora Rook hace un gesto negativo con la cabeza y se seca los ojos, y Paul dice:

—Esto ha sido exhaustivo y profesional, profesor Price. Gracias. Me a servido de ayuda, y espero que también haya ayudado a mi madre y a mi hermano.

George asiente. La señora Rook retuerce el pañuelo en las manos temblorosas.

Después de que la familia se haya ido y Max haya expresado el alivio de que la reunión haya servido para despejar sus interpretaciones erróneas sobre el encubrimiento de una negligencia, Max y Enid se marchan a retomar sus obligaciones. A solas con el profesor, tengo otro tema que comentar. Sigo sintiendo un respeto reverencial por él, tengo una crítica que hacerle y siento cierta inquietud por la manera en que me vaya a responder. Sin embargo, igual que la ira puede estallar y devenir en cólera y conflictos, en ocasiones te proporciona la energía que sostiene a las personas en la desesperación, o es la chispa que prende la búsqueda de la justicia. La ira no es mala, tan solo hemos de utilizarla con inteligencia.

Mi ira hace referencia al apellido de Enid. ¿Por qué los tres médicos recibimos el trato de nuestro título y nuestro nombre completo y sin embargo a Enid, que ha pasado horas reuniendo papeles, hablando con el personal y preparándose para la reunión, tan solo se la presenta por su nombre de pila? En las conferencias de medicina, observo que los médicos expertos se presentan los unos a los otros con su cargo en el caso de los hombres, pero a las mujeres de igual o incluso superior cualificación nos presentan únicamente por el nombre de pila. Este trato es injusto. Hay una diferencia entre cómo son las cosas y cómo pienso yo que deberían ser, y ese «deberían» es el desencadenante de la ira. Debo utilizar bien mi ira. Respiro hondo y me lanzo.

—Profesor, ¿puedo hacerle una pregunta?

—Por supuesto, Kathryn —me responde.

—Es sobre las presentaciones —le digo. «Ya estoy. He traspasado el umbral». Me mira intrigado—. Me gusta la manera en que presenta a todos los asistentes a las visitas —continúo, y el corazón me martillea en el pecho—. En especial le agradezco que mencione los cargos profesionales que ostentamos todos. No es algo que suceda siempre, y es importante que las visitas sepan que los responsables se toman su queja muy en serio. Yo suelo ser muy informal, y me consta que usted en realidad no aprueba que mis pacientes me tuteen, pero es algo que nos da una mayor comodidad a todos…

«Me estoy yendo. Lo estoy evitando. ¡Dilo ya!».

—Me he dado cuenta, sin embargo, de que Enid se ha quedado sin apellido y sin cargo, y me he preguntado cómo se lo tomará ella, que es una parte importantísima de la preparación: no es una simple secretaria que toma notas, sino una compañera de trabajo, con un apellido y un puesto. Y tal vez a ella le gustaría que se la reconociera de ese modo.

Puedo notar que me estoy sonrojando, lo cual es un irritante signo que delata mis emociones, pero estoy denunciando una injusticia, y es lo correcto. Podemos sentir la ira como un huracán, una fuerza que nos sobrepasa y nos deja demasiado furiosos para elegir bien las palabras o para sopesar las consecuencias de nuestros actos, pero también puede ser una fuerza que nos impulsa a hacer el bien. Estoy aprendiendo a ser valiente: el valor es el velamen que atrapa el viento de la ira y lo utiliza para poner rumbo a un destino justo.

El profesor hace una pausa y deja de recoger papeles.

Me observa y aparta la mirada, pensativo.

—Nunca me había parado a pensar en eso, siquiera —reconoce—. Creo que no me he dado cuenta de haberlo hecho, pero intentaré corregirlo, doctora Mannix —me sonríe—. ¿Tienes tiempo para tomarnos un café antes de volver al trabajo?

Así, sujetándome la puerta con una agradabilísima cortesía para cederme el paso al abandonar la sala, el profesor acepta mi comentario.

Su callada elegancia es toda una lección de humildad para mí.

Aprender a escuchar

El trayecto que va desde la invitación a conversar escuchando y haciéndonos preguntas, comprobando y consolidando, comprendiendo y concediendo el silencio, hasta el haber escuchado bien o el que nos hayan escuchado es una parte esencial de la experiencia humana. Se trata de conversaciones que van surcando nuestra vida conforme vamos aprendiendo y creciendo en nuestro viaje vital desde la ignorancia hasta la sabiduría. Son conversaciones que con frecuencia se producen entre personas íntimas: entre padres e hijos, entre amigos, amantes, entre mentor y protegido. A veces, estas conversaciones se producen entre personas desconocidas: yo misma he recibido palabras muy sabias y bondadosas de otros pasajeros del mismo tren, y yo también he ofrecido consuelo a personas con las que me he cruzado por casualidad en algún aeropuerto o en una cafetería.

Siempre que se producen, las conversaciones profundamente delicadas son transformadoras. Cuando alguien nos escucha, estas charlas nos permiten contemplar nuestra realidad, experimentar nuestras emociones de forma segura y transitar el proceso de vivir un momento de dificultad, de aprovechar oportunidades, de ver a los demás y vernos a nosotros mismos con una claridad mucho mayor, nos sitúan más cerca de la sabiduría y de aceptarnos tal y como somos. Suele darse el caso de que cuando más aprendemos es al reflexionar sobre nuestra experiencia de algún revés, una dificultad o un resultado que no nos esperábamos.

En el papel del que escucha, estas conversaciones nos ofrecen una visión muy cercana del universo que habita el otro, nos conducen a la admiración y el profundo respeto por la fortaleza y la capacidad de resistencia del otro y nos permiten valorar la situación desde una perspectiva completamente distinta, nos obligan a hacer un esfuerzo para apreciar las limitaciones que constriñen la respuesta del otro ante sus circunstan-

cias, nos dan la posibilidad de alcanzar una comprensión más amplia de la condición humana y nos ofrecen puntos de referencia al respecto de los desafíos, las dificultades y las alegrías de nuestra propia vida. Es una experiencia que enriquece tanto al que escucha como a quien es escuchado.

Escuchar es una técnica que se puede aprender, y muchos de nosotros la aprendemos a base de ensayo y error, de equivocarnos y reflexionar. Tal vez sea una técnica que se deba incluir en la transmisión de conocimiento de una generación a otra. Es posible, incluso, que tenga su hueco en el currículo escolar.

—Mamá, me han ofrecido hacer de mediador —me informa mi hijo mayor después de clase, y de inmediato me viene a la cabeza un conflicto internacional. «¿De qué va esto?»—. Nos ofrecen formación durante el penúltimo año de instituto, y hacemos de mediadores entre otros alumnos en nuestro último año —añade de manera muy útil, y el escenario del conflicto se traslada al patio de recreo del instituto, con el gris del suelo de cemento y una marea de adolescentes con sudaderas negras.

En el transcurso del siguiente semestre, me veo cada vez más impresionada al oír hablar a mi hijo con sus amigos después de sus sesiones de formación semanales después de clase. Aprenden las técnicas para escuchar, cómo ir rebajando la intensidad de las discusiones, cómo crear un espacio de confianza donde los alumnos puedan sentirse escuchados. Aprenden a cómo usar la confidencialidad, cómo preservarla y cómo romperla por la seguridad de alguien. Los oigo debatir sobre el consumo de drogas, el alcohol, las prácticas sexuales que son seguras y las que no lo son, sobre la presión del grupo, el consentimiento o los anticonceptivos. Practican esas técnicas en cada sesión. Regresan a casa pensativos después de una sesión en la que han estado habando sobre el suicidio y los pensamientos suicidas. Más adelante, esa formación pedirá a los estudiantes que reflexionen sobre —y que comenten si lo desean— sus propias experiencias en el paso por el instituto: las relaciones y las rupturas, el acoso escolar, los resultados de los exámenes, la presión del rendimiento en el deporte, las artes escénicas, los estudios académicos. Después vendrán las sesiones sobre el comportamiento de los padres, algo que puede suponer una presión para algunos

183

alumnos mientras que a otros les será indiferente; el apoyo familiar. El proceso del duelo. «Aunque nadie ha hablado sobre morirse», observa en tono irónico. «¿Te apunto para dar una charla, mamá?», cosa que no ocurrirá jamás, por supuesto.

La formación en la mediación entre alumnos —para los mayores— y la formación en técnicas para escuchar a los compañeros —para los más pequeños— pueden suponer una gran diferencia en la autoestima de los jóvenes participantes, y puede cambiar su actitud ante el hecho de escuchar de tal modo que se convierta en una valiosa capacidad para el resto de su vida. El hecho de que un instituto dé forma a su convicción de que los alumnos tienen la capacidad de ayudarse entre sí a resolver los problemas y que los profesores les echarán una mano, pero puede que no sea necesario que intervengan o que «resuelvan» las situaciones en discusión, cambia la eficacia propia del alumno. En lugar de buscar ayuda, se les anima a adoptar como primera opción la estrategia de la resolución del problema. Los alumnos que les ayudan están ahí para darles la posibilidad de pensar en su problema y a señalar en qué instancia puede ser sensato buscar el apoyo de un adulto. Así, unos años después, me sentí aliviada cuando nuestra hija llevó a un compañero en busca del «profesor de escucha entre alumnos» después de que otra compañera de clase sugiriera que tal vez ese chico no se encontrara muy seguro en su propia casa. Cada vez son más las pruebas de que la presencia de un modelo de formación en la escucha entre compañeros que goce de un buen respaldo en un instituto tiene sus beneficios en un plano académico genérico. Los alumnos comparten convicciones como «Nosotros tenemos la capacidad de actuar para cambiar nuestra vida», «Pedir ayuda es una señal de fortaleza y de buena disposición para resolver un problema», «Escuchar al otro es una aportación que merece la pena». Qué huella dejarán estos jóvenes en su lugar de trabajo, en su casa y con los amigos cuando se conviertan en adultos, paso a paso hacia una sociedad que escucha.

La sesión de esta semana ha suscitado un buen debate entre los adolescentes que tienen la costumbre de reunirse en torno a la mesa de nuestra cocina después de sus tardes de formación como mediadores entre compañeros. El tema es la resolución de

184

conflictos, y los escucho mientras preparo una montaña de tortitas para alimentar el debate alrededor de la mesa.

—Pues no creo que sea igual para las chicas que para los chicos —dice una chica—. Cuando se mosquean, los tíos se pelean
y todo queda resuelto. Las tías nos damos la espalda las unas a
las otras y ya está: se acabó la amistad.

—Pero no siempre se trata de discusiones entre amigos, ¿no?
—sugiere un chico—. Habrá veces en que tengamos que juntar
a dos personas que nunca se han caído bien, y habrá que me-
diar ahí. Y no estamos intentando que se hagan amigos. Estamos intentando que dejen a un lado su desacuerdo.

—Y que se pongan de acuerdo para hacerlo —apostilla otro chico—. «Escucha. Repite. Sugiere un punto de encuentro» —enun-
cia los pasos.

—¿Y qué pasa con eso de darse la espalda? —pregunta el primer chico—. Sinceramente, es que no entiendo a las tías. Tiene
que ser agotador ser tan... emocional para todo.

—¿Acaso los chicos no tienen emociones, entonces? —pregunto yo al dejarles una torre de tortitas en la mesa. Tenía que
haberme imaginado que las tortitas se iban a llevar por delante
la conversación racional. Guiño un ojo a las chicas, que me responden con una sonrisa—. ¿O es solo que los chicos gestionan
sus emociones de un modo distinto?

—No creo que sea justo convertir esto en un rollo de chicos-
chicas —dice uno de los chicos al darle un buen mordisco a una
tortita—. Es algo más sutil que eso, ¿no?

Se hace un silencio mientras los estudiantes saborean las tortitas. Les he traído zumo de limón, azúcar y sirope de arce. Me
piden crema de cacao y canela. Algunos las enrollan y otros las
pliegan en cuartos; unos se las toman con cubiertos y otros se
las comen con las manos. De una u otra forma, hay un ambiente
de satisfacción, y me solicitan una segunda ronda. Estoy encantada de complacerlos.

La conversación prosigue mientras yo rompo los huevos, aña-
do la harina y la leche y bato la mantequilla. Coinciden en que
la agresividad puede ser manifiesta: gritos, peleas, mensajes desagradables al móvil, insultos. El uso de los móviles en los enfren-
tamientos y en el acoso escolar es otro elemento añadido a la

complejidad de la vida emocional de los adolescentes. Coinciden también en que la agresividad puede ser patente: la falta de cooperación, el sarcasmo, las burlas, hacerse la víctima. En el instituto, esto puede degenerar en el reclutamiento de aliados que le hagan el vacío al «oponente» y le hagan la vida imposible. Encuentran ejemplos de ambos sexos. La línea divisoria entre chicos y chicas está más difusa de lo que había supuesto en un principio.

—Habladme de la mediación —les pido mientras continúo añadiendo tortitas a la montaña junto al fogón—. ¿Habéis tenido que practicarla? ¿Cómo ha ido?

—Pues es bastante difícil —responde una de las chicas—. La idea es conseguir que cada persona escuche a su oponente, pero… en plan escuchar de verdad, y después que se lo repita al otro y así demostrar que lo ha entendido. Y también permitir que el otro añada algo o que corrija cualquier detalle.

—Sí, y nosotros tenemos que asegurarnos de que no se interrumpen al hablar y que, cuando repitan lo que ha dicho el otro, lo hagan de manera justa, sin mosqueos. Tenemos que conseguir que digan: «Has dicho que piensas que…» lo que sea que piense el otro. O: «Cuando yo he dicho o he hecho tal cosa, tú te has sentido…», y que diga cómo ha hecho sentir al otro.

—Suena complicado —digo, impresionada por la profundidad del modelo—. ¿Queréis enseñarme cómo funciona?

Vuelven la cabeza hacia mí como si se preguntaran si esta sugerencia va a retrasar la llegada de sus tortitas.

—¿Y si os digo que me he sentido ofendida porque un grupo de personas ha venido a mi casa, se ha sentado y se ha comido todas mis tortitas sin ofrecerme una sola? —continúo al trasladar a la mesa la segunda ronda de tortitas.

Se echan a reír, salvo una chica a la que no conocía hasta ahora y que debe de estar preguntándose si de verdad estoy disgustada por las tortitas.

—A ver —dice uno de los chicos—, yo te invitaría a que nos contaras cómo te hace sentir esa situación. Tendrías la oportunidad de contárnoslo, y, acto seguido, invitaría a… ¿quién se ha comido más tortitas que los demás? —vuelven a reírse, y surgen unos dedos que señalan a la chica que más conozco, que está feliz, chupándose los dedos con una sonrisa—. Pues invitaría a Bronnie a escucharte y después a repetirte lo que te ha oído decir. ¡Lo cual nos daría al resto una oportunidad de probar esas tortitas!

Hay más risas, y alguien señala que es un comentario pasivo agresivo, lo cual hace que se rían todavía más.

—¿Quieres probar, Bronnie? —le pregunto—. Podemos pedirle a Luke que sea nuestro mediador, cuando se haya tomado otra tortita, ¿no?

Les parece bien, y me siento a la mesa.

—Pero antes me como una yo también —les informo, y se vuelven a reír.

—Vale, Bronnie y Kath —dice Luke—, me he enterado de que habéis tenido un desacuerdo sobre el reparto de las tortitas. ¿Es cierto eso?

Bronnie me mira y asiente.

—Kath dice que está disgustada, pero yo no sabía nada al respecto. ¡No es justo echarme la culpa a mí! —dice con un aire de adolescente enfadada, algo muy distante de la chica dulce y tranquila que yo conozco: está interpretando un papel, y sus amigos asienten en señal de aprobación.

—Muy bien, esto es lo que me gustaría que aceptarais las dos —dice Luke, que coge otra tortita mientras habla—. Me gustaría pedirle a Kath que explique de forma precisa por qué está disgustada, y me gustaría que Bronnie escuche con verdadera atención. Entonces le pediría a Bronnie que se lo repita a Kath, diciendo: «has dicho que» y «sientes que» para demostrar que ha entendido cómo se ven las cosas desde el punto de vista de Kath. Después cambiaremos: Bronnie tendrá su oportunidad de decir cómo se siente en esta situación, y Kath la escuchará y después le repetirá a Bronnie lo que ha dicho. ¿Os parece bien? —Asentimos las dos—. Y yo intervendré si veo la necesidad de recordaros las reglas, ¿vale?–Asentimos de nuevo.

Bronnie coge una tortita con una sonrisa traviesa mientras sus amigos se parten de risa.

—Vale, gracias a los dos por cooperar —digo—. Veamos, esta tarde ha venido a mi casa un grupo de estudiantes que estaban hambrientos. Les he preparado una montaña de tortitas y se las he llevado a la mesa. Apenas unos instantes después, cuando he regresado, ya no quedaba ninguna, y no me han ofrecido una sola tortita. ¡Y los chicos me han dicho que Bronnie se ha comido las mías! Me siento triste y decepcionada por mis tortitas. —Me sirvo una segunda conforme termino mi intervención y provoco más carcajadas en la mesa.

—Gracias, Kath —dice Luke—. Ahora, Bronnie, ¿qué has oído decir a Kath?

—Kath, has dicho que has preparado una montaña de tortitas y que te has sentido triste y decepcionada al ver que nos las hemos comido todas —dice Bronnie.

Siento una punzada de incertidumbre: espero que se den cuenta de que tan solo estoy interpretando un papel, porque lo cierto es que me encanta que vengan a casa y la utilicen como su territorio de esparcimiento.

—¿Te ha parecido que Bronnie ha entendido lo que has dicho y cómo te has sentido? —me pregunta Luke.

Admito que sí lo ha entendido, y Luke nos pide que cambiemos ahora los papeles.

—En el caso de los alumnos más jóvenes, nos han sugerido que utilicemos una pelotita, un bolígrafo o algo similar: tiene la palabra quien tiene el objeto, y no se le debe interrumpir —añade Luke.

—A lo mejor Bronnie debería coger la sartén de las tortitas, ¿no? —sugiere entre risas la chica nueva, y los demás se ríen con ella.

—Pues vale, he venido a casa de Kath y nos ha preparado tortitas a todos —dice Bronnie todavía en ese tono de adolescente ofendida—. Estaban deliciosas, y yo me moría de hambre, así que me he lanzado al ataque. Cuando he levantado la vista, resulta que me estaba comiendo la última. Kath no ha dicho en ningún momento que quisiera probarlas. ¡He pensado que eran para nosotros! ¡Creo que hay que tener muy mala idea para echarme a mí la culpa!

Se queda callada, y su sonrisa desmiente lo truculento de su tono de voz. Es muy buena actriz.

—Gracias, Bronnie. Ahora, Kath, ¿qué has oído decir a Bronnie?

—Bronnie ha dicho que… —empiezo a decir, pero Luke me interrumpe.

—Kath, no me cuentes a mí lo que ha dicho Bronnie, díselo a ella. Dile: «has dicho que» o «has sentido que» para demostrarle que la estabas escuchando.

«Vaya, esto va en serio. Qué buen método», pienso. Empiezo de nuevo.

—Bronnie, has dicho que tenías mucha hambre y que las tortitas estaban deliciosas. Has dicho que no te has percatado de que se habían acabado hasta que te has terminado la última. Crees que hay que tener mala idea para que todo el mundo te eche a ti la culpa, y has dicho que no sabías que yo quisiera probar las tortitas porque no lo he dicho.

—¿Te ha parecido que Kath ha entendido lo que has dicho y cómo te has sentido? —le pregunta Luke a Bronnie.

—Sí —dice ella.

—Kath, ¿cómo te sientes ahora al respecto de la situación?

—Ahora entiendo que si quería probar las tortitas, debería haberlo dicho, ¡o haberme espabilado para pillar una! —me río.

—Y Bronnie —dice Luke—, ¿cómo te sientes ahora?

Bronnie piensa antes de decir:

—Kath ha sido muy amable al hacernos las tortitas, y ojalá le hubiese ofrecido una, ¡pero no me he dado cuenta de todas las que he comido! —sonríe.

—Entonces, ¿os gustaría a alguna de las dos decir algo que pueda serviros para hacer las paces? —pregunta Luke.

—No me cuesta nada hacer más tortitas —digo—, me alegro mucho de que las hayáis disfrutado y estáis todos invitados a volver cuando queráis. ¡Y la próxima vez me aseguraré de pediros que me guardéis una!

—Nos encanta venir aquí —responde Bronnie—, y has sido muy amable al prepararnos las tortitas. La próxima vez te preguntaremos si quieres que te guardemos un par. O al menos una...

Toda la mesa se ríe y nos aplaude por nuestra interpretación, y Bronnie sonríe encantada. Me inclino hacia ella para darle un abrazo y me pongo a recoger los platos.

—¡Nosotros nos encargamos de eso, señora W! —grita uno de los chicos—. ¿Le preparamos un té?

Acepto su amable oferta, y el grupo recoge la mesa, la limpia, carga el lavavajillas y prepara siete tazas de té, una para cada uno.

Me quedo sentada en la mesa observando y pensando mientras ellos realizan la tarea entre risas. Por mucho que nuestra disputa fuese fingida, las emociones eran reales. Sí que sentí el dolor de Bronnie al verse señalada con la culpa y su arrepentimiento por no haber contado conmigo en el reparto de las tortitas. Me alegré de haber tenido la oportunidad de decir en voz alta lo mucho que disfruto con sus visitas.

La oferta de un marco de seguridad para hablar sobre unas expectativas que se han visto truncadas, sobre la ira ante lo que se percibe como una injusticia o sobre un pesar por unas necesidades que no se han satisfecho y el hecho de enseñar a escuchar a las personas en disputa, a reflexionar y a repetir lo que han oído son elementos que forman parte incluso de la resolución de conflictos de alto nivel. Son técnicas vitales que pueden dar pie a que los desencuentros se planteen, se examinen e incluso se resuelvan antes de que aumenten y alguna de las dos partes lleve a cabo algún acto que lamente después. Estas técnicas pueden hacer más fácil la vida escolar a los estudiantes, y ese «aprender a escuchar» les resultará muy útil durante el resto de su vida. Echo de menos estos debates en la cocina.

Estos jóvenes andan todos ya por el mundo, y espero que continúen sabiendo escuchar.

El entremedias

Entre saber y no saber existe un punto que yo llamo «el entremedias». Es un lugar extraño donde la comodidad de no saber se ve interrumpida por la angustia de saber. Parece que el no saber es más agradable, y hay individuos, familias y médicos que están sinceramente convencidos de que lo correcto es no contar las cosas. El problema es que ese entremedias no es solo un no saber. De vez en cuando surgen picos de terror o de tristeza que vienen de visita desde el saber y que, progresivamente, se van volviendo más difíciles de suprimir y hacen añicos la serenidad interior. En el entremedias no hay compañía ni consuelo, es un estado frágil y quebradizo, inestable y solitario.

El entremedias existe en muchas situaciones y ocupa el periodo que transcurre entre las primeras sospechas de que podría haber un problema y la confirmación de que esas sospechas eran ciertas. Para empezar, el no saber ofrece un refugio frente al malestar emocional que genera la posibilidad de algo inoportuno: es posible que mi hijo no se desarrolle igual que los demás niños, es posible que mi empresa me incluya en una reducción de plantilla, quizá se hayan terminado mis años de buena salud. Al mismo tiempo, sin embargo, cualquier posibilidad de afrontar esa posible dificultad pasa por conocer bien lo que podemos tener por delante y, de ese modo, prepararnos, recabar ayuda, tomar decisiones para solucionar el problema y buscar apoyo.

El entremedias es un estado en el que miramos en ambas direcciones: hacia la agitación de conocer una verdad difícil y también hacia el refugio que supone no reconocerla aún, la paz de no saber.

Terry es un enfermero especialista y miembro de un equipo que cuida de personas con enfermedades pulmonares graves. Una parte de su trabajo consiste en hablar con los pacientes y sus familiares acerca de la utilización del oxígeno en casa, cómo adaptar actividades como vestirse o hacer la comida de tal forma que el paciente no pierda independencia, y también acerca de cómo prepararse para el final de la vida. Entre sus casos hay personas mayores con enfermedades pulmonares degenerativas y otras jóvenes con enfermedades genéticas. Está acostumbrado a hablar sobre la muerte y la preparación para morirse. También es uno de mis compañeros de supervisión mutua en nuestra consulta de terapia cognitiva: un pequeño grupo de profesionales sanitarios que utilizamos las técnicas de la TCC para ofrecer ayuda y apoyo a nuestros pacientes. Nos reunimos más o menos una vez al mes y revisamos nuestro trabajo en la consulta, comentamos las tácticas ante ciertos obstáculos específicos en la terapia y nos informamos sobre la evolución de otros casos anteriores que ya comentamos en su día. Sirve para mantener nuestra consulta de TCC y nos da un rato para hacer una pausa y reflexionar con otro profesional experto.

La madre de Terry se puso enferma. Tenía un problema de corazón y, al llegar su septuagésimo quinto cumpleaños, lo estaba pasando cada vez peor con una combinación de piernas hinchadas, insuficiencia respiratoria y un cansancio que podía con ella. Algunos días apenas se veía capaz de salir de la cama. Terry, sus hermanas y los maridos de estas se iban turnando para ocuparse de su madre: los que vivían cerca se pasaban a diario, los que vivían más lejos iban los fines de semana. Cocinaban, limpiaban, la animaban y le daban de comer, le hablaban de «cuando te encuentres mejor».

Pero su madre no mejoraba. Estaba más agotada. Tenía los brazos y los hombros cada vez más delgados aunque las piernas se le veían más redondas e hinchadas por la retención de líquidos. El médico le cambió las pastillas para que se le hincharan menos las piernas, pero se veía con la necesidad de orinar con tanta frecuencia que el esfuerzo la agotaba. Aceptó un catéter muy a su pesar. Fue perdiendo el apetito. Se sentaba en la cama apoyada en unos cuantos cojines, y a Terry le recordaba a un gorrioncillo en una jaula forrada y acolchada. La madre de Terry se convirtió en un tema de conversación habitual al final de nuestras reuniones mensuales: él se percataba de que la esperanza de vida de su madre se iba reduciendo, y quería darle lo mejor de sí.

Terry me contó que había hablado con sus hermanas. «Os dais cuenta de que mamá se está muriendo, ¿verdad?», les dijo.

—Fue fascinante ver de qué manera tan distinta reaccionaron —suspiró—, y creo que la gestión de todo esto podría resultar difícil.

Entonces me describió las reacciones de sus hermanas.

—¡Ay, Terry, no digas eso! ¡Estás deseando que se vaya! —dijo una.

—Yo veo que cada día está más encogida y más débil —dijo otra—, pero me alegro de que ella no lo sepa.

—¡Oh, Terry! —sollozó la tercera—. Ya me lo estaba empezando a imaginar. Es horrible verla así. ¿Crees que se da cuenta?

—En el trabajo me suelo encontrar con que la gente intuye que las cosas se están poniendo feas —explicó Terry a sus hermanas—. Darles la oportunidad de hablar sobre sus temores y contarles todo cuanto quieran saber les sirve de ayuda para sobrellevarlo mejor y para dedicar menos tiempo a preocuparse.

—¡Eso es ridículo! —soltó un bufido la hermana mayor—. Yo conozco a nuestra madre. Hablarle sobre la muerte… ¡eso la MATARÍA!

—Yo no podría hablar con ella sobre el tema, Terry —dijo su segunda hermana—. Se disgustaría ella, nos disgustaríamos nosotros, y nada volvería ya a la normalidad. No creo que debamos hablar sobre eso.

—A veces parece aterrorizada —dijo la tercera hermana—. Me preocupa que se lo pueda haber imaginado. Aunque ¿y si no lo ha hecho? ¿Y si tratamos de hablar con ella y empeoramos las cosas?

Tres hermanas, tres puntos de vista distintos. «Esto va a ser peliagudo…», reflexiona Terry mientras nos tomamos nuestro café al final de la supervisión.

Existe el peligro de asumir que todo el mundo desea conocer todos los detalles sobre sí mismo y sobre su estado de salud. Hay gente que sí, que desea conocer hasta la última coma: buscan en internet, piden segundas opiniones y se esfuerzan por conseguir tanta información como puedan sobre su enfermedad, su evolución habitual y sus pronósticos, el abanico de tratamientos disponibles, su eficacia y los efectos secundarios, pero esta actitud dista mucho de ser generalizada. Otras personas quieren saber «lo justo para seguir adelante». No les gusta cargar con grandes cantidades de información y, a la hora de tomar decisiones, prefieren apoyarse en los datos justos para estar «lo suficientemente informados». Hay gente que no quiere ninguna información en absoluto. Recuerdo un paciente que me dijo: «Doctora, si son malas noticias, déselas a mi mujer. Yo no quiero saberlo». La manera más segura de conducirse en esas conversaciones es utilizar la curiosidad.

Además de lo que una persona concreta pueda querer saber, habrá un amplio abanico de opiniones entre su allegados y familiares acerca de si se les debería contar y qué se les debería contar. Puede ser fascinante ver lo dispares que son estas opiniones en una familia bien avenida donde los miembros se quieren realmente. Todos los familiares de Terry quieren lo mejor para su madre, pero todos tienen opiniones distintas sobre qué es lo mejor.

Ese entremedias es incómodo para todo aquel que se ve atrapado en él. Nadie sabe con seguridad qué decir ni tampoco de qué no se puede hablar. Nadie quiere angustiar a nadie, todos desean tener un plan claro de futuro. La planificación no se puede mencionar sin pasar acto seguido a saber, y no está claro que tengamos permiso para llegar hasta ahí. El entremedias es un lugar sin planificación ni seguridad donde todo el mundo aguarda en un simulado estado de ignorancia hasta que revienta la burbuja.

El hecho de no saber no provoca angustia, ni tensión, ni que nos hagamos preguntas, ya que, para quien desconoce una mala noticia, es como si esta no se hubiera producido. Quien no sabe está tranquilo y en paz, y si comienza a sospechar, entonces sí podría sufrir sus primeros momentos de angustia al preguntarse que está pasando.

También hay dos tipos de ignorancia. En uno de ellos, la persona sí ha recibido la mala noticia, y, aun así, hay momentos en que parece desconocerla. El individuo recupera la serenidad interior en los periodos de tiempo en que es capaz de no saber. Es un mecanismo de supervivencia (se llama «negación») que puede ser muy útil si evita que alguien se halle en un constante estado de angustia por una mala noticia. Yo tenía un tío abuelo al que quería mucho y que, todas las noches a la hora de la cena, le ponía un plato en la mesa a su difunta mujer. A los familiares menos cercanos les inquietaba que «no estuviese llevando bien» su duelo, cuando, en realidad, al hablar con él sobre el tema descubrí que era justo lo contrario. «Me gusta la idea de que seguimos casados, por eso le pongo un plato en la mesa —me dijo—. También charlo con ella. Me consuela mucho. Por supuesto que entiendo que está muerta, pero a veces me puedo permitir el lujo de olvidarme de eso por un rato y me siento feliz».

El otro tipo de ignorancia es más problemático, porque no se da por una decisión personal. No se ha producido aún el diagnóstico de una enfermedad grave, o no se han contado las malas noticias a todos los que han de conocerlas. La persona tiene periodos de tiempo en los que no hay problema ninguno, pero hay otros momentos donde sí hay signos de que no todo va bien. Tiene síntomas que le preocupan, o la persona por la que se preocupa no parece sentirse bien, o quizá la familia se muestre tensa por algo, pero nadie ha dicho de qué se trata. Cuando se intuye una mala noticia, viene acompañada de la ansiedad y de un mal presentimiento. Mucha gente dice que el periodo de espera de la mala noticia es mucho más difícil que el posterior, cuando ya se ha recibido: muchos describen una sensación de alivio, diciendo: «Al menos, ahora sé a qué me enfrento».

La clave para reconocer este segundo tipo de ignorancia es distinguir la incomodidad que siente el otro cuando pasa de la ignorancia a ese estado de «entremedias». La ansiedad y la tristeza que siente cuando surgen en su imaginación las preocupaciones del estilo «¿Y si...?» pueden presentarse en forma de mal humor o de preguntas, como pánico ante los síntomas o desgana a la hora de relacionarse, como una búsqueda de algo que lo tranquilice, como cualquier tipo de cambio en el carácter o la conducta habituales.

Por lo general, plantear el tema de ese estado del entremedias no consiste tanto en una confrontación, sino en llegar juntos a conocer mejor las situaciones. Se trata de una conversación amable en la que mencionaremos esos cambios que hemos observado en el otro y le preguntaremos qué significan. Esto nos ayuda a nosotros a reconocer y comprender la huida voluntaria del otro hacia la ignorancia, y a él le invita a expresar sus ansiedades en esos momentos en que se pregunta «¿Y si…?».

A mi tío abuelo —el que ponía la mesa para su difunta esposa—, todos lo conocíamos como Unc.[6] Nuestra conversación sobre su conducta fue más o menos así:

—Oye, Unc, ¿puedo ayudarte a poner la mesa?

Estoy de brazos cruzados en su minúscula cocina, consciente de que esa conversación para la que he venido se nos viene encima a los dos a toda velocidad. Me siento tensa porque yo lo sé, y él está relajado y sonriente porque no sabe que he venido en misión familiar.

—Los cuchillos y los tenedores están en el primer cajón —me dice—. Ponle también a la tía Al su plato favorito, ese que tiene unas rosas.

Cojo tres juegos de cubiertos del cajón y me los llevo al comedor. Coloco tres mantelillos sobre la mesa.

—Unc, ¿dónde te sientas tú? ¿Dónde pongo el plato de la tía Al? —le pregunto con un esfuerzo por mantener la voz firme.

—La tía se sentaba siempre junto a la ventana —responde Unc desde la cocina mientras remueve con la cuchara una cacerola de sopa—. Y yo me siento enfrente de ella.

«Se sentaba, en pasado. Me siento, en presente».

—¿Y siempre le pones un plato? —le pregunto haciéndome la inocente, como si su comportamiento no hubiera sido un tema candente de conversación en la familia.

—En todas las comidas —me confirma desde la puerta—. Es mi manera de honrarla. Ayer le traje esas flores —prosigue y se-

---

[6] Apócope de uncle, «tío». (N. del T.)

ñala con un gesto de la barbilla el jarrón de rosas que hay sobre la mesa—. Le encantaban las rosas amarillas, de siempre.

«Le encantaban, en pasado».

—Unc, ¿no te parece que no es muy habitual ponerle un plato en la mesa después de tanto tiempo? —le pregunto.

Viene hacia la mesa con una bandeja en la que trae dos cuencos de sopa. Posa la bandeja y coloca un cuenco sobre su plato y el otro sobre el mío. Me fijo en que no hay sopa para la tía Al. Unc endereza la espalda y se vuelve hacia mí.

—La echo de menos cada minuto de cada día —me dice y se le quiebra la voz.

Se da la vuelta para llevarse la bandeja de regreso a la cocina, reaparece con un molinillo de pimienta y otro de sal y me señala la silla en la que me voy a sentar. Ocupamos nuestros asientos, nos sirve agua a los dos y alza su vaso hacia el resto de la mesa.

—Es maravilloso tenerte aquí, Kathryn —me dice—. La tía Al y yo estamos muy orgullosos de ti.

Siento un instante de profunda emoción: el amor de ellos dos ha sido una constante desde allá donde me alcanza la memoria, y los dos estaban orgullosísimos de que entrara en la Facultad de Medicina. La tía Al murió cuando yo estaba a mitad de la carrera, y ahora hace ya dos años que me saqué el título. Siento el amor de mi tío y, sorprendida, me percato de que también siento el de mi tía. Al hacerla presente en esta comida, hemos elegido compartir la ignorancia y un momento de una preciosa comunión con ella. Ya lo entiendo antes de que él me lo explique: es el consuelo de un breve lapso de no saber, como una isla en la tristeza de la verdad. Él se mueve a voluntad entre el saber y el no saber. Su matrimonio es su consuelo de por vida.

La madre de Terry parecía estar en una situación distinta de la ignorancia voluntaria de Unc. Ella sabía que tenía un problema de corazón, su familia había observado en ella una fragilidad y un cansancio cada vez mayores, y nadie sabía lo que ella misma pensaba al respecto de la situación. Una hija pensaba que su madre a veces parecía asustada y que tal vez se imaginaba lo enferma que estaba; otra hija pensaba que cualquier conversación sobre la muerte mataría a su madre; una tercera pensaba que hablar con su madre sobre la muerte lo iba a cambiar todo y que no habría vuelta atrás. Curiosamente, los conocimientos de Terry gracias a su trabajo habían quedado al margen, apartados por, al menos, una de las hermanas. Hablamos de Big Sis.[7] ¡Atrévete tú a llevarle la contraria!

—He decidido invitar a Big Sis a que venga el próximo fin de semana que me toque a mí cuidar a mamá —me cuenta Terry—. Rara vez tenemos la oportunidad de hablar en persona, y espero poder ayudarla a escuchar a mamá en vez de bombardearla con esos ánimos incansables suyos. He aconsejado a muchísimas familias sobre contar la verdad de manera sutil, ¡pero nunca me había dado cuenta de lo difícil que es cuando hablas con tus seres queridos!

Percibo la ansiedad de mi amigo. Después de tanto hablar sobre la teoría de la familia, aquí lo tengo encallado en la práctica. Reflexionamos sobre la situación.

Terry ya sabe que Ros —su «Big Sis»— quiere muchísimo a su madre. Aunque él no comparte la convicción de su hermana de que hablar sobre la muerte vaya a matar a su madre, sabe que Ros habla de corazón y desde su situación de haber sido la hermana mayor durante toda la vida, un papel que ella se toma muy en serio. Los años de Terry en enfermería le han dado la experiencia y los conocimientos acerca de la manera de hablar sobre la vida y la muerte, pero también sabe que es más probable que un enfrentamiento directo con su hermana desemboque en un desacuerdo en lugar de conducirlos a una manera nueva y compartida de entender la situación. Es un baile en el que llevan décadas metidos.

Ros también está experimentando el entremedias. Al evitar la conversación sobre el deterioro de la salud de su madre, se ve capaz de simular delante de su madre y de no perder el ánimo del «cuando te encuentres mejor» y a la vez saber que su madre se está muriendo y, así, comenzar a prepararse para hacer de hermana mayor durante el inevitable luto familiar. Escoger el estado del entremedias es una táctica común en las familias que se enfrentan al deterioro y la muerte de un ser muy querido.

---

[7] De *big sister*, «hermana mayor». (*N. del T.*)

La diferencia es que el hecho de que los miembros de la familia adopten el entremedias de manera voluntaria no es lo mismo que imponer la ignorancia al enfermo. Terry quiere averiguar si su madre está tan aterrorizada como ha sugerido otra de sus hermanas y quiere que Big Sis participe en esa conversación, de tal forma que pueda ver que Terry está proponiendo, no imponiendo, una conversación con su madre. Él se sabe capaz de iniciar esa charla, pero espera poder ofrecer una forma de comunicarse delante de Big Sis que también resulte útil para ella en cuanto al cuidado futuro de su madre. Quiere enseñarle una forma distinta de bailar, la que él utiliza todos los días en el trabajo. Vamos a ver qué tal va la cosa.

—Vamos a tomarnos un café con mamá —dice Terry cuando llega Big Sis.

Él ya se ha cerciorado de que su madre durmiese un poco por la mañana para tenerla tan despabilada como sea posible para esta charla. Sugiere a Big Sis que ocupe la silla junto a la cama de su madre; él se sienta a los pies de la cama para poder ver a las dos mujeres mientras habla.

—Hola, Rosalind —dice su madre, que siempre utiliza los nombres completos de sus hijos—. Ya me ha dicho Terence que ibas a venir. Está preparando algo delicioso para comer. —Sonríe a su hija mayor, de oreja a oreja y con la mirada triste. Con aire nostálgico, añade—: A ver si hoy me apaño para comer un poco.

Big Sis besa a su madre en la mejilla y se sienta. Terry trae dos tazas grandes y la tacita pequeña preferida de su madre, y el trío se toma su cafelito.

—¡Estoy segura de que vas a poder con un platazo entero del estofado de Terry! —dice Ros para animarla.

Su madre le pone una sonrisa lánguida y se encoge de hombros.

—¿Te preocupa tu apetito, mamá? —le pregunta Terry.

Hay una pausa. Ros coge aire para hablar, y Terry le hace un gesto negativo con la cabeza. Su hermana suelta el aire, se desinfla y lo fulmina con la mirada por encima del borde de su taza.

—Me cuesta mucho comer —termina diciendo su madre—. Yo también tenía buen apetito, antes.

Terry asiente y prueba el café. Deja que el silencio permanezca intacto durante un rato.

—Muchas cosas parecen distintas últimamente, ¿no, mamá? —dice él—. ¿Qué otros cambios notas?

Big Sis se tensa, pero espera en silencio hasta que su madre dice:

—Estoy muy debilucha. No tengo fuerzas, nada de nada. ¿Lo has notado tú, Rosalind? —dice su madre al volver la cara pequeñita y arrugada hacia su primogénita.

Ros se apresura a decir:

—Pero no tardarás en empezar a sentirte mejor, mamá. Estoy segura.

Se produce otro silencio antes de que Terry diga:

—¿Y te preocupa el cansancio, mamá? —Y clava en Ros una mirada que le dice que se quede callada.

—Pues últimamente no puedo casi ni salir de la cama —dice su madre—. No sé qué va a ser de mí, ¡de verdad que no! —Mira hacia el final de la cama, a Terry, y añade—: ¿Has visto a alguien tan mal como yo en tu trabajo, Terence?

—¡Mamá! —exclama Ros antes de que Terry tenga tiempo de coger aire—. ¡Si ya sabes que Terry no cuida de gente como tú! Todos sus pacientes tienen muy mal los pulmones, y no es lo mismo, de ninguna manera.

Terry avanza con suavidad por la cama para poder cogerle la mano a su madre y se sienta más cerca de la silla de Ros. Espera un instante antes de responder.

—Sí que veo a gente que se queda sin fuerzas de este modo, mamá, sí —comienza a decir. Ros se mueve como si fuera a volver a hablar, pero Terry alarga la mano para tocarle la muñeca con mucha suavidad—. Algunos de mis pacientes se preocupan mucho por eso. Así que… me pregunto si también te preocupa a ti, mamá.

Su madre baja la cara y se mira las manos, pálidas y ajadas, que descansan sobre la palma rosada y regordeta de Terry.

—Estoy cada vez más delgada. Estoy cada vez más débil. Me falta el aire. Creo que esto solo puede ir en una dirección… —dice ella y parpadea para apartar las lágrimas.

—¿Qué quieres decir, mamá? —le pregunta Terry con voz suave, le ofrece un pañuelo de papel y después extiende la mano para sostener la de su hermana.

Ahora están unidos los tres como una tira de muñecos recortados en papel cuando su madre dice:

—Creo que me podría morir. Todas las noches me da por pensar que uno de vosotros tal vez me encuentre muerta por la mañana… y me siento mal por quien sea al que le toque. No quiero ni pensar en daros un disgusto como ese… —Y se aprieta el pañuelo de papel en los ojos.

Terry mira a Ros. Su hermana está enrojecida, se muerde el labio y tiene las cejas fruncidas en un esfuerzo por no romper a llorar. Él le aprieta la mano, se gira hacia su madre y le pregunta:

—¿Cuánto tiempo hace que te preocupa esto, mamá?

—Ay, desde hace meses —suspira—. A mí me parece obvio, pero resulta que todos los demás piensan que todo va bien, y yo no quiero disgustar a la gente hablando de cosas tan horribles, así que seguimos animados, ¿no? —dice a Ros con una mirada suplicante, y su hija sorbe por la nariz y le sonríe.

—¡Mamá, no tenía ni idea de que estuvieras tan asustada! —dice Ros, que se inclina hacia delante para cubrir la mano de su madre y emparedarla con la de Terry debajo. Se equilibra poniendo la otra mano sobre el hombro de Terry. Una lágrima le corre por la nariz y cae sobre la cama—. ¿Por qué no lo has dicho?

Su madre le sonríe con la mirada.

—Estaba siendo valiente, querida —le dice—. Igual que tú. Hay que mantener la calma y seguir adelante. No mencionarlo. Era una forma de sobrellevarlo, ¿no? —Su madre le acaricia la mano y la aprieta—. Yo creo que tus hermanas quizá lo sospechaban ya, pero no me pareció que tú te dieses cuenta de lo mal que estaban las cosas, Rosalind, y no quería darte un disgusto.

Se produce una larga pausa. La madre se recuesta sobre los cojines y cierra los ojos. Terry se levanta y retira de la mesilla de noche la taza de café frío de su madre, coge también la taza de Ros y dice:

—Voy a la cocina, a echarle un ojo a ese estofado. Mamá, gracias por contárnoslo. Nos ayuda a entender cómo te sientes. Si quieres seguir hablando más tarde, yo encantado, pero ahora mismo creo que Ros necesita un abrazo.

Su madre sonríe con los ojos cerrados y dice:

—Ya me siento mejor. Guardar secretos te hace sentir muy sola, y no abandonaba la esperanza de estar imaginándome que las cosas empeoraban, seguía deseando que estuviéramos en lo cierto al hablar de ponerme mejor muy pronto, pero en el fondo de mi corazón sabía que las cosas estaban mal, y a veces paso mucho miedo por las noches...

Ros se arrodilla junto a la cama y atrae a su madre hacia sí. Terry las deja a solas en ese nuevo universo de una verdad compartida. Sabe que el amor entre ambas las guiará para dar los siguientes pasos en esta nueva danza. Quedan cosas por hacer, cosas de las que hablar, pero será ya en el territorio del saber, y habrá tiempo de sobra para todo ello.

La ansiedad puede ser una emoción incapacitante. Al pensar en las posibilidades futuras, la mente nos ofrece todo un abanico de opciones poco deseables, unas menos probables que las otras. Los pensamientos que generan miedo, ya sean sobre la enfermedad y la muerte (la madre de Terry), la pérdida y la angustia (Big Sis) u otros temores más cotidianos como los cambios en el trabajo, la seguridad de nuestra familia o amigos, presentarse a un examen o a una entrevista de trabajo, desencadenan tanto las emociones de ansiedad, temor o pavor como las respuestas corporales provocadas por las hormonas que son producto de la ansiedad: tensión muscular hasta el punto de agarrotamiento, dolor y cefaleas, pulso acelerado, falta de aire, boca seca, esa típica sensación de inquietud en el estómago, y para algunos de nosotros incluso náuseas, vómitos y diarrea. La ansiedad es una experiencia emocional y física desagradable: no es de extrañar que la gente prefiera no pensar en sus ansiedades, que se retire a la elusión y la inacción.

Dar al otro la oportunidad de pasar unos momentos pensando en sus ansiedades le permitirá examinar esos pensamientos tal y como son: visiones de un futuro imaginario. El simple hecho de pensar algo no lo convierte en verdad hasta el último detalle. Los pensamientos que nos alteran suelen ser imágenes que, con frecuencia, consisten en un minúsculo grano de verdad

202

envuelto en una enorme cáscara de conjeturas: precipitarnos a hacer la peor interpretación posible, pasar por alto cualquier posibilidad de hacer frente a una dificultad que nos esperamos, imágenes mentales de un futuro sufrimiento —o una humillación—, o de vernos abrumados.

Al hacer uso de las preguntas útiles con el fin de permitir que el otro identifique los pensamientos que le generan ansiedad y al mantenernos después presentes con nuestra curiosidad y nuestro apoyo mientras el otro procesa esos pensamientos, podemos capacitarlo para que separe ese diminuto grano de verdad de la cáscara de las conjeturas y suposiciones y también para que empiece a trazar su plan para enfrentarse a esa verdad. Nuestro propio impulso de tratar de tranquilizar y de rescatar al otro puede ser muy fuerte cuando lo escuchamos hablar sobre sus temores. Es el momento de renunciar a nuestra fuerza: el único apoyo convincente para quien se enfrenta a la ansiedad consiste en que sea él mismo el que halle su propia solución. La tranquilidad que le demos nosotros podrá aliviarle la angustia durante unos minutos, pero el hecho de comprender la manera de enfrentarse a sus miedos y de encontrar su propia solución a base de razonar será un consuelo mucho más duradero.

La ansiedad es una emoción que se centra en el futuro, la predicción de que está a punto de suceder algo desagradable. Rara vez sirve de mucho intentar no pensar en ello, porque eso deja a la persona en el estado de una «ansiedad difusa» que no se adscribe a una idea específica que se pueda abordar. Al ayudar al otro a ponerle nombre a eso que teme («¿Qué es lo peor que podría pasar?», «¿Qué es lo que más te preocupa de eso?», «¿Hay algo peor que eso?») y, acto seguido, examinar la probabilidad de que suceda tal cosa, ver qué recursos tiene el otro para hacerle frente si es que sucede o cómo se puede preparar para gestionarlo, el otro podrá pasar de la ansiedad paralizante a actuar para resolver el problema. Ya sea un plan para afrontar la revisión de un examen o una conversación familiar sobre una enfermedad terminal, actuar en la práctica para la resolución del problema nos hace abandonar la ansiedad y hacerle frente a la situación.

La planificación del final de la vida

Con frecuencia me preguntan: «¿Cómo consigo que mi padre (mi madre, mi pareja o mi pariente) hable conmigo sobre lo que desea para el futuro? Es que no sé si ha pensado en ello siquiera». Esto suele venir seguido de un «Si trato de sacar el tema, me corta de inmediato» o un «Es que no quiero causarle un disgusto al mencionárselo».

Cuando ahondamos en este tipo de cuestiones solemos obtener algunas reflexiones bastante útiles. Esa idea del «Es que no quiero darle un disgusto» asume que esa persona no se ha planteado su propia mortalidad. Sin embargo, en 2018, una investigación bastante extensa en el Reino Unido descubrió que cerca del noventa por ciento de los participantes había pensado en su propia mortalidad y que los que tenían más de sesenta años eran los que más cómodos se sentían al hablar de la muerte. A muchas de las personas que me preguntan sobre cómo hablar con sus familiares más mayores les resulta curioso cuando les digo que la gente mayor u otras personas con una esperanza de vida limitada me hacen esa misma pregunta con la misma frecuencia que ellos, pero en su caso quieren saber cómo sentar a los miembros más jóvenes de la familia y a quienes han de sobrevivirlos y entablar con ellos una conversación que tanto interés parecen tener en evitar. ¡Tanto tratar de no disgustarse los unos a los otros, y no hacen sino darse disgustos!

He aquí unas cuestiones útiles que debemos tener presentes:

Invita, no insistas. Quizá podrías plantearlo como algo acerca de lo cual te gustaría conocer su opinión, ya sea porque quieres hablarle sobre tu propia muerte y tus deseos y preferencias o porque quieras explorar sus deseos. Hay veces en que un artículo o una noticia en el periódico o en la televisión toca un tema que podemos aprovechar para comentar, o podría ser la experiencia de algún conocido común lo que abra la puerta a esta conversación.

Deja que los padres hagan de padres. Las personas mayores suelen agradecer la ayuda que se les presta, pero se pueden sentir infantilizados si quien los ayuda los trata como a unos inútiles en lugar de como a esas personas que son, con experiencia y conocimientos aunque tal vez ya menos ágiles. Cuando los padres evitan una conversación sobre la enfermedad, la muerte, sus deseos para el funeral y el lugar de sus cuidados con tal de proteger a sus hijos (adultos), a esos hijos les puede resultar de ayuda expresar su propia preocupación: no hay padre afectuoso que desee causar una preocupación a sus hijos.

«Papá, hay algo que me preocupa, y me preguntaba si podría hablarlo contigo… Me preocupa que, si tú te pusieras muy enfermo, es posible que los médicos me preguntaran a mí cómo deseas que te traten y, bueno… si te soy sincera, no sabría qué decirles. ¿Podríamos sentarnos a hablar de ello con calma, para quedarme yo tranquila?». Esto es una invitación, el tema está claro y es una petición de una hija a su padre. Ahora depende de papá.

También he visto que los nietos adultos pueden ser útiles como intermediarios. El vínculo entre los jóvenes y sus abuelos u otros miembros venerables de la familia es muy valioso: tiempo atrás, cuando hacíamos tal travesura que no se la podíamos contar a nuestros padres, aún podíamos confiar en que uno de nuestros abuelos u otro familiar abogara por nosotros. Resulta que también funciona a la inversa unas décadas después: se puede recurrir en busca de apoyo a estos vínculos de afecto que están algo menos enmarañados que los de una relación entre padres e hijos.

«Mamá, ya sé que este tema te pone triste, pero la abuela necesita hablar contigo sobre los detalles de su funeral. ¿Podrías ayudarla con solo sentarte con ella y escucharla?».

Por supuesto, en lugar de «padres» podemos utilizar aquí cualquier relación en la que nuestra angustia fuese una fuente de preocupaciones para el otro. Cuando acudimos a alguien que nos quiere y le contamos que tenemos una preocupación, vamos a incitar su deseo de ayudarnos a resolverla. Al otro le permite ayudarnos, y eso nos ayudará a nosotros a prestarle apoyo en el futuro.

Escucha, comprueba, toma nota. Planificar el modo en que nos gustaría que nos cuidaran hacia el final de nuestra vida es algo sensato y prudente. El único que no se ha de preocupar por esta tarea es quien sea inmortal. Si caemos lo bastante enfermos, es probable que no estemos en condiciones de ofrecer nuestra opinión, de modo que planificar las cosas de manera anticipada, contárselas a nuestros allegados más cercanos y dejarlas por escrito son medidas útiles. Si comentas tus deseos con alguien, pídele que te los repita para asegurarte de que ha entendido qué es lo más importante para ti. Toma nota de ello o pídele al otro que lo haga por ti.

Nadie puede hablar por ti a menos que tú lo indiques de manera formal. Aquí, en el Reino Unido, las leyes varían un poco de un lugar a otro, pero en la mayoría de las regiones se nos permite nombrar a un representante legal (o varios) que pueda tomar decisiones sobre nuestros cuidados de salud o sobre la manera en que vamos a vivir en caso de que perdamos la capacidad de decidir por nosotros mismos. Esa pérdida de capacidad puede ser temporal (que estemos demasiado enfermos para hablar, pero nos recuperemos más tarde) o permanente (después de una lesión cerebral o debido a una demencia, por ejemplo). A la gente le suele sorprender que sus parientes, su cónyuge o su pareja durante más de sesenta años o su mejor amigo no tengan derecho a hablar en su nombre si no son ese representante legal. No se trata de un procedimiento complicado, y los formularios para solicitarlo están disponibles en línea.[8] En el Reino Unido hay organizaciones como el Citizen Advice Bureau o Age UK, entre otras, que también ofrecen ayuda y consejo acerca de este servicio.

Nuestro representante legal tiene que entender qué es lo más importante para nosotros. Es posible que haya ciertos tratamientos específicos que prefiramos rechazar, y también circunstancias en las que rechazaríamos o aceptaríamos otros: hay gente que jamás aceptaría un tratamiento realizado con productos animales, gente que no aceptaría una transfusión de sangre y gente que rechazaría el uso de un respirador artificial. Esa lista se puede redactar

---

[8] Para el Reino Unido: https://www.gov.uk/power-of-attorney.

como una «Decisión Anticipada de Rechazo del Tratamiento» (ADRT, por sus siglas en inglés),[9] y si la firmamos y le pedimos a alguien que actúe como testigo de nuestra firma (no tiene que leer siquiera la declaración ADRT), esta será válida y se habrá de aplicar en las circunstancias que nosotros especificamos. Si estamos dispuestos a rechazar un tratamiento aun cuando esto suponga aceptar el riesgo de morir, debemos especificarlo en la ADRT para evitar que nuestros deseos queden anulados.

Es prácticamente imposible imaginarse todas las decisiones potenciales sobre los cuidados o los tratamientos a las que podríamos enfrentarnos en el futuro. Podemos enumerar los escasos «Jamás se hará tal cosa» o «Únicamente aceptaría tal otra si...» en una ADRT, o los podemos incluir a modo de instrucciones en el poder notarial para nuestro representante como las directrices que ha de obedecer. Para todo lo demás, sin embargo, es más probable que nuestro representante legal respete nuestros deseos si le explicamos los principios y las preferencias que le dan valor a nuestra vida. En ese caso, si fuera necesario tomar una decisión médica o sobre nuestros cuidados, nuestro representante podrá buscar la opción que nos ayudaría más a vivir tal y como nosotros lo deseamos. Lo único que necesita nuestro representante legal es la oportunidad de oírnos hablar sobre qué es lo que más nos importa: qué es lo que nos agrada, qué nos da paz y tranquilidad y qué nos hace sentir que merece la pena seguir viviendo.[10]

Hay mucho de lo que hablar: una conversación como esta puede requerir de varias sesiones. Merece la pena el tiempo y el esfuerzo necesarios para dilucidar correctamente los detalles del futuro de una persona, también el nuestro. Las conversaciones sobre las cosas que más nos importan tratan sobre las cosas buenas de la vida, son charlas que uno debería estar deseando tener.

[9] Para el Reino Unido: https://www.nhs.uk/conditions/end-of-life-care/advance-decision-to-refuse-treatment/.

[10] Hay una página web muy útil sobre las conversaciones acerca de «¿Qué es lo más importante para mí?» [en inglés] en https://www.whatmattersconversations.org/.

Noticias inoportunas

Nadie disfruta comunicando una noticia que provocará angustia. Hay ocasiones en que no se puede evitar dar una noticia inoportuna. Puede tratarse de un golpe pasajero, de una tragedia o de algo de carácter intermedio. Para el portador de estas noticias puede ser difícil comprender la importancia que estas podrían tener para quien las recibe: hay ocasiones en que un diagnóstico grave supone un alivio, ya que pone fin a la incertidumbre, y hay otras en que un revés en apariencia menor se percibe como un golpe demoledor para los sueños y esperanzas de una persona.

Las fuerzas armadas y la policía tienen la nada envidiable tarea de ponerse en contacto con las familias para comunicar noticias inesperadas de muertes o lesiones y de lidiar con la terrible incertidumbre de investigar la desaparición de una persona y, además, de mantener informados a los seres queridos acerca de los datos de la investigación según avanza. Los médicos, enfermeros y otro personal sanitario también tienen que informar de las enfermedades graves y la muerte, a menudo en circunstancias inesperadas.

Alguien que ha recibido una noticia inoportuna puede verse también ante la difícil tarea de tener que transmitírsela a familiares y amigos, que a su vez también pueden angustiarse. La noticia es la que es: no se puede cambiar la verdad. La tarea delicada, entonces, consiste en comunicarla de tal forma que permita que quienes la escuchan la asimilen y la entiendan, con toda la agonía que seguramente traerá emparejada, pero sin causarles tal impresión que se produzca un daño brutal añadido a esta experiencia.

Los sucesos del año 2020 y la pandemia del covid nos han puesto esta tarea delante de los ojos al personal sanitario, y lo han hecho de una manera particularmente complicada. El control de los contagios implicaba la restricción de las visitas a los hospitales. En lugar de asistir al desarrollo de los acontecimientos y recibir con regularidad esas actualizaciones habituales que les van confirmando sus temores de que su ser querido no va bien, se está deteriorando y podría morir, los seres queridos estaban ausentes, y la evolución del paciente se les comunicaba por teléfono o por una videollamada, y con frecuencia lo hacía un personal sanitario que no estaba acostumbrado a cuidar de pacientes tan enfermos ni a hablar sobre la muerte y sobre morir. Los familiares se quedaban consternados, el personal sanitario angustiado: era una situación en la que todo el mundo salía perdiendo.

En Inglaterra y Gales, el NHS —el Servicio Nacional de Salud— solicitó ayuda para orientar al personal sanitario a mantener estas conversaciones, y un pequeño grupo de profesionales sanitarios redactó un esquema para que los enfermeros, médicos y otros profesionales que facilitasen información pudieran gestionar estas delicadísimas conversaciones con tacto hacia la persona con la que estaban hablando. Utilizamos datos extraídos de la investigación del análisis de conversaciones,[11] una disciplina que analiza conversaciones grabadas en vídeo entre personal sanitario y pacientes, y después disecciona la interacción para señalar qué aspectos del comportamiento, el lenguaje y la comunicación del profesional sanitario han contribuido para que el paciente perciba dicho encuentro como algo seguro y enriquecedor, o bien inseguro y dañino. Este recurso nos permitió crear un esquema para la comunicación sensible de noticias inoportunas.[12]

En las conversaciones sobre el covid, la comunicación se encontraba con numerosas barreras. En caso de que se permitiera por compasión a uno o dos familiares hacer una visita a un pa-

---

[11] Recibimos la generosa y experta ayuda del equipo de Real Talk de la Loughborough University (https://www.realtalktraining.co.uk/).

[12] Se puede acceder al esquema y las herramientas [en inglés] en https://www.ahsnnetwork.com/helping-break-unwelcome-news.

ciente con posibilidades de fallecer, todos los participantes en la conversación lucirían una mascarilla que les taparía la nariz, la boca y la mayor parte del rostro. Los profesionales llevarían sus equipos de protección individual (EPI): delantal, guantes y visor en algunas zonas del hospital, y casco y traje NBQ completo en otras. Se perdería la mayor parte de la expresión facial, con la orientación que esta proporciona; habría que forzar la voz y hablar lo suficientemente alto a través de la mascarilla; el simple acto de estrechar una mano sin guantes —con el consuelo que proporciona— estaría prohibido.

Cuando una conversación médica puede generar angustia, solemos tratar de mantenerla en persona. Ahora, el mundo era distinto, y las llamadas de teléfono se convirtieron en el principal vínculo entre los familiares y el personal del hospital, o entre los familiares y unos servicios médicos y de enfermería de la comunidad que se veían superados por la cantidad de enfermos que había en los hogares. Los familiares mantenían el contacto a través del móvil del paciente, porque las visitas estaban limitadas o prohibidas, pero un paciente al que le cuesta respirar no podrá hablar durante mucho rato, y el ruido de las tuberías del oxígeno dificulta que los familiares distingan bien lo que trata de decir el enfermo con dificultades respiratorias. Mucha gente dio un paso al frente para convertirse en mensajeros dentro de los hospitales, desde estudiantes de alguna carrera sanitaria hasta enfermeras con muchos años de título a cuestas, desde profesionales sanitarios que se ponían de acuerdo hasta recepcionistas, trabajadores sociales y psicólogos. En las residencias de mayores, esta tarea titánica recayó sobre un personal que ya se veía superado por el aislamiento de sus residentes y sin otro par de manos que los respaldase a ellos. A base de ayudar a los pacientes a mantener conversaciones telefónicas o videollamadas, de repetirles los mensajes de sus familiares cuando a ellos les costaba oír o de repetir los mensajes del paciente cuando le costaba hablar, estos asistentes se convirtieron en testigos de momentos de ternura e intimidad familiar a los que rara vez tenemos acceso y se sintieron unos intrusos, incómodos y embargados por la necesidad de su tarea tan valiosa y descorazonadora.

Tenían que llamar por teléfono a los familiares para decirles que su ser querido estaba mejorando, y unos días después que estaba volviendo a empeorar; tenían que explicarles que a su paciente le costaba tanto respirar que recibía la ayuda de un sistema no invasivo de respiración (una máquina que proporciona aire enriquecido con oxígeno a alta presión a través de una mascarilla ceñida y así «respira con» el paciente que tiene dificultades) o tenían que informar a los allegados de que el paciente, incapaz ya de mantenerse por sus medios, estaba a punto de ser trasladado a una unidad de cuidados intensivos (UCI) para sedarlo, intubarlo y recibir la ayuda de un respirador mecánico. A veces tenían que decirles que era poco probable que el paciente sobreviviera. Tenían que contar a la familia que el paciente había muerto. Y estaban manteniendo conversaciones muy parecidas y angustiosas con muchas familias, muchas veces todos los días.

Hallar un modelo de trabajo para estas conversaciones era importante por dos motivos. Todo miembro del personal sanitario quiere dar lo mejor de sí al paciente y su familia. Dar una noticia inoportuna es una tarea importante, y queremos hacerla lo mejor que podamos, ofreciendo el mayor apoyo posible de tal forma que el familiar entienda la noticia, pueda hacer sus preguntas y se sienta respaldado en su angustia. Es cuestión de hacer bien un trabajo que es duro y es importante. Ahora bien, estas conversaciones tan repetitivas y tan agotadoras fueron muy exigentes en términos emocionales para el personal, y esto supuso también una seria preocupación: queríamos mantener sanos a nuestros compañeros y evitar que se quemasen. La segunda e importante razón para proporcionar un esquema de trabajo para comunicar las noticias inoportunas era esta: queríamos que el personal tuviera la sensación de estar utilizando un planteamiento que fuera coherente y útil para ellos, que fuera una guía en su conversación y los respaldase y que, además, les ofreciera una herramienta para reflexionar y poder hablar en las sesiones de apoyo y supervisión. Igual que este libro: unos principios para orientar una conversación que cada uno formulará con sus propias palabras.

El esquema que realizamos incluía algunos componentes importantes —nada sorprendente—, muchos de los cuales exponemos en este libro. La compasión y la manera de transmitirla a pesar de las mascarillas o la llamada de teléfono; el uso de preguntas para descubrir qué sabe el otro y qué se podría estar esperando (o qué no se espera). Construir para el otro un «relato» de la enfermedad, para que lo podamos orientar hacia la comprensión de que es probable que se produzca la noticia inoportuna; el empleo de un lenguaje simple al incorporar las últimas novedades al contexto de lo que ya ha sucedido; el uso de silencios y de mensajes cortos de apoyo mientras se asimila la noticia y se hacen evidentes sus implicaciones; la utilización de preguntas para ayudar al otro a decidir qué hará después de nuestra llamada y proporcionar la información conforme se haga necesaria; la compasión al finalizar la llamada y, después, tomarnos un momento para cuidar de nosotros mismos: en esa conversación han participado dos personas, y es posible que las dos sientan dolor una vez que esta finaliza. La autocompasión parece un lujo cuando nuestros compañeros de trabajo están ocupados, aunque todos nos beneficiaremos si nos concedemos este espacio de tiempo los unos a los otros para recuperarnos.

Yo era el único miembro del pequeño equipo que no participaba en la administración de cuidados a los pacientes durante el covid. Mi regreso al NHS se produjo en calidad de apoyo para el personal, y al mismo tiempo me sentí triste y aliviada por no trabajar a pie de cama en uno de esos equipos tan entregados y tan exhaustos. Mi experiencia y mis cuidados se dispensaban a través de las voces de otras personas, y, en mis recorridos por el hospital para oír sus relatos y recabar la información directa que yo necesitaba para ser un buen apoyo para ellos, me vi sobrepasada por la admiración hacia una plantilla sanitaria que estaba agotada y aterrorizada, pero también decidida en su compasión y sus cuidados.

Una persona detrás de otra, un equipo tras otro, hablaban de lo abrumadora que resultaba la tan repetida tarea de comunicar las noticias inoportunas, de comentar los pronósticos poco halagüeños, de describir la muerte. Junto con el servicio de cuidados paliativos en el que tan encantada había trabajado antes de mi jubilación, habíamos desarrollado un curso de técnicas de comunicación para el personal sanitario que iba dirigido de manera específica a estas conversaciones. Las sesiones se diseñaron pensando en los miembros menos experimentados de la plantilla: personal de enfermería recién titulado y médicos que habían aceptado incorporarse antes de tiempo para participar en el esfuerzo de la lucha contra el covid y que apenas unas semanas atrás no eran más que estudiantes de Medicina. La respuesta fue asombrosa. Nos vimos superados por las solicitudes, desde los más novatos hasta los más experimentados, todos ellos con el deseo de compartir la oportunidad de pensar en cómo gestionar estas conversaciones tan penosas y delicadas, de practicar las técnicas en la seguridad de una sala de conferencias con distanciamiento social, de compartir sus experiencias y de poner en común sus conocimientos. Utilizamos un formato práctico para las técnicas y dimos al personal sanitario la oportunidad de hacerlo bien y sentir menos ansiedad o, quizá de un modo más útil aún, hacerlo mal y buscar la manera de controlar la situación: pudieron poner a punto y afinar bien el importante arte de las conversaciones delicadas, todo ello con el apoyo de sus compañeros con los que practicaban en esas salas de conferencias y con el impulso por parte de su institución para que encontraran un hueco en el ajetreo de sus tareas clínicas con tal de mejorar sus capacidades. Igual que en el baile, las técnicas de comunicación requieren que practiquemos los pasos, que cometamos errores y que vayamos mejorando al aprender a evitar los tropiezos y mantener el equilibrio en nuestros giros. Al ofrecerles un marco centrado en la compasión a modo de música para este baile de lo más inoportuno, el personal sanitario pudo concentrarse en proporcionar «la verdad con amabilidad». Ese es el mensaje fundamental al comunicar noticias inoportunas.

Una de las experiencias más desconcertantes de pasearte por un hospital en el verano de 2020 era el silencio. Cuando me acababa de sacar el título, me encantaba el silencio del turno de noche: el eco de los pasos en los suelos de parqué de esos pasillos victorianos de techos altos que anunciaban la llegada de la enfermera de noche en su ronda por el ala, el largo paseo hasta la sala de urgencias desde la penumbra de mi zona del hospital, por

213

un pasillo iluminado para la actividad pero, aun así, desierto. La tranquilizadora quietud de un hospital de guardia. Ahora, a plena luz del día, el silencio era muy extraño. Sin visitantes apabullados por la ansiedad en busca de una indicación de cómo llegar aquí o allá; sin pacientes externos con cara de aburrimiento que buscan el área de radiología o la tienda de bombones; sin sillas de ruedas que van empujando esas personas alegres que charlan con el ocupante y lo llevan zumbando de un departamento a otro. Muy poco personal, todo el mundo confinado en su zona particular y con las puertas cerradas, donde ahora están envueltos en capas de EPI en el calor del verano. Señales de riesgo biológico y precintos amarillos en las entradas de las alas del hospital. Un silencio que era un funesto recordatorio del peligro de entrar, simplemente, en un edificio lleno de gente que estaba lo bastante enferma como para morirse, cuerpos que fabricaban millones de partículas víricas y las tosían al aire del hospital.

Una mujer se aproxima desde el otro extremo del pasillo, allá lejos, iluminado ahora por la luz diurna. Lleva el uniforme sanitario, mascarilla, el visor de protección levantado de tal forma que le adorna la cabeza como si fuera una aureola en tiempos de trajes espaciales. Me saluda —no hay nadie más en el pasillo—, pero no la reconozco hasta que la tengo más cerca. Es Megan: la recuerdo de cuando era una estudiante de enfermería en prácticas en nuestro equipo de cuidados paliativos hace unos años. Ahora ya tiene su título, y está viviendo lo que probablemente será el año más difícil de toda su carrera.

—¡Ay, cuánto me alegro de verte! —me dice cuando estamos lo bastante cerca para charlar a pesar de las mascarillas—. Asistí al curso de técnicas de comunicación, y tengo una pregunta. ¿Tienes unos minutos?

Evidentemente, la respuesta correcta es «sí», y cambio de dirección para acompañarla a la cafetería, donde Megan pensaba pasar su descanso de veinte minutos.

—La enfermera jefe nos obliga a todos a salir del ala para tomarnos un descanso —me explica—. Se supone que debemos ir en parejas, pero hoy andamos cortos, alguien se ha puesto malo. —En respuesta a mis cejas arqueadas (es difícil interpretar la expresión facial bajo la mascarilla), se apresura a asegurarme que no es covid, sino un resfriado fuerte—. Pero no se puede trabajar con el goteo de la nariz y los ojos si no te puedes quitar la mascarilla durante horas.

La cafetería no nos está cobrando las bebidas al personal sanitario, y Jane, la camarera de la barra que lleva cuidando de nosotros desde que yo recuerdo y que derrocha amabilidad con cada taza, nos prepara volando nuestros cafés mientras nosotras esperamos en la barra con un metro de separación. Por turnos, cogemos nuestros cafés y nos dirigimos hacia una mesa cuyas sillas están dispuestas a dos metros de distancia las unas de las otras. Nos acomodamos en nuestros asientos y nos quitamos la mascarilla. Tengo la sensación de que estamos muy lejos la una de la otra: esta distancia es antisocial. Megan tiene ampollas en la nariz causadas por la máscara más rígida que se tiene que poner cuando se equipa por completo con sus EPI de a pie de cama. Los daños en la piel de alrededor de la nariz y los pómulos se han convertido en una imagen común por el hospital, oculta mientras trabajamos pero que sale a la luz en cuanto el personal sanitario olisquea el aire libre, por fin sin mascarilla, al concluir su turno.

—El esquema —dice Megan, que se lanza directa a su pregunta—. Qué útil es tener un orden para ir diciendo las cosas, pero... pero... ¿y si yo me altero mientras hablo? —Está mirando hacia mí, pero tiene los ojos inundados de lágrimas.

—¿En teoría? —le pregunto, pero presiento la respuesta—. ¿O ha sucedido?

Toma un sorbo de café y, acto seguido, se dedica a darle vueltas muy despacio al vaso de papel que tiene delante, sobre la mesa, observando el contenido espumoso mientras habla.

—Hace una semana llegó un paciente, un hombre de la misma edad que mi padre, sesenta y pocos, se encargaba de los terrenos de la universidad y ayuda en el mantenimiento de ese jardín esplendoroso del patio que hay cerca de la calle mayor, ¿sabes cuál te digo?

Lo conozco, es donde todos mis amigos y yo posamos para hacernos la foto de graduación, tal y como han hecho los licenciados desde hace un siglo. Es un sendero abierto al público que cruza los terrenos de la universidad, el punto donde el ambien-

215

te estudiantil se toca con la vida cotidiana del centro, aunque siempre ha sido un lugar tranquilo: unos jardines muy cuidados entre edificios de ladrillo rojo a los que se accede por unos arcos recargados que ofrecen refugio de los empujones de los comercios, del frenesí universitario, del ruido del tráfico. El suave sonido de las ramas de los árboles y el canto de los pájaros en el corazón mismo de la ciudad.

—Le costaba respirar en su casa, y vino en ambulancia, tosiendo, sudando y exhausto. No se había percatado de que no iban a permitir que su mujer viniese con él en la ambulancia, debía de estar demasiado mal para caer en eso cuando salió de casa, y, cuando le pusieron el oxígeno y volvió un poco en sí, se dio cuenta de que no se había despedido de ella. Bueno, pues lo trajeron a nuestra ala, y no estaba muy mal con el oxígeno puesto, así que le dije que, en cuanto lo estabilizásemos, lo conectaría a la wifi para que pudiese llamar a su mujer.

Asiento con la cabeza. Megan continúa:

—Bueno, pues está en la cama con una máscara de oxígeno, tiene fiebre, pero la tensión y el pulso están bien, y los niveles de oxígeno entre ochenta y noventa: ya te imaginas, tenemos pacientes muy por debajo de eso, pero tampoco es magnífico, y va a necesitar que un médico lo vuelva a evaluar, así que salgo y me quito los EPI para a dar mi informe. En ese momento me salta la alarma del busca: se nos ha venido abajo y los médicos lo están intubando, y lo único que se me pasa a mí por la cabeza es «Todavía no ha hablado con su mujer».

Megan hace una pausa. El café se le está enfriando, y ella no deja de darle vueltas al vaso de papel en un jugueteo inquieto para disipar la angustia.

—Y allá que va, camino de la UCI, que tampoco es una UCI, sino la antigua unidad de quemados, por el elevado número de personas que tenemos con respiradores. Yo soy su acompañante, y cuando lo entrego, su enfermero de la UCI me pregunta si la familia lo sabe ya y… —Megan deja de darle vueltas al vaso. Alza la mirada, sobre los dos metros de mesa, y me dice—: Sabía que tenía que ser yo. Fue a mí a quien él le habló de su mujer, sobre su rosa preferida del patio, sobre lo de no haberse despedido… Así que me ofrecí a hacerlo, y el enfermero de la UCI me dijo que estaría bien y que él vendría conmigo para responder cualquier pregunta sobre la UCI, y que después sería su médico quien telefoneara a la mujer cuando tuviesen más noticias.

»Tienen el esquema de las "Noticias inoportunas" clavado en la pared junto al puesto de las enfermeras —prosigue Megan—, para poder seguirlo mientras hacen su llamada. Así que lo repasamos juntos: yo iba a hablar y él me iba a apoyar. Sabíamos que teníamos que contarle a su mujer lo que había sucedido, y también sabíamos que iba a haber más noticias después. Así que llamé e hice la parte del comienzo, ya sabes, le dije mi nombre y que llamaba del hospital, le pregunté si era la mujer del paciente y le pregunté su nombre. Se llamaba Jennifer. Él la había estado llamando «Jin», pero quizá fuese un apodo. Pues bien, lo cierto es que no suelo saber por dónde empezar, pero esa manera de comenzar pidiéndole que me contara ella hasta dónde sabía sí que fue una ayuda. Me dijo que pensaba que su marido tenía covid por esa tos tan fea que tenía, porque tenía fiebre y entonces fue como si le faltase el aire, y fue en ese momento cuando decidió llamar a una ambulancia, y… —Megan vuelve a mirar el vaso de café, como si se quedara sorprendida al descubrirlo ahí.

—¿Por qué no le das otro sorbo a eso, Meg? —le sugiero.

Para ella, esto no está siendo un descanso para tomar un café, sino que estamos haciendo otra cosa, algo importante, y no quiero meterle prisa. Megan toma un poco de café y continúa.

—Bueno, pues ya me había dicho lo malo que estaba su marido. Estaba preocupada por él, y me había contado la historia hasta el momento en que el personal de la ambulancia dice que había que llevárselo al hospital. Y entonces me contó… —Megan tiene los ojos otra vez llorosos—. Me contó… que uno de los sanitarios le dijo: «¿Quiere darle un abrazo antes de que se vaya?», y ella le dijo que a su marido no le gustaba preocuparse, así que ella iba a ir a buscar su pijama mientras ellos lo sacaban por la puerta en una camilla… pero, cuando ella llegó a la entrada principal, ya estaban cerrando las puertas de la ambulancia, y se dio cuenta de que no se había despedido de él.

Megan suspira, respira hondo entre sacudidas y se le caen las lágrimas demasiado rápido para contenerlas. Aun así, resuelta, continúa contándome la historia, y me dice:

—Yo sabía que esto era importante, así que le dije que él también estaba preocupado por no haberse despedido y que la iba a llamar, pero se había puesto un poco peor y se lo habían llevado a la UCI para poder recibir la ayuda de un respirador. Y ¿sabes lo que me dijo? Que no era una sorpresa para ella, porque las cosas ya pintaban mal cuando se lo llevaron, y entonces... —Megan sorbe por la nariz con un gesto sonoro y carraspea para aclararse la garganta—. Y entonces me preguntó si su marido se iba a morir.

Se produce una larga pausa. Espero. Megan está otra vez dándole vueltas a su vaso y hace un gesto negativo con la cabeza, como si estuviera sumida en algún tipo de discusión interior.

—¿Y entonces...? —pregunto con precaución en el silencio.

—Y entonces me puse a llorar —dice—, y me sentí muy débil y muy estúpida. Se supone que tengo que ser profesional, y ahí estoy yo, sentada con ese enfermero de cuidados intensivos que habrá tenido que hacer llamadas como esa constantemente. Pero es que me sentía tan triste por lo que les había pasado...

Los dos metros de distancia entre nosotras se alargan telescópicamente en dos direcciones al mismo tiempo: igual que Alicia en el País de las Maravillas, me da la sensación de que la mesa se extiende, que nos va separando y que la veo lejos, lejísimos de mí, y a la vez percibo el peso de su pena como si se apoderara de mi corazón. No puedo más que sentarme y esperar con ella a la distancia permitida, consciente de que las familias que están ahora mismo en el aparcamiento —porque no les permiten entrar en el hospital para estar con sus seres queridos— aceptarían esos dos metros de separación sin dudarlo. Sé que la pena que siente Megan y las lágrimas de las dos se deben a esta separación forzosa, esta norma a la desesperada que tendrá su lógica desde el punto de vista médico, pero que te despedaza el corazón.

Para demostrarle que estoy escuchándola, no solo a sus palabras, sino también las emociones que hay tras ellas, le repito a Megan:

—Estabas hablando con la mujer de tu paciente y te ha dicho la mala pinta que tenían las cosas para ella, tan mala que te ha preguntado si su marido se iba a morir. Su pregunta te ha hecho saltar las lágrimas. Entonces, creo yo, te has sentido frustrada. ¿Lo he entendido bien?

Megan asiente, se seca los ojos y se suena la nariz con una de esas servilletas tan ásperas del comedor.

—Me disculpé por llorar —me dice—, con la mujer, quiero decir. Ni siquiera miré al enfermero de la UCI. Pero él, entonces, me pasó una caja de pañuelos de papel, que no sé muy bien por qué, pero me hizo sentir un poco menos... poco profesional... menos estúpida.

Asiento con la cabeza. He trabajado en nuestras UCI ofreciendo apoyo a pacientes, familiares y sanitarios. Las emociones son las mismas, y el corazón del cuidador está igualmente delicado. Me imagino a mis compañeros de cuidados intensivos, con su reputación de salvar vidas, tan acostumbrados a arrebatar de las fauces de la muerte a unas personas que están terriblemente enfermas, y lo hacen a base de tecnología, de técnicas y cuidados para sostener a esos pacientes con órganos que les fallan y mantenerlos el tiempo necesario para que se produzca el milagro de la recuperación. Ahora, durante el covid, están viendo muertes en unas cantidades que jamás se habían encontrado antes. Por supuesto que hay una caja de pañuelos de papel en el puesto de enfermería.

—Conseguí contarle que su marido parecía estar a salvo por el momento y que, una vez que el equipo de cuidados intensivos lo hubiera evaluado, otra persona la volvería a llamar y la mantendría informada. Entonces me dijo... —Los ojos de Megan se vuelven a derramar, y su rostro se contorsiona con el esfuerzo para no llorar—. Me dijo... que se alegraba de que hubiera alguien que llorase por ellos dos... y que la tranquilizaba saber que había alguien allí que le iba a dar amor en su nombre... ay...

La mención de la palabra «amor» acaba con ella. Apoya la cabeza en las manos, sobre la mesa, y veo la agitación en sus hombros mientras solloza a una distancia insalvable, imposible. A mí también se me humedecen los ojos. Con mucha frecuencia esquivamos lo más importante, pero, al final, lo que nos rompe el corazón es el amor familiar que se ha visto en la obligación de ausentarse y ya no está a pie de cama, y el amor que están aportando mis compañeros para salvar ese vacío.

—Lo siento —me dice, y levanta la cara un instante— llevo toda la semana dándole vueltas y más vueltas a esto en la cabeza. No dejo de oír la voz de esa mujer diciéndome lo mucho que agradece que nosotros demos amor a su marido en su nombre...

»Bueno, conseguí respirar hondo un par de veces mientras la escuchaba, mientras ella seguía diciéndome que quería a su marido, y yo le dije que íbamos a hacer todo lo posible y que el equipo de la UCI se pondría en contacto con ella. Entonces nos despedimos, y el esquema dice "Cuidar de ti mismo" después de una llamada, pero yo sigo echándome a llorar cada vez que pienso en ello.

—Meg —estoy haciendo un enorme esfuerzo con tal de mantener la estabilidad de la voz—, al principio de esta charla me has dicho que te preocupaba el hecho de que nos alteremos cuando tenemos que comunicar una noticia difícil, y me acabas de relatar una historia conmovedora. ¿Puedo hacerte un par de preguntas?

Me mira con cara de pesadumbre y frunciendo los labios a la vez que asiente con la cabeza.

—Primera pregunta: ¿me has dado tú la respuesta a tu pregunta al contarme la historia?

Megan apoya la barbilla en las manos para pensar su respuesta y deja la mirada perdida más allá de mí, hacia el ventanal de la cafetería. Observo su rostro mientras ella piensa: parpadea y mira de aquí allá mientras va elaborando sus pensamientos y los reordena. Endereza la espalda y suspira.

—Sí —me dice por fin—. Sí. Su mujer me dio la respuesta, ¿verdad? El hecho de que yo llorase sirvió para consolarla. Le daba lo mismo que eso fuese poco profesional. Lo único que le importaba a ella era que hubiese alguien a quien le importara su marido. En realidad, la ayudó que yo llorara.

Dejamos esta idea para que repose a la luz del sol, sobre la mesa entre las dos. Nuestra fragilidad no es una debilidad: es un punto de encuentro, un lugar donde somos completamente humanos con respecto a la angustia de otra persona. Megan fue el puente entre dos compañeros de toda una vida que, quizá, no fuesen a tener la oportunidad de despedirse, y ella estaba abriendo la espita para un acto de amor al servir de conexión entre ellos dos.

—Y esta es, por lo menos, la segunda vez que utilizas la expresión «poco profesional», así que, Meg, cuéntame algo más sobre eso —la invito.

Ladea la cabeza sobre la palma de la mano al pestañear mirando hacia la ventana soleada.

—Ya... —me dice, muy despacio—. Sí... yo creo que no me habría aturullado tanto si hubiera estado en mi ala del hospital. Fue porque estaba en cuidados intensivos. Esa gente siempre me parece tan seria, con tanto autocontrol y... bueno, profesional.

—¿Y la caja de pañuelos de papel? —le pregunto.

Sonríe.

—Ya... al final va a ser que ellos también lloran. El enfermero de la UCI se llama Samir, y me ha estado informando después de cada turno, solo para que yo supiera que mi paciente... bueno, su paciente... nuestro paciente sigue vivo. Y ya sé que tan solo son los primeros días y que no hay garantía ninguna, pero estoy empezando a pensar que es posible que el paciente regrese a mi ala, y que, al final, tal vez vuelva a casa.

Se ha terminado el descanso de Megan para el café, y debe regresar al calor de su ala del hospital y sus EPI. La veo alejarse caminando, perdida en sus pensamientos entre la cafetería y su ala. Me quedo con la impresión de que hizo un trabajo magnífico: la fuerza de una conversación no son las palabras que le dijo Megan a la esposa angustiada, sino la información que le comunicó. Al conectar con el presentimiento de la esposa de que su marido se encontraba muy enfermo, ambas accedieron de inmediato a un lugar donde pudieron hablar de las cosas más importantes, que no son las pulsaciones por minuto ni los niveles de oxígeno, sino el amor.

Revelaciones

Hay ocasiones en que la gente tiene que recibir una información que podría impresionarla o preocuparla. En lugar de limitarnos a ofrecer los datos sin filtro de ninguna clase, la mejor manera de ayudarles es permitirles que incorporen esa nueva información al relato de «lo sucedido hasta ahora». Esta tarea requiere que escuchemos con mucha atención a medida que se va formando el cuadro completo para llegar a entender qué es lo que ya saben, qué es lo que desean saber y cuáles son sus preocupaciones.

Ashley tiene una pregunta. No sabe muy bien a quién planteársela. Tiene quince años, aspira a ser una estrella del rock y tiene sus exámenes el próximo verano. Toca bien la guitarra, y su familia se ha quedado sorprendida ante la magnífica voz que tiene desde que aparecieron sus angelicales agudos. Es un tenor con mucha sonoridad al que se le da bien el falsete cómico, y están alucinando con él en las clases nocturnas de la Escuela de Rock. Todo el mundo quiere saber de dónde ha sacado ese talento musical. Y él también quiere saberlo.

Pero ¿a quién se lo va a preguntar? Ashley lleva viviendo con su familia de acogida desde que tenía prácticamente tres años. El sistema de protección de menores es complejo, y él tuvo suerte: la ubicación temporal de urgencia donde llegó con apenas un pijama y un pañal de recambio era una familia que estaba en trámite para pasar de acoger durante periodos breves a convertirse en padres de acogida, de tal forma que una estancia de tres meses se convirtió en trece años y subiendo, a salvo, rodeado de amor, de bondad y de esos firmes límites que los adolescentes buscan y tratan de rebasar como muestra de su aprecio. Su familia biológica tiene prohibido ponerse en contacto con él: ambos padres biológicos pasaron un tiempo en la cárcel por sus negligencias a la hora de cuidar de él. Recibe por correo las felicitaciones de Navidad y de cumpleaños que le envía su abuela materna, pero su familia son mamá, papá y sus hermanos Graham y Malcolm, que lo recibieron en su hogar hace ya tantos años. A pesar de que esos adultos a los que ha decidido llamar papá y mamá, Ken y Sheila, son de acogida más que sus padres, Ashley se identifica como un miembro integral de esta familia. Sus hermanos mayores están casados, dos deportistas: uno es un futbolista semiprofesional y el otro es corredor de larga distancia. Ashley tiene alergia al deporte, a moverse demasiado rápido, a pasar frío o a mojarse, a la madre naturaleza. Pero la música… él es el único en la familia, pero es lo suyo.

Igual que todos los niños «acogidos», Ashley tiene su trabajador social. Pascal es el último de una serie de ellos, y a Ashley le cae bien. Pascal procede de una familia del Caribe británico, y es músico. Fue Pascal quien le recomendó esa escuela de rock donde ahora disfruta tanto; Pascal es uno de los tutores del centro. No hace mucho que la escuela se hizo con el auditorio local para celebrar un concierto de exhibición, y el grupo de Ashley terminó siendo la estrella. Sus hermanos fueron a apoyarlo, y sus padres (proscritos por orden de su adolescente *estrella del rock*) se colaron al fondo y se quedaron sorprendidos ante la fuerza y la confianza de su actuación.

Esta noche, Ashley se ha quedado de charla por la Escuela de Rock, tratando de toparse con Pascal como si nada. Es algo mucho más complicado de lo que parece: Pascal tiene veintimuchos años, está en forma, se dedica a la música y está rodeado de admiradores. Ashley decide esperar junto al coche de Pascal, que reconoce por las visitas que ha hecho a su casa el trabajador social.

—¿Todo bien, Ash? —le pregunta Pascal con aire distendido conforme abre el maletero para guardar la funda de su guitarra.

—Todo bien, Pasc —responde Ashley.

—¿Puedo hacer algo por ti? —le pregunta Pascal—. ¿Te apañas para llegar a casa?

Ashley asiente, y Pascal espera. El silencio es para él lo primero cuando se trata de adolescentes con la lengua trabada.

—Pasc, ¿puedo ver mi expediente de acogida de menores? —pregunta Ashley de forma atropellada.

Ahí está. Ya lo ha dicho. Se siente aliviado, lloroso, desleal, con curiosidad… Qué duro es ser el sistema emocional de un adolescente.

—¡Vaya, esta es de las buenas! —dice Pascal en reconocimiento de que se trata de una conversación que se ha de tomar muy en serio—. ¿Cuánto tiempo llevas pensando en eso?

—Siglos —reconoce Ashley—, pero le estoy dando más vueltas últimamente. Yo solo quiero saber a quién me parezco, porque no soy como mi familia, ya sabes, ¿no? Así que… ¿a quién me parezco yo?

Pascal ha tenido conversaciones similares muchas veces ya a lo largo de su vida profesional. Es imposible tener en la cabeza todos los expedientes familiares de todos los casos, pero el padre biológico de Ashley fue condenado por semejante crueldad que Pascal recuerda algunos de los detalles. No iba a resultar agradable escucharlos para un chico de quince años.

—¿Has preguntado a papá y mamá,[13] Ash? —dice Pascal.

Él sabe que esta conversación va a ser más sencilla para Ashley si cuenta con el apoyo de la familia tan cariñosa que tiene mientras recibe unas verdades tan incómodas sobre su familia biológica.

—A veces hablamos de eso —dice Ashley—. No es un secreto. Pero vimos en clase de Biología el trimestre pasado una historia sobre enfermedades genéticas, y no me puedo quitar de la cabeza algunas cosas. ¿Cómo iba a saber yo si hay algo así en mi familia? ¿Y si no valgo como padre cuando tenga yo mis propios hijos? ¿Y si eso es genético? O ¿y si contraigo alguna enfermedad

---

[13] El sistema de acogida y adopción del Reino Unido reserva de manera oficial el término «padres» para los biológicos o los adoptantes. En la práctica, muchos niños de acogida llegan a considerar a su familia de acogida como sus padres y los llaman «papá» y «mamá», ya sea de manera afectuosa o para sonar igual que sus amigos y compañeros de clase.

que requiera de un tratamiento ahora para poder salvarme? Y...
¿por qué canto bien?

Pascal deja todas esas preguntas en el aire a la espera de ver si hay alguna otra preocupación por salir aún a la superficie. Al ver que Ashley se queda a la espera, Pascal le dice:

—Vale, Ash, hay algunas cosas que habría que buscar. A ver qué te parece esto: tú empieza por hablar con Sheila y con Ken, y cuando estés listo, ellos se pueden poner en contacto conmigo para obtener la información del archivo, ¿ok?

Ashley asiente con impaciencia.

—Vale, guay. Entonces, la semana que viene o algo así, ¿no?

Pascal se echa a reír.

—¡Pero bueno, tío, esas ansias! En cuanto pueda, pero no te prometo nada, y además tengo que hablar con Ken y con Sheila. —Ashley pone los ojos en blanco, y Pascal sonríe—. Son las RE-GLAS, Ash. Sabes, ¿no? ¿Eso de hacer mi trabajo tal y como dice la ley que tengo que hacerlo? —Pascal se pone serio y añade—: ¿Querías que ellos no se enteraran?

Ashley le dice que no con la cabeza.

—No, qué va, tienen que saberlo. Ellos ya conocen una parte, ¿no? No están intentando evitar que descubra nada, pero tampoco tienen las repuestas sobre genética y no me pueden decir a quién he salido.

—Vale —dice Pascal, que se dirige hacia la puerta del conductor de su coche—. Tú habla con ellos, y después, uno de los dos me puede llamar o enviarme un correo electrónico para quedar conmigo y charlar sobre tu expediente, ¿vale?

De repente, Ashley parece un niño pequeño.

—Gracias, Pasc. Te lo agradezco de verdad.

—De nada, Ash. Y ha estado cañero lo de ahí dentro esta noche, tío, lo has bordado con ese tema de *soul*.

Ashley sonríe, se carga al hombro la funda de la guitarra y se marcha a casa dando un paseo. Pascal lo ve alejarse, pensativo. Esto va a ser difícil para Ashley, un momento que ha estado ahí, esperándolo, durante trece años, y ya ha llegado.

Pascal conduce de regreso a casa pensando en todo ello. Al concederle espacio y hacerle unas preguntas simples, ha dado a Ashley la posibilidad de mostrar que se toma en serio su búsqueda de respuestas. También ha sido importante mantener el tono informal en el aparcamiento público. Pascal ha gestionado la charla con gran habilidad, de tal manera que no se ha precipitado hacia un terreno profundo y emotivo en un lugar y un instante que no eran apropiados ni seguros. Pascal también ha recordado a Ashley que, aunque está dispuesto a prestarle ayuda, hay que seguir ciertos procedimientos. Él sabe que los padres de acogida de Ashley son gente amable y capacitada. Quieren a Ashley, y él los quiere a ellos. Un lugar muy afortunado para un chico cuya vida comenzó en unas circunstancias tan poco prometedoras, pero va a ser duro para Ashley descubrir la historia de una familia biológica marcada por el abandono y la crueldad.

Tal y como se esperaba Pascal, no pasa mucho tiempo antes de que reciba esa petición por correo electrónico, y revisa el expediente de Ashley. Acuerdan la visita a la casa, una noche: Sheila parece inquieta y Ken guarda silencio. Solo Ashley parece emocionado.

—Muy bien, Ash, antes de que empecemos —lo invita Pascal—, cuéntanos lo que seas capaz de recordar sobre tu familia biológica. Después miraremos qué información podemos añadir.

Ashley cuenta la historia tal y como se la han contado a él. Tiene un libro sobre su vida —realizado por Sheila— donde se cuenta su historia y que su entregada madre va actualizando cada año. En estos últimos años, Ashley ha contribuido con sus actualizaciones, con fotografías de su móvil de los momentos que le gustaría recordar. Este relato lo ha estado escuchando y, más adelante, leyendo o contando desde que tenía algo menos de tres años. Se desliza de entre sus labios con familiaridad.

—Sé que nací en el Crowbridge Hospital y que mi madre biológica solo tenía quince años. En un principio, me iba a entregar en adopción, pero cambió de idea… Vivía con su madre, la abuela que me escribe a veces, la abuela Hilary. Creo que las cosas fueron bien durante una temporada, pero entonces, mi padre biológico, que era mayor que ella, empezó a aparecer por allí y a pedirle a mi madre biológica que se fuera a vivir con él. Y al final lo hizo.

»No cuidaban muy bien de mí, y a veces la abuela me llevaba a su casa unos días para dar un descanso a mis padres biológicos. Ella pensaba que yo estaba un poco flacucho, y me llevó al pediatra. Le dijeron que no me daban de comer lo suficiente, y una enfermera llamó a una no sé qué social…

—Asistente social —apunta Sheila en voz baja.

—Eso, una asistente social que comenzó a hacer visitas al apartamento donde vivían mis padres biológicos y dijo que no me estaban cuidando como era debido. Y entonces creo que empezó a intervenir más gente y me enviaron a vivir con la abuela, y mi madre biológica tenía que ir a visitarme allí, pero a mi padre biológico no le permitían venir de visita a casa de la abuela. Yo era muy pequeño, así que no me puedo acordar de nada de esto.

—Lo estás haciendo genial, Ashley —dice Pascal—. ¿Qué más sabes?

—Entonces, mi padre biológico se marchó una temporada larga, creo que más de un año. Yo tenía más menos un año, y mi madre biológica se mudó de nuevo a vivir con la abuela , y allí vivimos los tres juntos, y fue como si a la asistente social y a toda aquella gente le pareciese que era mejor.

»Sin embargo, cuando yo tenía dos años volvió mi padre biológico y consiguió que nos mudáramos otra vez a vivir con él. Mucha gente empezó a preocuparse por que tal vez él no se portara bien con nosotros, y la abuela insistía en decir que corríamos peligro. Al final, la asistente social dijo que yo no podía seguir viviendo con ellos, y vine a vivir aquí. Yo creo que pensaron en dejarme aquí una temporada, mientras mejoraban las cosas en casa, pero las cosas no mejoraron. Mi madre biológica no sabía cuidar de un crío, y mi padre biológico decía que la abuela se estaba entrometiendo, y entonces hizo algo malo. Por eso dijeron que me quedaría aquí para siempre. Y eso he hecho.

»Sé cómo se llaman, Jackie y Ross. Tengo algunas fotos de ellos en el libro sobre mi vida. Ella solo tenía más o menos la misma edad que tengo yo ahora… y yo no tendría la menor idea de cómo cuidar de un bebé. Lo siento un poco por ella, si te soy sincero… pero él sí era un adulto, debería haberle prestado más ayuda. Así que… pienso que tuve mucha suerte de conseguir aquí una buena familia.

Se produce una pausa. Pascal aguarda y observa los rostros de Sheila y Ken exactamente igual que ha hecho durante todo el relato de Ashley. Están mirando al chico, asintiendo para alentarlo. Han hecho un magnífico trabajo. Este joven se siente seguro en el seno de su familia nueva, pero hay algunos detalles que faltan por incluir en la historia del pasado de Ashley, si está listo para ello.

—Pues, más o menos, esa es la historia, Ash. No obstante, hay algunos vacíos, ¿verdad? Las temporadas en que tu padre biológico estaba fuera. Las cosas que tenían preocupada a tu abuela. ¿Has pensado en lo que podría estar pasando ahí?

—Pensaba que a lo mejor había encontrado un trabajo lejos. No sé qué tipo de trabajo hacía. Quizá se marchara al extranjero, a alguna parte.

—¿Qué sensación tienes respecto del tipo de persona que era Ross? —pregunta Pascal.

Sheila se agarra los dedos. Ken frunce los labios. Ashley está sentado, con la cabeza baja, y se examina las uñas. Suelta un suspiro.

—No era buena gente, ¿verdad? A ver, quiero decir que era demasiado mayor para acostarse con una chica de quince años, para empezar. Y parece como si quisiese las cosas a su manera. Cuando yo era pequeño y mamá me contaba esta historia, yo pensaba que él quería que los dos viviéramos con él, pero ahora ya tengo edad para darme cuenta de que él solo quería a Jackie… Él nunca me quiso a mí. Yo debía de ser un inconveniente.

Sheila se arrebata y pestañea para evitar las lágrimas. Le ha ido contando esta historia a Ashley a lo largo de los últimos trece años, introduciendo nueva información de manera gradual cuando él hacía preguntas y desarrollando un relato que se ha ido afinando y repitiendo con el paso de los años. Ella sabe que los hechos son horribles, y ha tratado de proporcionar a Ashley una historia fiel a la verdad sin contarle hasta dónde llegaban los defectos de su padre biológico. No obstante, ella sabe qué es lo que van a comentar ahora, y se imagina a este chaval tan lleno de vida dándose cuenta poco a poco de que él era «un inconveniente». Es otro daño más provocado por un hombre irresponsable y retorcido, piensa ella furiosa y con un amor maternal que supera con mucho la compasión por la triste infancia que tuvo el propio Ross. De manera que es duro escuchar cómo Ashley lo va averiguando todo, pero escuchar es la base de lo que ha de venir a continuación. Al escuchar, estos adultos están capacitando a Ashley para reformular su historia y volver a contarla. Las preguntas útiles le ofrecerán escalones firmes camino de una verdad incómoda. En lugar de contarle los hechos desnudos, le van dando a Ashley pequeñas piezas de esa verdad para que sea él quien vaya rellenando los vacíos que tiene en su propio relato. Ken alarga la mano para tomar la de Sheila. Desde aquel día en que lloraban de alegría, cuando les confirmaron la asignación de Ashley a largo plazo y dieron un paso al frente en su papel de futura familia en lugar de ser unos cuidadores temporales, ambos sabían que este momento iba a llegar.

—Un inconveniente —repite Pascal—. ¿Eso es lo que a ti te parece?

Ashley asiente y mira de frente a Pascal.

—Ross no tenía la menor idea de cómo ser padre, ¿verdad? No como mi padre —dice y hace un gesto con la barbilla hacia Ken—, que siempre está ahí a nuestro lado. Siempre piensa en qué será lo mejor para nosotros, para mis hermanos y para mí, para todos por igual. Él es un padre de verdad, alguien con quien puedes contar. Ojalá tuviera yo sus genes, porque quiero ser como él. —Ashley se pone nervioso ante su declaración pública de admiración hacia su padre, al que quiere y admira y con el que discute a diario.

Ken se limita a asentir en dirección a Ashley, y le dice: «Gracias, hijo» antes de apretar la mandíbula para contener las lágrimas.

—Veo que ya has empezado a leer entre líneas el relato de tu primera infancia, Ash —dice Pascal—. Toda esa historia es cierta, pero tú ya sabes que no es toda la verdad. ¿Qué otras cosas has pensado al respecto?

Ashley aprieta los puños. Alza la mirada para echar un vistazo a los adultos y pregunta:

—¿Nos hizo daño? ¿Ross nos hizo daño a Jackie y a mí?

Se hace el silencio. Pascal le pregunta:

—¿Qué te hace preguntarte eso, Ash?

—Esa gente pensaba que corríamos algún peligro —dice Ash—. Cuando era pequeño, pensaba que era porque el apartamento estaba en un piso alto, en alguna parte, y que no era seguro que un bebé anduviese gateando por un apartamento donde se podía caer por una ventana, pero lo de «algún peligro» no se refería a eso, ¿verdad? Era por… malos tratos, ¿no?

Ashley espera, y Pascal se limita a decir:

—Sí, Ash. Así es. ¿Recuerdas algo?

Ashley hace un gesto negativo con la cabeza.

—No recuerdo nada de ellos. Ni siquiera con las fotos, la verdad. Pero sí me acuerdo de la abuela Hilary. Me acuerdo de que tenía la estatua de un gato junto a la puerta, como para hacer de tope, supongo. Yo hablaba con el gato y hacía como si fuera de verdad. También me acuerdo de que la abuela tenía un foso de arena en el jardín. Una vez se me metió arena en los ojos, y ella me lavó con agua mientras me cantaba una canción. Ella siempre me cantaba…

»Anda…

»Ella siempre me cantaba… —dice Ashley, y una nueva pieza de su rompecabezas encaja en su sitio. Lo de cantar sí que le venía de alguien.

—Eso parece un recuerdo feliz, Ash. ¿Tienes más recuerdos?

—No de Ross ni de Jackie. Nada en absoluto.

—Cuando viniste, Ash, la primera vez, tenías miedo de la oscuridad —dice Sheila—. La abuela Hilary nos envió esa lamparita de noche, la de los ratoncitos, porque te gustaba cuando te quedabas en su casa. ¿Te acuerdas de eso?

Ashley sonríe y asiente.

—Se me olvidó que era de la abuela Hilary —dice—, pero me encantaba cuando era pequeño, ¿verdad que sí?

—Has hablado de malos tratos, Ash, pero no te acuerdas de ningún incidente ni de sentir miedo, ¿no? —le pregunta Pascal.

Ashley no tiene ningún recuerdo de aquel apartamento, en absoluto, ni tampoco del rostro de Ross ni de su voz.

—Has hablado de que Ross estuvo fuera un año, Ash. ¿No se te ocurre ninguna otra idea sobre dónde pudo haber estado?

Ashley deja caer los hombros y suelta un profundo suspiro.

—¿Estaba en la cárcel? —pregunta.

—Sí, Ash —dice Pascal—. Allí estaba, en prisión preventiva durante tres meses por haber hecho daño a Jackie, y después otros nueve meses más. Fue entonces cuando Jackie y tú os fuisteis a vivir con la abuela.

—Y, cuando salió, vino y la obligó a regresar con él, ¿no? —pregunta Ashley.

—Exacto, y eso hizo que la gente se preocupara mucho, por tu seguridad y por la de Jackie, porque Ross tenía muy mal carácter, y cuando se enfadaba se ponía violento. Pegaba a Jackie, y los asistentes sociales pensaban que te agarraba por las piernas y apretaba para hacerte daño cuando te ponías a llorar. Te provocó magulladuras. En ese momento te sacaron de allí y te trajeron aquí, para mantenerte a salvo.

—¿Y ella se quedó con él? —pregunta Ashley.

—Por un tiempo —responde Pascal—, pero, cuando la investigación demostró que Ross os había hecho daño a los dos y que Jackie había mentido al respecto cuando los asistentes sociales venían a hacer sus visitas rutinarias, Ross volvió a la cárcel. —Pascal hace una pausa—. Y Jackie fue también a la cárcel durante una temporada. No fue una condena muy larga, porque Jackie actuó movida por el miedo, al menos en parte, y mientras tú estabas aquí a salvo, ellos dos fueron detenidos. Un grupo de profesionales decidió que había que mantenerte lejos de ellos, por tu seguridad. Y tú te merecías una familia que te quisiera. Te mereces una familia que te quiera, Ash.

Ash tiene el rostro entre las manos. Está sentado, inmóvil y silencioso. Sus padres observan, inquietos y sin decir palabra. Tiene que ser duro oír esto.

—¿Quién más sabe todo esto? —pregunta Ashley.

—Solo papá y yo —responde su madre—. No conocíamos los detalles. Sí sabía que los enviaron a la cárcel, pero nada más. Aun así, el caso salió en la prensa, y entonces pudimos enterarnos de más. Costaba creer que alguien pudiera hacerte daño.

»Tus hermanos solo sabían que eras un bebé que necesitaba una familia. Eso fue todo cuanto necesitaron saber jamás. Querían que te quedaras con nosotros. Todos queríamos que te quedaras con nosotros. Y siempre te quedarás con nosotros, Ash. Eres nuestro hijo, y mi sensación es que siempre lo has sido, aunque tuvieras ya casi tres años cuando llegaste. Todos te queremos, y yo me siento muy afortunada de que seas nuestro hijo.

Ashley se incorpora e inclina ese cuerpo larguirucho suyo para abrazar a su madre.

—Lo sé, mamá. Yo también os quiero a todos, incluso cuando estoy en plan gruñón… —Suelta una risa nerviosa, retrocede y se vuelve a sentar.

—¿Tú, gruñón? Eso no es nada —dice Ken—. Ya tuvimos nuestras clases prácticas sobre adolescentes gruñones con tus hermanos. ¡Tú eres un encanto comparado con Graham el Gruñón!

Todos se echan a reír: el hermano mayor de Ashley es famoso por su incapacidad para hacer nada que no sea fruncir el ceño antes del desayuno.

Pascal coge su bolsa y abre la cremallera.

—Muy bien, Ash. No hay más sorpresas en tu expediente. Como es obvio, el expediente como tal no se puede sacar de la oficina, pero aquí dentro tengo copias de la información relevante… ¿Quieres preguntarme algo más que tengamos que considerar?

Se coloca una carpetilla fina de cartón sobre el regazo.

—¿Eso es todo lo que tenéis sobre mí? —pregunta Ashley con incredulidad.

—Esto no es tu expediente, Ashley, solo son copias de la información que tengo permiso para compartir —dice Pascal—. Muy bien, ¿qué quieres preguntar? ¿Necesitas un descanso primero?

—¿Hago café para todos? —pregunta Sheila.

Todo el mundo lo acepta. Ashley sale al jardín en busca de aire fresco y de un momento para pensar, y Ken se queda sentado en silencio con Pascal.

—Un gran trabajo, Ken —dice el trabajador social—. Habéis criado a todo un hombre.

—Daría mi vida por él —dice Ken, y permanecen allí sentados los dos, en silencio.

Pascal reflexiona sobre los buenos momentos de su trabajo, la atención y la diligencia de los padres de acogida, el darle la vuelta a la vida destrozada de un niño. Hay días horribles, daños que no se podrán resolver jamás, pero también hay días como hoy, días en que todo esto cobra sentido. Ken está pensando en esa declaración de Ashley, «Él es un padre de verdad... quiero ser como él». Algunos padres tal vez no oirán esas palabras en toda su vida. Tiene el corazón exultante.

Se reagrupan alrededor del café. Ashley prefiere una coca cola: a él, la cafeína le gusta fría y con gas. Pascal señala la carpetilla sobre la mesa, entre todos ellos, e insiste a Ashley sobre las preguntas que tiene sin resolver.

—Son cuestiones médicas, principalmente —dice Ashley—. En clase de Biología vimos eso de la enfermedad de Huntington,[14] y si tienes el gen, pues tienes la enfermedad, y yo no sé si podría tener ese gen. ¿Cómo podemos averiguarlo?

Pascal respira hondo. Se pone cómodo en su silla y exclama para todos, en general:

—¡Sabía que me ibas a preguntar eso! Seguro que está en el plan de estudios de los institutos, porque todo aquel con el que hablamos sobre el historial familiar está aterrorizado con eso. La cuestión es esta: primero, es una enfermedad muy, muy rara. Segundo, tenemos alguna información médica sobre la familia, pero dependemos de que las familias biológicas se pongan en contacto con nosotros cuando aflora alguna clase de problema que piensan que deberían conocer sus hijos. Cuando un niño entra en acogida, sabemos que puede terminar siendo criado por otra familia, así que recopilamos toda la información médica que podemos. Muy bien... esto es lo que sabemos.

Pascal abre la carpetilla. Hay fotocopias de formularios con respuestas manuscritas, de formularios impresos con las casillas perfectamente marcadas, hay copias de fotocopias descoloridas de formularios. Hay una hoja de fotografías fotocopiadas: Ash las reconoce, porque tiene las mismas fotos en el libro sobre su vida. Y ahí está la información que él está buscando: Ash ve una hoja con un historial médico.

—El hermano de Jackie tiene diabetes —lee Pascal.

[14] La enfermedad de Huntington es un trastorno genético raro que provoca una demencia temprana, problemas de coordinación en el movimiento y una muerte prematura.

De inmediato se percata de que se le ha escapado una información que Ashley no estaba preparado para escuchar. No han hablado nunca sobre posibles familiares más allá del primer grado. Pascal está molesto consigo mismo por haber dado esa información sin haberlo comprobado antes.

—¿Jackie tiene un hermano? —exclama Ashley, justo como Pascal se temía—. ¿Tengo un tío? —hace una pausa con el ceño fruncido—. ¿Hay… hay algún otro familiar del que no sepa nada? ¿Y… mis… ellos… tengo algún hermano en esa familia?

Sheila parece inmensamente aliviada cuando Pascal dice que no hay hermanos ni hermanas de los que tenga constancia el equipo de acogida, aunque siempre es posible que Jackie o Ross hayan entablado nuevas relaciones y hayan tenido más hijos desde la última vez que se tuvo contacto con ellos.

—¿Quieres que intente averiguarlo, Ash? —le pregunta Pascal.

Ashley se lo piensa.

—No. Ahora no, en cualquier caso. Ya tengo una familia. Ya tengo hermanos. No hay sitio para gente nueva. No. Déjalo estar. No nos pongamos ahora en contacto con nadie.

—Bueno, volviendo al historial médico, Ash, hay un pariente con diabetes, y el abuelo de Jackie tuvo un derrame cuando era mayor. No tenemos mucha información sobre la familia de Ross. No parece que él haya tenido mucho contacto con ellos.

—Me pregunto si perdió el contacto porque se enfadaba y los trataba mal —cavila Ashley—. O si se enfadaba tanto y maltrataba a la gente porque no había tenido una buena familia. Eso marca la diferencia, ¿verdad?

—Claro que sí, Ash. Un buen hombre enseña a un muchacho a convertirse en un hombre de bien. Tal vez Ross no tuviera un buen hombre en su vida.

—Y yo tengo un montón —dice Ash—. Están papá, Graham y Malc. Están el abuelo y el tío Reg. Y también estás tú, Pasc. Todos sois muy distintos, pero todos sois hombres buenos.

—Gracias, Ash, eso significa mucho para mí —dice Pascal mientras recopila los papales y los guarda en la carpetilla—. Pero no hemos encontrado tus genes musicales, ¿no?

—La abuela Hilary —dice Ashley—. Le gustaba cantar. La foto que le voy a enviar estas Navidades va a ser de la Escuela de

Rock, y le voy a contar que yo también canto. Así que también he sacado algo bueno de su familia. Pero la mayoría de las cosas buenas vienen de esta familia de aquí, ¿verdad que sí? Me siento triste por la otra, porque tuvieron una vida muy dura y no gozaron de muchas oportunidades.

»Y mirad, sí sé a quien me parezco: soy como papá, como Malc y como Graham. Ya sé que ellos no saben cantar como yo y que yo no sé jugar al fútbol como ellos, pero todos somos unos gruñones, nos cuesta un mundo levantarnos por la mañana y todos nos partimos de risa con los mismos chistes malos. Esta es mi familia, a la que yo me parezco. Estaría bien encontrar a alguien más que se parezca a mí, pero tampoco es tan importante como lo que yo me siento. Yo me siento como de esta familia…

Sheila le sonríe y no se aguanta las ganas de cogerle la mano.

—Bueno, pues ¿hemos terminado ya por aquí?

Ashley ha oído lo suficiente, ha dicho lo suficiente y tiene importantes ideas que asimilar. Está comenzando a entender quién es, y le han ayudado unas personas que le han escuchado, le han proporcionado la información en porciones digeribles y han ido comprobando cómo las asimilaba, no solo hoy, sino a lo largo de los últimos trece años. Han estado escuchando cómo iba desgranando su propia vida, tal y como deben hacer todos los jóvenes, montando el rompecabezas pieza a pieza.

Diferencia de prioridades

Ocuparnos de nuestras diferencias es una parte importante del mantenimiento de una relación. Cuando surgen los desacuerdos y los malentendidos, podemos dejarlos pasar o podemos ponerlos sobre la mesa para discutirlos. Hay ocasiones en que dejarlos pasar puede permitir que caigan en el olvido, pero hay otras en que se asientan en nuestro interior como una compañía silenciosa, pinchazos de dolor o de furia que, lenta y sutilmente, van cambiando nuestra relación con el otro. Es como si fuésemos desacompasados: el baile continúa, pero ahora nos chocamos el uno con el otro cuando, antes, solíamos anticiparnos y acomodarnos a todos y cada uno de los movimientos de la otra persona. Ahora nos cuidamos más, nos protegemos más y, a pesar de desear con verdaderas ganas que se restablezca aquella antigua sociedad que tan sencilla nos resultaba, no dejamos de vernos siempre ligeramente desincronizados.

Cuanto más se alarga esta descoordinación, más difícil parece mencionarla. Solemos utilizar tácticas de distanciamiento para evitar la necesidad de comentar el cambio en nuestra relación, o bien a base de guardar las distancias dentro del círculo que compartimos o incluso alejándonos y evitando el contacto en nuestro intento por no errar el paso, por no tropezar de tal forma que agravemos el daño.

Volver sobre el desacuerdo y tratar de resolverlo es un acto de valor y de determinación. Cuando lo hacemos, estamos declarando que merece la pena rescatar esa relación, que continuar entendiéndonos es digno del esfuerzo de volver a toparse con una vieja herida para comenzar a cerrarla. Ya sea con un compañero de trabajo, con un familiar, con el otro progenitor distanciado o con un amigo al que perdimos tiempo ha, el trabajo de resolver un desencuentro puede permitir que una relación recupere el compás del entendimiento, la cooperación y el aprecio mutuo.

Sally y Fiona no se ponen de acuerdo respecto a la mejor manera de cuidar de su madre, mi querida amiga Wendy. Ambas proponen soluciones diferentes, cada una en su búsqueda de lo mejor para su madre y para la otra, y, aun así, no dejan de tropezar en la misma piedra que ha desacompasado su relación desde hace más de una década. Hasta que reconozcan y aborden el malentendido que las ha separado, no van a ser capaces de volver a sincronizar su relación. Lo que hay en juego no podría ser más importante: el cuidado de su madre y el futuro del amor de toda una vida de la una hacia la otra.

Mi amiga Wendy ha estado viviendo sola en su granja desde que murió su marido hace ya más de diez años. Ella siente allí su presencia, reconfortante y balsámica, mientras se dedica a llevar la granja y a la conservación de los hábitats naturales que crearon y protegieron juntos. Wendy y yo mantenemos el contacto a golpe de mensajes y llamadas entre mis visitas ocasionales de fin de semana, y he observado esos cambios en mi amiga que tanta preocupación están generando en sus hijas: la movilidad de su madre se ve cada más restringida por la artritis, y las hijas temen por su salud, pero la coincidencia de opinión entre las dos hermanas no va más allá de eso. Las soluciones que proponen son muy distintas, y esto se hace más difícil de debatir cuando una de ellas vive en una zona horaria distinta en otro continente.

Wendy y yo fuimos compañeras de piso en la universidad; ella era una alumna mayor, al menos diez años más que yo, y nos unieron la música, la naturaleza y el té. Conoció a su marido y se casó con él cuando aún estábamos estudiando. No esperaban que fuesen a poder tener hijos, y la sorpresa y la alegría que se llevaron cuando Wendy se dio cuenta de que estaba embarazada vino seguida unas pocas semanas después por otra sorpresa aún mayor:

—¡Gemelas! —exclamó Wendy al teléfono.

Fiona y Sally son esas gemelas.

—Siempre hemos sido gemelas —solía explicar Sally cuando eran pequeñas y me acercaba a su apartamento para hacer de niñera.

—Ya lo sé, porque os conocí la misma semana en que nacisteis —decía yo, y después me suplicaban que les contara la historia de cómo las conocí y de cómo intentaba distinguir cuál era cuál.

—Eso es porque somos idénticas —me recordaba Fiona—, salvo por una cosita… —Y entonces les entraba una risita y se ponían las manos sobre la cabeza para que fuese imposible distinguirlas: solo la raya del pelo, que cada una llevaba en un lado distinto, era claramente diferente.

Y entonces les contaba el cuento de cuando llegué a su casa para conocerlas y su padre me abrió la puerta del apartamento con una niña en brazos, un bebé con un mechón de pelo negro de punta en lo alto de la cabeza, y me acompañó hasta el salón, donde su madre estaba dando el pecho a la otra niña, un bebé con un peinado aparentemente idéntico. Allí estaban mis queridos amigos, con su inesperado embarazo y sus aún más inesperadas gemelas, sumidos en una alegría tan enorme como su agotamiento.

—¿Cuál era cuál? —canturreaban las niñas encantadas y dando saltitos de emoción de un pie al otro como si fueran una fabulosa bestia de cuatro piernas y dos cabezas—. ¿Cuál era cuál? ¿A quién viste primero?

Y yo les decía:

—Ah, pues casi no me acuerdo, pero yo diría que era… —y las niñas se ponían a chillar de júbilo hasta que yo decía—: ¡Como las agujas del reloj!

Entonces se daban la vuelta y las dos me enseñaban la coronilla, de donde a Fiona le nace el cabello en una espiral que gira en el sentido de las agujas del reloj mientras que el de Sally lo hace en una imagen especular alrededor de la coronilla, en sentido contrario al de las agujas del reloj. Fiona, la hermana mayor por doce minutos, era el bebé de la puerta del apartamento. Este ritual se repitió hasta que las niñas cumplieron los nueve o diez años. Les encantaba que las confundiesen, y muy poca gente era capaz de distinguirlas, y, aunque yo solía acertar con sus nombres, me cuesta explicar qué es lo que veo que me dice «Fiona» o «Sally» cuando me encuentro con una de las dos a solas.

Cuando las niñas tenían diez años, Wendy y su marido se hicieron con su granja familiar en Norfolk, donde comenzaron un proyecto de recuperación del entorno natural y de protección de la flora y la fauna mucho antes de que arraigara el actual interés en la conservación de la naturaleza. Era maravilloso ir de visita y ver florecer aquellas pequeñas plantaciones; el sonido de los saltamontes —que por entonces era para mí un lejano recuerdo de la niñez— al zumbar por los deslumbrantes márgenes de flores silvestres en pleno verano; el huerto a las puertas de la cocina, que desperdigaba un confeti de pétalos en primavera, y después ayudábamos a descargar las ramas combadas de sus resplandecientes frutos en otoño. Echaba de menos verlos a todos cuando se trasladaron, pero seguíamos deleitándonos con el placer de unas visitas semanales para mantener nuestro vínculo. Soy madrina honorífica de las gemelas, he visto crecer a ese par de bebés hasta convertirse en mujeres jóvenes, y ahora, una de ellas tiene sus propios hijos. Nos sentimos como si fuéramos familia. Las chicas incluso me llaman «tía», apelativo que luego acortaron a «AK».[15]

De adultas, las gemelas se han apoyado la una a la otra en los giros que ha ido dando la fortuna en la vida: Sally es investigadora en un centro de biología marina frente a la costa de Alaska, y Fiona es una profesora de música con una jovencísima familia. Tras la muerte de su padre, a Fiona le preocupaba que su madre viviera sola; Sally le decía que su madre tenía elección si así lo deseaba, y que al quedarse en la granja podía mantenerse en contacto con aquella tierra y con el recuerdo de su marido. Las dos aumentaron la frecuencia de sus visitas y sus llamadas a casa, y arrimaron el hombro para apoyarse la una a la otra en su propio duelo, amigas y confidentes en esa proximidad tan única e insondable de la que disfrutan los gemelos.

Su relación se enfrentó a su primera gran prueba transcurridos unos pocos años de la muerte de su padre. Fiona, que vive a un breve trayecto en coche desde mi casa, me invitó a tomar un «café urgente».

—Tía Kath, no se qué hacer. Cuánto me alegro de que hayas podido venir hoy. Es Sally... —dice Fiona y se pone roja, con

---

[15] De *auntie Kath,* «tía Kath». *(N. del T.)*

los ojos clavados en mi rostro en busca de una respuesta. Me imagino todos los posibles problemas en los que se podría haber metido Sally, porque, siempre que ha habido algún problema, ahí estaba Sally disfrutando de él. Sally, la misma que se cortó el pelo con las tijeras de las uñas a los seis años para poder parecerse más a papaíto; Sally, la que un día se marchó de casa después de clase a los diez años y se perdió, hasta que un amable tendero le ofreció llamar a sus padres, que cruzaron la ciudad en coche para ir a buscarla; Sally, la que quería tener una granja de vacas lecheras a los doce años pero tuvo que pedir ayuda a voces al verse acorralada en una esquina de un campo por una rebaño de vacas muy inquisitivas; Sally, la que cambió de carrera universitaria dos veces antes de decidirse a sentar la cabeza formándose como bióloga marina. Al lado de Fiona, doña Sensata, Sally era doña Lanzada. Me pregunto qué será esta vez.

—Sally quiere marcharse a vivir a Alaska —dice Fiona—. Le han ofrecido un trabajo allí, un puesto de investigadora o algo así, ¡y es para cinco años!

Dejo que esto cale. Me siento muy orgullosa de la intrépida Sally, y no me sorprende lo más mínimo, pero Fiona sí está claramente sorprendida y desconcertada.

—¿Cómo te hace sentir eso, Fi? —le pregunto.

Fiona respira hondo, parpadea al mirarme y suspira.

—Pero si no se trata de cómo me siento yo, ¿no crees? —me dice—. Se trata de mamá, ¡que se quedará destrozada! Es que Sally no debería ni plantearse siquiera la posibilidad de marcharse tan lejos durante tanto tiempo. Es algo… ¡egoísta!

Vaya. Por lo general, sea cual sea el lío en que ande metida Sally, Fiona es su defensora y su respaldo. Fiona se rige por la bondad: su guía interior buscará aquello que maximice la felicidad de todo el mundo, en ocasiones a expensas de la suya propia. Fiona es una mujer agradable, considerada y, aun así, decidida. La brújula interior de Sally es la ecuanimidad: jamás aceptará nada que vaya más allá de lo que le corresponde, y se enciende ante las injusticias. Es una mujer ecologista, feminista y defensora de la gente menospreciada. Es feroz, obstinada y exigente. Jamás he oído a una de las gemelas criticar a la otra aparte de por su gusto para vestir o para los novios, e incluso en esas ocasiones hay un trasfondo de cariño aun en los comentarios más sarcásticos. La una es la valedora de la otra, y esta es su primera crisis por un desacuerdo.

La bondad de Fiona se impuso a su deseo de reprender a Sally; el sentido de la justicia de Sally se aseguró de hacerla venir de visita desde Estados Unidos dos veces al año. En lugar de airear su diferencia de opinión en un ambiente de curiosidad y confianza mutua, la dejaron pasar sin mencionarla. Enterraron el desacuerdo, suprimieron aquellas emociones perturbadoras y evitaron la conversación. Tal vez les pareciese demasiado difícil, con una excesiva carga emocional, quizá demasiado arriesgada para la sociedad que formaban desde el día en que nacieron. Lamento aquella oportunidad perdida, porque el punto muerto en el que se encuentran ahora se ha erigido sobre esos mismos cimientos invisibles. Esta vez no se puede eludir.

Y esas diferencias que habían suprimido tampoco dejaban de hacerse notar. A Sally, que vivía en Alaska, le preocupaba que Fiona se estuviera agotando con aquellos largos viajes a Norfolk al menos una vez al mes. Para Fiona, eso tan solo era lo que había que hacer, un acto de bondad con su solitaria madre. Veía como una deslealtad mencionar su descontento ante la desconsiderada decisión de Sally de vivir en el extranjero. Sally amplió su contrato en Estados Unidos, pero le generaba frustración el hecho de que la necesidad de Fiona de respaldar a su madre estuviese minando la propia vida familiar y la felicidad de su hermana.

—No es justo para Fi —me dijo Sally durante una de sus visitas navideñas al Reino Unido—. Debería tener la posibilidad de descansar y dejar que fuese mamá quien la visitara a ella si es que se siente sola. A mí solo ha venido a verme una vez. Con el instinto de aventura que tenía, no alcanzo a entender por qué se ha vuelto tan casera.

He reflexionado en muchas ocasiones sobre este tipo de situación de punto muerto, con todas sus capas y sus sutilezas, que he visto en familias a lo largo de toda mi carrera como médico. He observado la carga de incomodidad sobre los hombros de personas cuyo amor se expresa de manera diferente, cada una convencida de que su manera es la única y que, por tanto, se sienten sorprendidas, decepcionadas y dolidas ante el otro. La raíz de esta situación suele hallarse en la disparidad de expectativas entre personas que tienen un propósito basado en el afecto pero cuyos valores remiten de forma predeterminada a unos principios diferentes, o bien de bondad o bien de ecuanimidad, ambos muy dignos y ambos sinceros, y, aun así, ambos en sutil oposición ante determinadas circunstancias. Esta dicotomía bueno/justo puede estallar en la tormenta de un desacuerdo cuando las condiciones se alinean, cuando la vida coloca a esas personas en una situación que pone de manifiesto esas diferencias al tiempo que conspira para disfrazar su mutua preocupación.

De manera que Fiona, movida por la bondad, alteraba su vida familiar para hacer unos largos viajes y ver a su madre, a la que visitaba el doble de veces de lo que lo habría hecho de haber estado Sally en el Reino Unido, para compensar la ausencia de su hermana gemela. Aunque esta decisión la tomó Fiona por sí misma y sin acusar a Sally de «no hacer su parte», de manera silenciosa iba alimentando una sensación de abandono que la roía por dentro y le dolía demasiado como para detenerse a examinarla. Mientras tanto, Sally, movida por la ecuanimidad, se gastaba su minúsculo sueldo anual de investigadora en viajes al Reino Unido: percibía una frialdad creciente en el afecto de su hermana gemela, pero se veía incapaz de entender o de preguntar el motivo, y todo esto preocupándose además porque Fiona estaba empleando una gran parte de su tiempo en los viajes yendo y viniendo de la lejana granja de la familia. Las visitas de Sally al Reino Unido eran como unas islas de un valiosísimo tiempo juntas que no habían de desperdiciar planteando desacuerdos ni aireando diferencias de opinión. El conflicto sordo se iba soterrando más conforme el resentimiento se iba haciendo más fuerte.

También me he encontrado jerarquías en las relaciones de muchas familias: por un lado la familia local, enredada en el día a día de la salud de uno de sus miembros y en los obstáculos sociales, que quiere asegurarse de que su familiar cuenta con el apoyo suficiente —a veces se le da de más, e incluso de manera sofocante—, aunque siempre actúa motivada por las buenas intenciones; y por otro la familia que vive lejos, que no es menos afectuosa pero sí mucho menos consciente de las dificultades de la vida cotidiana. Suelen ser los familiares que vienen de visita los que detectan cambios que se han ido produciendo poco a poco y de manera imperceptible para la familia local, pero sus preguntas al respecto se pueden malinterpretar como críticas hacia los familiares que sí están en casa, como un reproche por falta de diligencia. Fiona, la que seguía viviendo en casa, veía que su madre utilizaba todos los recursos a su disposición durante las dos visitas anuales de Sally con tal de mostrarle lo bien y lo feliz que estaba, pero entre esas dos visitas, Fiona veía a Wendy en sus momentos más bajos, la acompañaba a sus reuniones con los contables de la granja para evaluar las preocupaciones económicas anuales y también a sus visitas al hospital, cuando le examinaban las articulaciones artríticas y le proponían nuevos tratamientos para que no perdiera movilidad ni independencia. Sally se quedó horrorizada cuando se enteró de que Fiona había encargado un elevador de sillas para la escalera de la casa de la granja con tal de que Wendy pudiera subir al piso de arriba por las noches sin contratiempos, pero en su siguiente visita a casa se quedó impresionada ante los cambios que vio en su madre.

Llegamos a la visita estival de Sally. Ha recibido una invitación para dar una conferencia en la universidad donde estudiaron ella y su hermana gemela, la misma en la que yo conocí a sus padres, de manera que había mucha excitación por su visita para quedarse en casa de Fiona, cerca de la universidad, durante un fin de semana. Wendy les había dicho que tenía temporeros trabajando en la granja y que no quería alejarse. Yo lo entendí como una excusa para evitar la incomodidad del viaje, y, con su bendición, acepté encantada la invitación de las gemelas para pasar con ellas el fin de semana en casa de Wendy. Después de estar unos días con su madre, Sally vino en coche a nuestra ciudad y dispusimos de un par de horas para charlar en mi casa antes de que Fiona terminara de trabajar y pudiéramos reunirnos con ella y con su familia para pasar la velada.

—¿Cuándo fue la última vez que viste a mamá? —me pregunta Sally, directa al grano, nada más entrar en el salón de mi casa.

Mi visita más reciente había sido en el mes de enero, una época tranquila en la granja y una oportunidad para que Wendy y yo disfrutáramos de largas charlas junto a los fogones en la cocina.

Era innegable que Wendy había perdido movilidad: se encorvaba, cojeaba, tenía las manos y los pies deformados por una dolorosa e implacable artritis, pero su buen humor y su determinación no habían menguado.

—Creo que necesita los cuidados de una residencia —dice Sally—. Tiene a unos trabajadores que recogen la fruta viviendo en uno de los graneros, pero necesita ayuda asistencial. Le cuesta mucho preparar las comidas, utiliza un asiento en la ducha y le resulta difícil utilizar el inodoro. Ella me dice que todo va bien, porque siempre me lo dice, pero a mí me preocupa que, como se caiga en esos suelos de piedra de la casa de la granja, ¡se va a romper una cadera y terminará en el hospital!

Le pregunto a Sally si ha hablado con Fiona sobre su madre.

—¡Ay, AK, mamá tiene a Fiona por una santa! Le preocupa que se vaya a vivir con ella para cuidarla si se da cuenta de lo mal que están las cosas, y, por eso, está pensando en ser ella quien se marche a vivir a alguna residencia. A mí me parece que podría ser una solución excelente, pero Fiona no quiere ni oír hablar de ello. Dice que, después de contar con tanto espacio y tanto terreno, vivir en una sola habitación con una ventana que da a más casas y calles va a matar a mamá.

—Entonces, a tu madre le preocupa convertirse en una carga para Fiona —le digo.

Sally traga con fuerza antes de decirme:

—Yo también me preocupo por Fi, ya lo sabes. Me refiero a que carga con demasiado, mucho más de lo que en justicia le corresponde. Mamá podría permitirse que la cuidaran, pero Fi no quiere ni oír hablar de ello mientras ella pueda ayudarla, dice mamá. Sé que Fiona se preocupa mucho, y tantos viajes tan seguidos para ver a mamá deben agotarla, pero así también se queda más tranquila —suspira.

Dejo el silencio en el aire, esperando.

—Y, aunque yo viviera aquí, tampoco creo que la visitara tanto como Fi —termina diciendo—. Todo me parece un poco… exagerado, diría yo… como si mamá estuviera inválida… que a lo mejor lo está ahora, quizá sí necesite toda esa ayuda ahora, pero… bueno, ¡Fi lo ha estado haciendo durante doce años!

Espero. Sally guarda silencio.

—Sal, ¿qué crees tú que diría Fiona?

—Ah, pues lo que diría una santa —suspira Sally, que aparta de mí la mirada mientras habla sobre su hermana—. Es tan buena persona, mucho mejor que yo. Se obliga a perderse cosas con tal de hacer algo por los demás. Siempre ha sido así. En el colegio me peleaba con gente que le quitaba cosas, le decían que no habían traído el almuerzo o los lápices de colores, y Fi compartía los suyos, ¡pero se estaban aprovechando de ella!

Sonrío al imaginarme a una Sally canija y batalladora dando la cara por su hermana, luchando por esa justicia que la propia Fiona jamás ha exigido.

—¿Y ella también daba la cara por ti? —le pregunto.

—Ella no era de pelearse —responde Sally—, pero sí solía consolarme cuando yo me disgustaba por alguna cosa. Una vez me dejaron fuera del equipo de *netball*, y me enfadé muchísimo, porque era un partido importante, pero Fi me explicó que yo era tan buena que tenían que dar la oportunidad de jugar a las demás, que yo debía aceptarlo y animarlas aunque no jugara. Me dijo que eso sería un gesto de bondad por mi parte. Pero no sería justo, digo yo, ¿no? Incluso ahora, siendo adulta, pienso que no fue justo con esa niña pequeña que se esforzaba tanto entrenando.

—¿Las demás no se esforzaban tanto entrenando, Sal?

—Bueno, sí, pero… pero yo era la mejor tiradora, ¡de lejos!

La mujer madura que tengo enfrente se echa a reír cuando oye a la niña dolida de nueve años en su propia voz.

—Y, más o menos, eso es lo que pasa, ¿no? —dice Sally finalmente. Me mira a los ojos—. Verás, AK, mi principal preocupación al marcharme a vivir al extranjero era que Fi se iba a agotar por mamá, y lo ha hecho, ¿verdad que sí? Ella es bondadosa, y aceptará no ser la primera de la fila para que otro se pueda beneficiar, pero yo no soy así: yo lucharé por el derecho del otro a estar en esa fila, ¡pero que se ponga en el lugar que le corresponde! —se echa a reír.

—Así ha sido desde que erais muy pequeñas —le digo conforme regresamos a nuestra larga y confortable relación—. Bondadosa o justa, justa o bondadosa. Ambas importantes, ambas moralmente correctas, pero no iguales. Os queríais demasiado la una a la otra como para permitir que eso fuese una barrera, pero ahora que tenéis que apoyar juntas a vuestra madre, quizá os percatéis de que venís de direcciones distintas…

—Qué sabia es la anciana tía AK —sonríe Sally—. ¿Crees que Fi entiende esa diferencia?

—No lo sé, Sal. Pienso que ella tendrá su propia interpretación de lo sucedido en los últimos doce años, y será subjetiva, exactamente igual que tú tienes la tuya, y la tuya es que Fi ha cargado con mucho porque es más bondadosa con los demás que ecuánime consigo misma. Me pregunto qué opinión tendrá.

—Observo a Sally, que parece pensativa—. Se lo podrías preguntar —le sugiero.

Sally recoge nuestras tazas de té y se dirige a la tetera en busca de otra tanda.

—Creo que lo haré —me dice.

—Y si lo haces —le digo con amabilidad—, aquí tienes otra sugerencia de tu anciana y sabia tía: hazlo con delicadeza y escucha lo que no te diga tanto como lo que te diga.

Cruzamos la ciudad con Sally al volante camino del edificio de piedra donde vive Fiona con su marido y sus dos hijos. Sally se siente emocionada por estar allí, saludando a voces a los niños que le hacen gestos con la mano desde las ventanas superiores mientras ella descarga una bolsa llena de regalos para ellos. Llegan los abrazos, las lágrimas, las risas y las muchas carreras arriba y abajo por las escaleras para acomodar a Sally en el cuarto de invitados, arriba del todo, en el ático, con una panorámica fantástica sobre los tejados hacia el río y los puentes que lo cruzan, relucientes al sol de la tarde. Las gemelas bajan al piso de abajo con los críos charlatanes. Yo me quedo un rato ante aquellas vistas desde el ático para dejarlas unos momentos a solas. Bajo después las escaleras y me encuentro a las gemelas relajadas y sonrientes, sentadas juntas en un sofá con las piernas cruzadas en una perfecta postura simétrica. Los niños están en el jardín con su nuevo *frisbee* americano.

—Estaba recordando a Fi aquella vez en que me obligó a ser bondadosa y apoyar al equipo de *netball* después de que me dejaran fuera —sonríe Sally mientras tomo asiento—. ¡Pensaba que estaba loca!

—Menuda paliza se llevaron sin Sal —se ríe Fiona—. Y ella no podía evitar una sonrisa cada vez que la chica que jugaba en su puesto fallaba un lanzamiento. Sentía tal lástima por ellas que me daban ganas de llorar. ¡Y me llevé un verdadero disgusto al ver que Sally se alegraba de la humillación que estaban sufriendo!

—¿Os habéis percatado alguna vez de que os planteáis la vida de un modo distinto? —les pregunto, y me miran las dos a mí, después se miran la una a la otra y otra vez me miran a mí.

—Yo no me he dado cuenta hasta que mis hijos han empezado a hacerse más mayores —dice Fiona—. Gregor es exactamente igual que yo. Sé lo que está pensando y cómo va a reaccionar ante las cosas. Hay veces en que me siento incluso frustrada al ver que no se defiende un poco más. Y, sin embargo, antes me parecía que su hermana era muy impredecible, siempre peleándose: exactamente igual que era Sally. Y entonces, un día, lo comprendí: mi Flora no es en absoluto impredecible, sino que ve las cosas de otra manera. Mi hija siempre es ecuánime. Da la cara por el desvalido, aun cuando se trate de su hermano mayor, discute y se defiende cuando las cosas no le parecen correctas, pero es porque no puede soportar ver que alguien hace trampas jugando o que dice una mentira, es decir, Sally, exactamente como tú, que siempre vas a hacer que las cosas sean justas. La ecuanimidad es importante para ti. Creo que Gregor y yo cederíamos con tal de hacer felices a los demás, y disfrutamos con eso igual que tú disfrutas ganando una discusión u obligando a otro a que cumpla una promesa.

»No lo entendía cuando éramos pequeñas. No alcanzaba a entender cómo podías ser tan valiente y cómo te mantenías firme. Yo quería ser como tú, pero no sabía cómo.

Se sonríen la una a la otra, la sonrisa de Fiona teñida de tristeza.

—Y me puse tristísima cuando nos dejaste y te marchaste a Estados Unidos…

—Ya lo sé, Fi. Sabía que tú pensabas que estaba demasiado lejos y que era demasiado tiempo, pero para mí era una grandísima oportunidad. Yo esperaba que tú aprovecharas las tuyas, con tu música, y no te habría pedido que no lo hicieras, así que lo justo era que tú no me lo pidieras a mí, aunque pienso que deseabas hacerlo.

Mira de soslayo a su hermana gemela, y Fiona asiente con cara triste.

—Tú siempre has sido amable con todo el mundo —continúa Sally—, incluso con personas que no se lo merecían. Yo me ponía que bullía por dentro cuando veía que la gente no te valoraba, sabiendo que tú darías un paso al frente y que los ayudarías ¡aunque ellos no te hubiesen ayudado a ti jamás!

Contemplo esta conversación de amor y reconciliación: por turnos y tanteando el terreno, dejando constancia de lo que cada una de ellas valora además de lo que les cuesta más de la forma de afrontar la vida que tiene la otra. Me doy cuenta de que están mencionando conductas, «lo que tú haces» (tu manera de pelear para que se haga justicia, tu manera de actuar siempre con bondad), en lugar de decir «lo que tú eres» (buena, mala, egoísta, ansiosa), y además de hablar se están escuchando. Ojalá hubiera insistido más hace ya tantos años para que se sentaran a airear sus diferencias silenciadas, pero quién sabe: quizá necesitaran ese tiempo y esa distancia para reflexionar sobre lo que se habían callado.

A lo largo de un fin de semana cagado de consideración, escuchamos la conferencia de Sally y asistimos a una actuación de una orquesta juvenil dirigida por Fiona. Acudimos a ver a Flora y a Gregor competir en un festival de natación en el que Flora se indigna al ver que no han anulado una salida en falso de uno de los contrincantes de Gregor y que esto le ha costado a su hermano una medalla. Gregor parece impertérrito.

—Ya gané la última vez —dice—, y todo el mundo sabe que ese chico ha hecho trampas hoy. No va a disfrutar de esa medalla. Incluso siento un poco de pena por él, para ser sincero.

Flora desfila con paso firme en busca de unos helados, furiosa por que su hermano no la acompañe en su despotrique por la injusticia que ha sufrido, y las gemelas se miran sobre la gorra azul de Gregor y sonríen.

—¡Hay que ver, cómo me suena esto! —se ríe Sally—. Estoy con Flora, eh, pero mira cómo esa actitud relajada de Gregor ha evitado que la sangre llegue al río.

Gregor alza la mirada hacia su tía, que le sonríe y le dice:

—Estoy muy orgullosa de ti, Greg, y no solo por cómo has nadado. Por esa calma tuya, por tu aplomo. Eres un buen hombre.

Gregor se sonroja y se marcha a ducharse y a cambiarse.

—Es exactamente igual que tú, Fi —observa Sally mientras Gregor va chorreando camino de los vestuarios—. Y debería haberme dado cuenta de que tú nunca te habrías interpuesto cuando me ofrecieron el trabajo en Alaska, aunque te estuviera matando por dentro. Me pregunto cuánto daño te hice sin pretenderlo en ningún momento.

Fiona sonríe a su hermana gemela con una lágrima que le corre por la mejilla. Están hallando el camino de regreso a un ritmo compartido, paso a paso con valentía. El perdón es voluntario, una decisión basada en el amor y la esperanza. Las gemelas están reclamando esa comodidad perdida de la que gozaban en un ambiente de confianza mutua e incondicional.

Esta es nuestra última noche juntas. Los niños llaman a la abuela Wendy para contarle cómo ha ido la natación y después se marchan a sus habitaciones. Su padre se quita de en medio y nos da vía libre. Es hora de hablar.

Las gemelas están de nuevo en su sofá, una pareja que hace juego en posturas especulares.

—Si mamá necesita alguien que la cuide, yo me puedo mudar allí con ella —dice Fiona, justo como Sally se había imaginado.

—No te puedes trasladar allí a vivir de manera permanente, Fi. Los niños te necesitan aquí —dice Sally—. Podrías quedarte allí mientras estudiamos una solución a largo plazo, pero tenemos una verdadera necesidad de decidirnos por lo que podría ser.

—Mamá se amargaría viviendo en una habitacioncita enana en cualquier parte, Sally. ¡Vive en el campo!

—¿Habéis preguntado a vuestra madre? —les pregunto yo a ellas.

Se hace una larga pausa.

—No soportaría hacerla sentir como una carga —dice Fiona—. Podría vivir aquí con nosotros.

En este momento pienso en la dolidas articulaciones de Wendy y las empinadas escaleras de esta casa de cuatro pisos.

Sería un problema tremendo sin un ascensor, una reforma de los baños, un aseo en la planta baja…

—Mamá tiene que ser realista sobre los riesgos que corre —dice Sally—. Podría tener a alguien que la cuide en casa.

—No nos lo podemos permitir a menos que venda la granja —suspira Fiona—, y yo creo que eso le destrozaría el corazón. El único cuidado que podemos darle es… el nuestro… bueno, el mío.

—¡Pero eso es pedirte demasiado, Fiona! ¡Eso no es justo para ti ni para tu familia! —dice Sally—. Mamá tendrá que aceptar que no puede disponer de todo tu tiempo y tus energías. En cualquier caso, aquí soy yo el espíritu libre. A lo mejor ya es hora de que vuelva y me vaya a vivir con mamá.

—¡Sally, tu investigación! ¡Tus aves! ¡Tu vida en Alaska! ¡No es posible, no puedes abandonarlo todo! —dice Fiona, agitada y llorosa—. A ver, que es una oferta generosísima, ¡pero significaría renunciar a toda tu vida!

—¿Y qué has estado haciendo tú durante los últimos doce años, Fi? Doce viajes al año, horas de carretera, ayudando y apoyando a mamá en las cuestiones económicas y en las visitas al médico: sí, sé bien que haces todo eso, porque me lo cuenta ella cuando la llamo por teléfono. Sé que has renunciado a la oportunidad de tocar en una orquesta y viajar por el mundo. Tú has apoyado a mamá, mientras yo he tenido una carrera profesional sin ataduras de ninguna clase. —Sally tiene lágrimas en los ojos—. Lo he tenido todo, Fi, y tú me lo has permitido. No es justo pedirte que hagas más. Ahora me toca a mí.

Se hace el silencio. Vuelvo a preguntarles.

—¿Habéis preguntado a vuestra madre qué quiere ella?

Fiona vuelve la cabeza para mirarme y se recoge el flequillo detrás de la oreja izquierda.

—No podemos preguntárselo. Ella no puede tomar una decisión como esta. ¿Cómo va a elegir con cuál de las dos gemelas quiere vivir? ¡Eso le rompería el corazón!

Sally hace un gesto negativo con la cabeza y se recoge el flequillo detrás de la oreja derecha.

—No es justo que lo decidamos sin contar con ella. La decisión es suya.

Allí se quedan sentadas las dos, idénticas pero no tanto, y la diferencia no es solo la dirección del pelo, la famosa «cosita» diferente de su niñez. Y aquí estamos, entre la espada y la pared con su otra diferencia: la bondad frente a la justicia. Dos elecciones acertadas, situadas en oposición la una frente a la otra. Dos aciertos que no saben muy bien cómo pero echan por tierra sus buenas intenciones y dan lugar a un desacierto.

—Me pregunto cómo os sentiríais vosotras si dos personas a las que queréis mucho se reuniesen para tomar una decisión sobre vuestro futuro —les digo.

Parecen sorprendidas. Fruncen el ceño y se les abren los orificios nasales con una similitud que casi resulta cómica, y, acto seguido, objetan a la vez:

—¡No es lo mismo!

Y ese momento de hermanas gemelas rompe la tensión. Nos reímos las tres.

—Ahora estoy hablando como la tía sabia y anciana —les digo—. Percibo lo mucho que queréis a vuestra madre y deseáis protegerla. Veo que estáis ofreciendo vuestras sugerencias más sentidas: Fi, tú quieres impedir que sufran los demás, aunque luego sea duro para ti; y Sally, tú quieres cargar con nuevas responsabilidades porque te da la sensación de que eso sería una solución justa que compensaría todos los esfuerzos de Fi mientras tú has estado en Alaska. Si continuáis escuchando y trabajando juntas, estoy segura de que encontraréis una solución que sea válida para las dos, pero… ¿es esa la verdadera cuestión aquí? —Las dos me miran, perplejas—. ¿Esto no debería consistir en lo que es válido para vuestra madre?

Y así es como las tres acabamos en la cocina de la granja de su madre unos días después, con unas tazas de café sobre la mesa y con Wendy al calor de su propio fuego para asistir a una reunión familiar. Está claro que le está costando vivir aquí sola, pero tiene sus ideas, y nos está explicando los cambios en la casa que le ha sugerido el terapeuta ocupacional para que no pierda independencia: barandillas para agarrarse, un retrete elevado, un taburete alto en la cocina en el que apoyarse cuando prepara la comida…

—Y si eso no funciona, tengo un plan B —anuncia con aire de misterio mientras rebusca en un cajón del aparador—. ¡Mirad, esto podría ser perfecto! —afirma. Es el folleto de una urbanización asistencial, no en Norfolk, sino cerca de nuestra ciudad, donde hay unas casitas de una planta para los que pueden cuidar de sí mismos y una residencia medicalizada donde también se atiende a los residentes de las casitas—. Da a los terrenos de la granja de la universidad —nos explica—, donde nos conocimos vuestro padre y yo. ¡Unas vistas para morirse del gusto!

—Pero mamá, ¿cómo lo vamos a costear? —pregunta Fiona aterrada.

—¡Pues vendemos la granja, por supuesto! —dice Wendy—. Ha sido un hogar muy feliz para nosotros, ¡y no voy a permitir que se convierta en una prisión para mí!

Sally mira a Fiona; Fiona mira a Sally. Las gemelas se recogen el flequillo al unísono detrás de orejas opuestas. Sonríen a su madre.

—¿Eso te haría feliz, mamá? —pregunta Fi.

—Bueno, mamá, eso parece un intercambio justo —dice Sally.

Se miran entre sí, después me miran a mí y se echan a reír. «Lo han pillado», pienso.

De vuelta en el coche de Sally, hemos conversado sobre cuál es la mejor manera de explorar cualquier desacuerdo que pueda surgir una vez se inicie el diálogo sobre el futuro de Wendy. Reconocen que su deseo de mantener la paz les impidió hablar sobre la marcha de Sally a Alaska en la profundidad con la que debían haberlo hecho, y que su mutua falta de entendimiento ha debilitado su relación de manera sutil. Esta vez no habrá estratagemas: la una tratará de entender la perspectiva de la otra a base de escucharla y de repetírsela para que esta compruebe que la ha comprendido. Se percatarán de que coinciden en que las discusiones pueden terminar empantanadas en cuestiones periféricas cuando en principio existe un acuerdo respecto a las cosas que verdaderamente importan. Valorarán las aportaciones de la otra, incluso aquellas con las que no están de acuerdo. Ambas están comprometidas con la búsqueda de una solución para su madre, de tal manera que Fiona continuará centrada en ella cuando se disparen las emociones en lugar de salir corriendo a ayudar y reconfortar, y Sally escuchará con paciencia cuando Fiona o Wendy expresen emociones que parezcan distracciones innecesarias. Por encima de todo, pensarán antes de hablar para evitar que sean la ira o la angustia las que hablen. Buscarán soluciones, no problemas. Buscarán el acuerdo, las oportunidades para colaborar, nuevas posibilidades que tal vez no se les habían ocurrido antes. Expresarán con palabras sus emociones: «Me siento…» es hacer constar un hecho, una simple afirmación carente de acusaciones, muy distinta de «Tú me haces sentir…». Esta vez, en lugar de dar sus respuestas sin más, mostrarán su proceso para resolverlas.

Y, sí, escucharán del mismo modo a su madre. Van a apoyarla en su evaluación de las opciones para encontrar una solución con la que ella esté satisfecha. Su diálogo sobre la coreografía de la colaboración me llena de alegría por dentro.

Vamos también cantando canciones de la radio, saludando a los niños que vemos en los puentes y parando para tomar café con tarta. Las gemelas están reconstruyendo su confianza mutua, algo que ya es palpable mientras viajamos en dirección sur y giramos hacia el este camino de la resplandeciente llanura de Norfolk. Desde el asiento de atrás, observo esas dos cabezas tan queridas y simétricas que van delante y me quedo dormida con el sonido de sus voces idénticas y sus risas compartidas.

Aprender a discrepar es una aptitud vital. La capacidad para expresar la discrepancia sin que un desacuerdo se termine convirtiendo en una pelea requiere de curiosidad, de paciencia y de escucha, todo esto combinado con que nos centremos en la materia que se discute en lugar de en las personas que la discuten; y, por supuesto, también requiere del valor necesario para traspasar el umbral de entrada en ese debate diciendo: «No estoy de acuerdo».

Resolver el desacuerdo

Son muy pocos los que disfrutan con el conflicto. A mucha gente le resulta incómodo o les afecta en el plano emocional. Vernos en un desacuerdo nos deja en un dilema: ¿damos voz a la discrepancia y nos arriesgamos a ofender a alguien? ¿Guardamos silencio y dejamos que se asuma que estamos de acuerdo? Si damos voz a nuestro desacuerdo, ¿conducirá esto a una pelea? ¿Qué impacto tendrá esto en los conocidos que tenemos en común, en nuestra familia, amigos o compañeros de trabajo? ¿Cómo puede afectar el desacuerdo a nuestra relación de amistad o de trabajo y cuáles podrían ser las consecuencias a largo plazo para la evolución de mi carrera, mi capacidad para ser tu orientadora o tu confianza en mí para que cuide de ti?

¿Te suena todo esto? Bienvenido a las conversaciones con otros seres humanos.

Un desacuerdo no se puede resolver hasta que se menciona, y existen maneras de gestionar el desacuerdo sin que llegue a convertirse en un conflicto.

Es útil tener presente que el desacuerdo suele ser «sobre algo»: una opción que hay que elegir, una decisión que hay que tomar, un planteamiento que hay que adoptar. Si **expresamos nuestro desacuerdo diciendo que «vemos la situación de manera distinta»,** suele ser posible discrepar sobre la cuestión concreta sin convertirlo en un ataque contra la persona que sostiene una perspectiva distinta. La resolución del desacuerdo consiste en trabajar juntos, que es el planteamiento que hemos defendido en este libro.

El uso de la curiosidad y de las preguntas para **escucharnos con detenimiento el uno al otro** nos puede ayudar a **tratar de entender la perspectiva del otro.** Entonces podemos comprobar nuestra comprensión al **repetirle al otro su perspectiva** con la intención de presentarla con la mejor imagen posible. Si **señalamos lo que hay de bueno en la aportación de la otra persona al debate,** esto nos ayudará a examinar las ventajas de su opinión y hace posible que **busquemos aquello en lo que estamos de acuerdo.** No es momento de sabotear las opiniones del otro: estamos colaborando para encontrar la manera de avanzar juntos a pesar de nuestras diferencias de opinión o de perspectiva. Con un examen colaborativo y curioso de nuestras diferencias nos aseguramos de que habrá una retirada honorable disponible, de ser necesaria, para todos los participantes en el debate.

Este planteamiento colaborativo requiere que todas las partes estén **comprometidas con el proceso,** dispuestas a ceñirse a la exploración de las diferentes opiniones, para llegar a un punto medio o para aceptar con elegancia la diferencia definitiva de opiniones. Siempre es inteligente **impedir que sean nuestras emociones las que hablen:** si no podemos hablar con calma, podríamos proponer un aplazamiento de la conversación para más adelante.

La curiosidad es una herramienta versátil: acepta que puede haber varias formas distintas de interpretar una cuestión sometida a debate, y que nuestra propia postura es tan susceptible de ser examinada como cualquier otra.

Las últimas conversaciones

A mi buzón llega una infinidad de mensajes sobre conversaciones al final de la vida. Algunos hablan sobre el alivio de sentirse perdonado, de expresar aprecio, de compartir el amor. Aun así, con cada nueva semana me llegan también mensajes sobre cosas que se han quedado sin decir, conversaciones que se quedaron a medias, remordimientos por haber cerrado discusiones por temor a que alguna de las partes «se disguste». Y entonces llegó el covid. A pesar de que hay mucha gente que se pasa la vida evitando la idea de la mortalidad, resulta que esa misma gente vive su vida suponiendo de manera tácita que, al final de nuestros días, todos tendremos la oportunidad de decir las cosas que son importantes para nosotros. Las medidas de control del contagio privaron a la gente de esos últimos instantes juntos, y esa pérdida adicional nos ha mostrado lo valioso que puede ser el tiempo que dediquemos a las últimas conversaciones. ¿Somos capaces de armarnos de valor para cruzar el umbral de la duda sobre nosotros mismos y decir a nuestros seres queridos lo que significan para nosotros? ¿Vamos a tener que esperar hasta que uno de nosotros se esté muriendo para decirnos esas cosas?

¿Cómo nos sentiríamos si las dijésemos ahora?

El lecho de muerte. He aquí algunas reflexiones.

La mayoría de nosotros no ha visto morir a nadie en la vida real. Mentalmente, nos hacemos una idea que hemos sacado de los dramas televisivos, de la pantalla del cine o de los artículos de los periódicos, y durante el covid hemos tenido más artículos periodísticos de ese corte de lo habitual. Aun así, la mayoría de nosotros no se ha visto en ello de verdad.

Peor aún: a algunos de nosotros se nos murió nuestro ser querido y ni siquiera nos dejaron estar ahí. Tenemos imágenes mentales de cómo debió de ser eso, pero no tenemos forma de saberlo con seguridad.

Algunos trabajamos en la asistencia sanitaria o la social, y tenemos más posibilidades de haber estado alguna vez junto a una persona moribunda, pero, a menos que reconozcamos y comprendamos el proceso de la muerte, es posible que no entendamos lo que estamos presenciando. Ni siquiera algunos trabajadores experimentados de hospitales o residencias saben que hay ciertas similitudes entre la mayoría de las muertes, elementos que podemos reconocer y que nos sirven de ayuda para asegurarnos de que el proceso transcurre de la manera más confortable posible para el moribundo, que podemos contar a sus seres queridos que pueden prestar atención a ciertos indicadores que les ayudarán a saber que su familiar está muriendo «de forma segura» o cuándo buscar ayuda porque está sufriendo una angustia innecesaria.

Y, además, al acompañar a mis propios amigos y familiares he descubierto que mientras no hayamos estado junto al lecho de muerte de un ser querido en lugar de un paciente o un residente bajo nuestro cuidado y mientras no hayamos aplicado cuanto sabemos sobre el proceso del fallecimiento a la muerte de una persona a la que queremos profundamente y conocemos bien, no podremos entender realmente la experiencia de esas familias —ya sea por parentesco natural o por elección— que están acompañando a su ser querido en su camino hacia el último aliento.

Así que me gustaría decir lo siguiente sobre el lecho de muerte.

Es inevitable. A todos nos llegará el día. Para unos pocos no será una cama, sino tal vez una carretera, un centro comercial o la camilla de una ambulancia, pero, para la mayoría de nosotros, la muerte irá llegando de manera gradual, y tendremos la oportunidad de reconocer la situación y de reflexionar sobre ella.

He aprendido algunas cosas útiles a lo largo de toda una vida junto a los moribundos. Primero, que aunque nadie suele tener ganas de morir, el que está en su lecho de muerte suele estar más preocupado por sus seres queridos que por sí mismo. Tienen cosas que decir, y sus personas más cercanas les pueden ayudar escuchándolos. Se trata de una tarea muy valiosa, escuchar los mensajes de alguien que se aproxima al final de su vida.

Si quiere pedir disculpas, no intentes restarle importancia como si no fuera necesario. Es la voz de su conciencia la que habla. Escucha su pesar y reconócelo. Acepta la disculpa. Dale las gracias. Dile que tu amor no va a cambiar. Hazle saber que lo has entendido.

Si quiere darte las gracias, no hagas como si tampoco fuera para tanto. Es la voz de su corazón la que habla. Escucha su gratitud y reconoce que te están dando las gracias. Acepta el agradecimiento. Dile que estás encantado y que volverías a hacerlo, que ha sido un placer o un honor para ti, o que has sentido como una obligación muy seria ofrecer eso que te están agradeciendo. Hazle sentir que lo has entendido.

Si quiere perdonarte, es posible que te dé apuro o te sientas avergonzado, incómodo, indigno, abrumado o incómodo. Encájalo. Déjale hablar. Es la voz de su alma la que habla, un alma que descansará después de haber hecho las paces contigo. Aceptar su perdón es un regalo que le puedes hacer. Agradéceselo. Pídele su bendición. Está desembarazándose de su carga de temor y de tristeza, pero tú no tienes por qué recogerla. Deja donde están esos errores, en el pasado. Quedan en el pasado de ambos, y este es un nuevo presente en el límite de la vida del otro. Escucha, reconoce y acepta su perdón.

Si quiere hablar de amor, pues claro, participa en la conversación. Que a los dos se os llene de alegría el alma por todo lo que habéis significado el uno para el otro. No es momento de ser tímidos ni de avergonzarnos por las emociones. Ahora, cuando todo se termina para tu ser querido, es el momento de vivir la verdad de que vuestra relación está forjada por el amor. Ya sea un matrimonio, la paternidad, amistad o el afecto por un compañero de trabajo o un vecino: todo es amor. Escucha: préstale atención a ese amor. Hazle sentir atendido.

Lo siguiente que me ha enseñado toda una vida junto al lecho de muerte es que hay paz en el proceso de morirse siempre que se den dos condiciones importantes: la primera es una buena gestión de los síntomas de la enfermedad, sea cual sea, que está causando la muerte. El hecho de que nos estemos muriendo no significa que tengamos que tolerar el dolor, las dificultades para respirar, que suframos náuseas u otros síntomas. Habrá que insistir en que se lleve a cabo la mejor gestión posible de los síntomas, ya sea por parte de su médico de cabecera o por parte del equipo de especialistas de cáncer, cardiología, neumología o lo que sea, o en que esos expertos cuenten con el refuerzo de la experta colaboración de los especialistas en cuidados paliativos.

Sin síntomas incómodos que la distraigan del proceso, la persona moribunda simplemente se va agotando más con el paso del tiempo. Hace menos cosas. Duerme más, y ese sueño la ayuda a tener brotes breves de energías renovadas: tal vez las suficientes para mantener una conversación, para escuchar su música preferida o para lavarse los dientes. Comienza a sumirse gradualmente en la inconsciencia, en un coma cada vez más profundo hasta que se encuentra inconsciente todo el rato. Ya he escrito sobre esto en otra parte.[16]

La segunda cuestión importante es la serenidad. Consiste en sentirse preparado, en que estén zanjadas esas cuestiones que desean dejar resueltas, las relaciones recuperadas, que su vida ha tenido un valor. Para lograr esto, suelen ser de ayuda las conversaciones de los días precedentes, semanas, meses e incluso años, así como también reconocer nuestra mortalidad y trabajar con ella en lugar de luchar contra ella. Redactar un testamento o contratar un seguro de vida no van a provocar que nos muramos antes, y lo mismo sucede con la preparación para el final de nuestra vida, pero sí es algo que, sin duda, sirve a la gente para morir con una mayor serenidad. Por eso, cuando el otro nos pida hablar sobre las cosas que le darán serenidad, escuchémosle. Que se sienta escuchado.

Y esto es lo que tiene el lecho de muerte, que es una oportunidad para ir conociendo mejor la muerte, para ver cómo sucede, para presenciar el cambio gradual de estar vivo a dejar de estarlo, para aprender a mantener esas conversaciones tan

[16] http://www.withtheendinmind.co.uk/.

valiosas, para acompañar igual que nos acompañarán a nosotros cuando nos toque.

Así que, al turnarnos junto a la cama —o junto a la cama virtual— de nuestro ser querido moribundo, le estamos haciendo el regalo de nuestra compañía y nuestra atención, y él nos hace a nosotros el regalo de enseñarnos a morir. No es como en la tele. Por lo general no es nada dramático. Sí es inolvidable y profundo, te cambia la vida, y es para nosotros un privilegio poder estar ahí para el otro mientras aprendemos las lecciones que nos da el lecho de muerte. Escuchar con los oídos, con los ojos y con el corazón.

Escuchar

El duelo. Hasta la propia palabra me incomoda. El inalterable hecho de la pérdida. La impotencia. La desesperanza. Yo soy una optimista. Me dedico a sembrar la esperanza y me lleno de satisfacción cuando me pongo a cavar en llanuras yermas de desesperación y consigo sacar a la luz las esperanzas, cuando descubro la manera de hacer soportable una amenaza que no se puede alterar, cuando hallo migajas de consuelo. Así es como he sido capaz de dedicar décadas al servicio de aquellos que estaban aprendiendo a vivir mientras se estaban muriendo: porque había problemas que resolver, soluciones que idear, cosas que hacer. A continuación, cuando se están muriendo, hay explicaciones que facilitar a sus seres queridos, hay que gestionar los síntomas, que acompañar en las guardias. Más cosas que hacer. Y después, tras la muerte, los dolientes se despiden apesadumbrados y nos dejan aquí a nosotros, sus excompañeros ante el lecho de muerte.

Ya está hecho, y su siguiente tarea es la de sobrellevar la pérdida. Ya no queda nada que hacer, y esto suena insoportable. Por favor, que no me obliguen a enfrentarme a eso. No tengo nada que ofrecer... o eso pensaba yo. Así es como aprendí que me equivocaba.

He de hacer una confesión. Aunque he pasado mucho tiempo en presencia de personas moribundas, jamás entendí cómo comportarme en presencia de los dolientes. Hay mucho que hacer en una unidad de cuidados paliativos: hay que tomar unas u otras medidas, facilitar explicaciones, proporcionar unos cuidados u otros... Tras la muerte del paciente, sin embargo, se produce un extraño vacío. Las familias de luto hablan de la extraña transición por la que se pasa cuando todo el ajetreo de los cuidados se desvanece en un silencio que resulta desconocido.

261

Ese silencio, ese lugar de dolor extremo sin tarea ninguna que hacer, me hacía sentir incómoda. Por eso, a pesar de ser amable cuando me hallaba en presencia de alguien que había perdido a un ser querido, no buscaba su compañía. Me parece justo decir que evitaba a esas personas.

Ya sé que no soy la única. Las personas de luto hablan de esto con frecuencia: la gente los evita, y se vuelven invisibles a plena vista, se convierten en fantasmas. La pérdida de su ser querido se ve agravada por la pérdida del contacto con los amigos, la familia y los vecinos, por la pérdida de la vida de antes y por la pérdida del futuro que ya estaba planificado. Incluso después de haber pasado por mis propios duelos, seguía sintiéndome sin recursos en presencia de otros dolientes. Es más, ahora que entendía una cierta parte de su devastación, mi falta de recursos me hacía sentir aún peor.

Mi manera de entender ese «estar», con esto me refiero a cómo comportarme, cómo estar presente y acompañar a los dolientes, procedía de dos direcciones imprevistas. En primer lugar, mi opinión de mí como una persona «demasiado inexperta para ayudar» a alguien que está de luto se alteró cuando, después de escribir un libro sobre el proceso de morirse —lo útil, qué planificar, qué nos podemos esperar y otras cuestiones prácticas que he aprendido a lo largo de toda una carrera profesional junto al lecho de muerte—, comencé a recibir mensajes de los lectores.

Gente que había perdido a un ser querido se ponía en contacto conmigo. Primero fueron tan solo una o dos personas, después fue un goteo de gente, y, a continuación, una riada. Decenas, cientos. He perdido la cuenta. Cartas y tarjetas enviadas a los periódicos que reseñaban el libro o publicaban alguna entrevista, mensajes en las redes sociales, correos electrónicos de amigos que me reenviaban mensajes de personas a las que no conocía, cartas a mi agente y a mis editores. Personas sumidas en el duelo, la misma gente de la que me he estado escondiendo toda mi carrera, ahora me estaban buscando a mí, y todos ellos me decían las mismas dos cosas: «Gracias por explicar lo que yo he visto y oído al pie de ese lecho de muerte» y «Esta es mi historia». Una historia detrás de otra y de otra más, enviadas todas ellas en confianza y con toda bondad, cada una de ellas el relato de una vida que se ha perdido y de otras vidas que se han visto alteradas para siempre. Relatos de un amor y de un recuerdo, de una pérdida y de una pena, de gratitud y confianza, de ira y ambivalencia. Los leía, reflexionaba sobre ellos e intentaba responder, si es que había manera de hacer tal cosa.

Al principio, aquello me dejaba abrumada, y en los primeros días le decía a cada persona que me escribía que yo no era precisamente alguien con una excesiva experiencia en el trabajo con personas dolientes, por si acaso me habían tomado por una experta en afrontar el duelo. Aun así, con cada mensaje que recibía, una verdad se iba presentando con una claridad cada vez mayor. Los relatos son nuestra manera de comprender la muerte y la pérdida. ¿Y no sabía eso ya? Esa apabullante riada de gente que había sido testigo directo de esos últimos momentos y que continuaba viviendo con el dolor comenzó a cambiar mi percepción de lo que sabía. Comencé a entender que yo también conocía el duelo. Había perdido ya a los suficientes seres queridos para ser capaz de reconocer el patrón fundamental y sus variaciones individuales en cada ocasión, y ahora, gracias a la confianza de aquellos numerosos correspondientes, estaba desarrollando una familiaridad con aquel dolor propia de quien lo ha visto con sus propios ojos. Había dejado de ser una impostora al hablar sobre el duelo.

Aun así, mi sensación de incapacidad me seguía abrumando, pero la lectura de tantos relatos de dolor me enseñó algo sobre la causa de mi elusión: yo sabía cuál era mi papel en presencia del moribundo, pero no sabía cómo estar en presencia de los dolientes. ¿Es esta la sensación que impulsa a la gente a cambiarse de acera cuando ve que se acerca su vecino que está de luto? Los dolientes atribuyen esta reacción común a que la gente se siente incómoda, sin saber qué decir, y en parte es así, pero me di cuenta de que se trataba de algo más que eso: antes de poder hablar, hemos de hacernos presentes, y somos reacios a hacernos presentes cuando no sabemos «cómo estar».

La vida te da lecciones, estés preparado para recibirlas o no. Para mí, la siguiente llegó de manera inesperada. Asistí a la proyección de una película en una feria del libro: se trataba de un documental que había estado intentando evitar porque trataba del duelo de los padres, una película realizada por otros padres dolientes. Habían viajado y vivido con otros padres en su misma situación y los habían entrevistado para realizar una película documental que explora el más insoportable de los duelos, la muerte de un hijo. Aquel proceso era de lo más lúcido no solo por el hecho de que los cineastas y los entrevistados tuviesen la misma experiencia en común, sino porque uno de ellos es también psicoterapeuta. Titularon su película *A Love That Never Dies* [Un amor que nunca muere].[17]

Sabía de la existencia de esta película porque los realizadores se habían puesto ya en contacto conmigo para solicitarme que les ayudara a promocionarla como un servicio a otros padres en la misma situación. Estaban buscando gente que pudiera hablar sobre la muerte como miembros de una mesa que respondería preguntas en las proyecciones de su documental. Aquello me horrorizaba. «Yo no me dedico al duelo. No sé ni cómo estar cuando lo tengo delante». Les contesté por escrito que yo no era una experta en el dolor por la pérdida de un ser querido. Eso no los desalentó. «No es lo que usted se imagina», me dijeron.

Me enviaron un vínculo de acceso a su documental para que lo viera en casa. Era de una gran belleza, por supuesto. Una película transformadora, que te llegaba al alma y te encogía el corazón. Allí había padres de toda condición social que afrontaban la muerte de su hijo: accidentes, enfermedades, asesinatos, suicidios... que seguían viviendo ahora que les faltaba un trozo en lo más hondo de su ser, que seguían siendo padres del resto de sus hijos, preparándoles la comida, llevándolos al colegio, soportando lo insoportable e intentando encontrarle el sentido a todo aquello, sobreviviéndolo y contando su relato. Me doy perfecta cuenta de que yo no me puedo sentar en un escenario y ponerme a hablar de esto, porque tardo varios días en ver el documental entero. Me siento agitada, incapaz de quedarme quieta ahí sentada, me levanto a por algo de beber y recuerdo

---

[17] Su página web es https://thegoodgriefproject.co.uk/ y el documental está disponible en https://thegoodgriefproject.co.uk/watch-a-love-that-never-dies-now/.

que tengo que meter cualquier cosa en el horno, que escribir una carta o atravesar el bosque para ir a comprar leche. Veo la película a ratos de veinte minutos, a veces menos. Apenas duermo en las noches siguientes y me despierto con la cara de dolor de esas personas en la cabeza, me sobresalta el ruido distante del tráfico y me imagino que alguno de mis hijos está herido.

La proyección del documental como actividad relacionada con mi charla sobre la muerte en esa misma feria significaba que no me iba a poder escabullir. Después de dirigirme a la sala dando un paseo con los realizadores de la película, Jane y Jimmy, elegí un lugar discreto donde sentarme y me preparé para soportar la pena. Lo que sucedió a continuación fue tan sorprendente como abrumador, e incluso me sucede que, al recordarlo, vuelvo a sentirme acomodándome en aquella butaca, con el abrigo colgando del respaldo y el pañuelo alrededor de la cara en busca de un espacio de intimidad donde sufrir a lo largo de la hora siguiente.

Comienza la película. Van contando las historias, una a una, encadenadas con unas impresionantes imágenes de los viajes de Jane y Jimmy. Nos encontramos junto a la carretera de Vietnam donde murió su hijo Josh, y los testigos se van congregando para saludarnos, darnos su apoyo y ofrecernos su propia versión de los últimos momentos de Josh. Estos nuevos detalles de la historia dan la sensación de estar volviendo atrás para añadir ilustraciones a un libro que antes estaba redactado a base de puntos esquemáticos. Estamos viendo el dolor de esta familia, momento a momento, cuando ofrecen su apoyo a los jóvenes amigos de Josh, tan impresionados en su propio luto, en la planificación del funeral y de las ceremonias en su memoria, cuando atienden las necesidades de todo aquel que quisiera a Josh. Tamaña generosidad por su parte me tiene amarrada al asiento.

Comienza su trayecto —nuestro trayecto— para conocer a otras familias de luto, y las cenizas de Josh nos acompañan en el recorrido: lo llevamos a completar sus viajes. Unos cielos cinematográficos y unos bellos paisajes contrastan con las íntimas y desgarradoras conversaciones en plano corto con los padres dolientes que nos hablan de su pérdida y del impacto del duelo. Los rostros de otros padres y familiares también dolientes llenan la pantalla, y cierro los ojos en la oscuridad cuando la pena y la agitación que siento se vuelven excesivas para soportarlas, pero las voces, ineludibles, nos envuelven por todas partes. Cada familia sacudida por su pérdida, todas en busca de su propia manera de enfrentarse a un futuro que se ha visto alterado para siempre.

Cuando abro los ojos, me percato de que los espectadores asienten mientras hablan las familias en la pantalla. La gente se incorpora hacia delante en la butaca como si tratara de estar lo más cerca posible de la pantalla del mismo modo en que yo me echo hacia atrás y sostengo un escudo mental delante de mí. Aquí sentada como miembro de este público me veo inmersa en una experiencia que había sido incapaz de soportar a solas. Llego a oír algún que otro sollozo a mi alrededor, gente que se suena la nariz o carraspea. Los espectadores están escuchando los ecos de sus propios relatos. «Así es la pérdida de un ser valiosísimo. Así. Y así. Y así». «Así es como reducimos al mínimo la expresión de nuestro dolor —dicen estos padres dolientes— para no llamar la atención cuando estamos con gente que no está pasando por esto… Sí, esto es lo que hacemos». Sí, asienten los espectadores inclinados hacia la pantalla, es justo eso. Sí, te comprendo perfectamente. Escucho tu historia y, en ella, escucho también la mía propia. Sí, sí, sí.

Estoy en una sala suspendida en el tiempo, llena de un profundo dolor, pero no solo de dolor. Hay recuerdos, lágrimas y pena, por descontado, pero todas las familias hablan de la fuerza duradera de su amor por estos hijos fallecidos, que han perdido para siempre y, aun así, protegidos bien a salvo en el interior de sus familiares durante el resto de su vida. Es impensable no pronunciar sus nombres, no recordar su vida, no reencontrarse con el dolor de la pérdida, porque esa es la puerta de acceso al gozo de que hayan vivido, esa siempre presente sensación de pertenencia que describen esas familias. Este dolor es la piedra de toque de su relación ininterrumpida con ese hijo, hija, hermano o hermana tan amado al que han perdido. La alternativa sería olvidarlo o incluso no haberlo conocido nunca, y eso no lo desearía ninguno de ellos. Su dolor es un precio que merece la pena pagar por ese amor.

En cada relato en la pantalla, me topo con mi ineptitud ante el duelo. Mi impotencia. Ese no saber cómo estar. Y oigo esas voces dolientes que describen a unas personas que seguramente se sienten igual que yo: expresan su sensación de abandono por parte de amigos y vecinos y cuentan que quienes no saben qué decir evitan decir absolutamente nada e incluso evitan el contacto, les dan la espalda y no les devuelven las llamadas. Mi triste consuelo es que yo no doy la espalda, pero en mis encuentros con dolientes siempre me quedo con la sensación de que los estoy decepcionando de alguna manera, de que no soy yo quien debería estar allí, sino alguien que supiese lo que hay que hacer. Ojalá fuese capaz de averiguar cómo ser lo que ellos necesitan en ese momento.

Continúa la proyección de la película y me veo suspendida en ese no saber, en el ir y venir entre mis propias penas y las penas de las familias que están hablando. La autocaravana de Jane y Jimmy cruza el rojo de un desierto estadounidense bajo unos cielos azules ininterrumpidos cuando sucede algo dentro de mí. Ese agujero en el que he estado intentando no caer me engulle, y estoy perdida. Lloro a lágrima viva. Forma parte de esta sensación colectiva de transitoriedad y de las dolorosas e inevitables consecuencias del amor. Al sentarme con tantas familias dolientes, una detrás de otra, por fin he logrado entender que no hay nada que podamos hacer o decir que pueda aliviar este tipo de dolor, pero eso no es lo que se nos pide que hagamos. Nuestro papel de apoyo se limita a estar dispuestos a hallarnos presentes, a ser testigos, a pronunciar el nombre del difunto y a conservarlo en el recuerdo. Este dolor no se puede «enmendar»; ahora bien, con el simple hecho de aparecer, impotentes y sin palabras pero dispuestos a estar presentes, podemos concederles un espacio para su dolor y señalar nuestro sentido de una humanidad compartida.

Al final de la película se produce un largo silencio, una quietud antes de que comiencen los aplausos. La gente se da la vuelta, se miran los unos a los otros y comparan sus relatos, comparten abrazos y pañuelos de papel y hay un barullo prolongado antes de que los miembros de la mesa puedan hallar el silencio que necesitan para que se inicie el turno de preguntas y respuestas. La gente cuenta la historia de lo que ha vivido; este público narra una y otra vez las mismas historias que yo he leído en mi correspondencia.

Sin embargo, ahora las contemplo desde una posición privilegiada distinta. Observo a Jane y a Jimmy, que reconocen nuestra impotencia y que estar sin más es la única manera de sobrevivir. Es una clase magistral sobre el arte de acoger el dolor del otro sin intentar arreglarlo, ni acelerarlo ni justificarlo.

Sí que sé cómo estar. Lo he estado haciendo desde el principio. Es percibir esta sensación de completa impotencia, reconocer su veracidad y, aun así, dar la cara de todos modos. Todo cuanto podemos hacer en momentos como estos es escuchar.

Consejos de los dolientes sobre el acercamiento

¿Y qué pasa con la asistencia durante el duelo? He aquí otro de los grandes filones de mi correspondencia, y aquí encontramos consejos de los que todos podemos sacar provecho. El duelo es el proceso natural que nos capacita para vivir con la pérdida. Es emocional y físico, demoledor y agotador. El doliente descubre que su capacidad de atención se fractura y que le falla la memoria. Hay momentos de calma y momentos de un inmenso trastorno en la propia forma de ver la vida: no se trata solo de una angustia emocional, sino de una sensación de encontrarse desubicado en el tiempo, el espacio, de cómo coger aire para volver a respirar o de cómo dar el siguiente paso. El simple hecho de pasar el día ya es agotador, se altera el sueño, las hormonas que se liberan por el estrés causan cansancio físico. El acercamiento a esa persona, por tanto, debería servir para reponer esa energía y esa capacidad de atención en lugar de agotarle la poca que le quede.

La pena no es una enfermedad, sino una reacción ante la pérdida. El dolor durará tanto como dure la pérdida, y, después de una muerte, la pérdida durará para siempre: impregna el presente de quien la sufre, los recuerdos de su pasado y sus expectativas de futuro, y aunque al final irá descubriendo que su dolor es un componente cada vez más pequeño de su vida cotidiana, no va a desaparecer por completo. Esa persona no va a «superarlo» por mucha que sea la gente que le diga que debería hacerlo. El duelo es un proceso que, al final, le dará la capacidad de vivir con esa pérdida. Y tardará el tiempo que tarde.

Nuestra sensación de torpeza e incomodidad ante un amigo o un vecino doliente nos puede paralizar y evitar que nos aproximemos a ellos, y, sin embargo, eso es justo lo contrario de lo que necesitan. Las personas de luto lanzan una serie de mensajes recurrentes sobre cuál es la mejor manera de apoyarlos; he aquí unos cuantos principios que al doliente le gustaría que todos tuviéramos en cuenta.

Por favor, no me evites. No tengo fuerzas para buscarte y pedirte ayuda, pero me siento abandonado cuando permaneces ausente y callado.

No tienes que «animarme». Eso es imposible. Agradezco y valoro tu acercamiento como un acto de apoyo y no espero que sepas qué decir ni qué hacer. Es frecuente que nosotros tampoco lo sepamos. Prueba con un «lo siento», un «pienso en ti», «cuánto me alegro de verte», o incluso un «no sé qué decirte».

Di su nombre. No me vas a poner más triste al mencionar al difunto. Me encanta que me cuentes tus recuerdos e historias, es como si me ofrecieran un pequeño atisbo de él desde un punto de vista diferente.

Responder a un «¿cómo estás?» es algo titánico. Cada día —y a veces cada hora— es diferente. «¿Cómo te encuentras ahora mismo?», «¿Te apetece charlar?» o quizá un simple «hola» sean saludos más sencillos de responder. Hay veces en que ni siquiera sé cómo estoy o en que pienso que debería decirte que me siento mejor de lo que realmente estoy.

La ayuda en cuestiones prácticas puede ser muy agradecida. Si me preguntas qué necesito, es posible que me sienta demasiado abrumado para contártelo. Me resulta más sencillo cuando me ofreces una ayuda específica que pueda aceptar o rechazar: «Voy a hacer la compra, ¿qué te traigo?», «¿Te saco al perro a pasear?», «¿Te llevo a los niños al colegio?», «¿Te corto el césped?» o «Aquí tienes un plato de comida para que lo metas en el congelador».

Es un gran apoyo que te acuerdes de mí, pero no me exijas que te responda. Piensa en enviarme un mensaje de texto, una nota o una tarjeta. «Estoy pensando en ti», «Aquí estoy si necesitas ayuda», «Tengo toda la tarde libre si quieres compañía», «Te envío mi cariño», «No hace falta que respondas». Por favor, no pierdas el contacto conmigo pasada una semana, un mes o un año. El dolor no tiene un límite de duración.

En lugar de soltar tópicos, expresa bondad sin más. Por favor, no intentes justificar esta muerte con eso de «Ahora está en un lugar mejor», «Ya ha dejado de sufrir», «Siempre se mueren los buenos», «Por lo menos…». Basta, en cambio, con que me digas que reconoces mi dolor, que te acuerdas de mi fallecido. «Esto es duro. Siento mucho el dolor que estás sufriendo», «No me puedo imaginar lo triste que esto es para ti, pero aquí estoy si quieres compañía», «Lamento muchísimo su muerte, y te envío todo mi cariño», «Me he acordado de aquella vez en que…», «Lo quería mucho y voy a echarlo de menos», «Era una amiga muy especial para mí».

Sí, es algo violento. Ya lo pillo. Pero, por favor, no permitas que esa sensación incómoda te impida acercarte a mí. Si me echo a llorar, no es porque tú hayas hecho algo malo. Suele ser porque me has escuchado y me has permitido expresar mi pérdida, y yo agradezco esa bondad.

Ayúdame a reincorporarme al trabajo y a recuperar mi círculo de amistades poniéndote en contacto conmigo para preguntarme cómo me gustaría que lo llevaras. Algunos estamos encantados de regresar a nuestras rutinas familiares sin mayores ceremonias. Otros agradeceremos una tarjeta o unas flores para darnos la bienvenida de vuelta. La mayoría agradecemos que los compañeros de trabajo o los amigos nos digan que lamentan que haya muerto nuestro ser querido. Unos pocos no queremos que se mencione. Algunos preferimos que alguien nos acompañe en nuestras primeras salidas de regreso a la vida social. No intentes imaginártelo, pregúntamelo antes.

Escúchame. No nos olvidemos de que contar historias es una manera de volver a relatar nuestros recuerdos. Al escucharme, generas un espacio donde yo puedo sentir la felicidad del pasado además de la tristeza actual. Hay muchos momentos de sonrisas en los velatorios porque se trata de una ocasión donde todo el mundo habla con afecto y cariño sobre el fallecido. ¿No podríamos hacer eso con más frecuencia?

Hacia la conexión

Hemos visto la lástima, la comprensión, la empatía y la compasión en el apartado «Acompañar», en la página 73. En el plano individual, hemos examinado la manera de crear un espacio compasivo para acompañar a una persona en un estado de profunda angustia sin tratar de arreglarle la vida ni darle consejos y sin restar importancia ni rechazar sus emociones.

Hemos visto la manera en que podemos capacitar al otro para que haga una revisión de sus dificultades en un entorno seguro, para que se sienta escuchado. Hemos valorado la forma de ayudarle a encontrar posibilidades para sobrellevar o para resolver sus dificultades al tiempo que le ofrecemos un puerto seguro al que regresar. Hemos contemplado las dificultades de mantener conversaciones tranquilas cuando las emociones se intensifican. Hemos pensado en nosotros mismos como ayudantes compasivos y hemos reconocido la necesidad de cuidarnos y de ser compasivos con nosotros mismos para mantener nuestro propio bienestar.

Hasta ahora hemos visto actos individuales de compasión y de consideración. No obstante, somos más que individuos: lo propio en nosotros es estar los unos con los otros. Somos miembros de grupos de amistades, familiares o de trabajo; somos vecinos en nuestras calles, aldeas, pueblos y ciudades; somos miembros de grupos, clubes y asociaciones con intereses comunes: todas ellas comunidades de una clase u otra. Somos seres sociales, y nuestro yo colectivo es la sociedad. Para finalizar, dirijamos nuestra atención brevemente hacia un panorama más amplio y hacia nuestra necesidad humana de conectar, de poder contar nuestra historia, de que nos escuchen. ¿Dónde están los espacios de escucha en nuestras comunidades?

¿Dónde están los espacios de escucha?

El mundo es un constante ajetreo. La gente está liada con sus propios asuntos. Nos desplazamos distraídos de tarea en tarea y de un lugar a otro. Rara vez vivimos el momento presente; nos dedicamos en gran medida a prepararnos para (y a menudo a preocuparnos por) lo que podamos tener por delante y, en ocasiones, a recordar (y tal vez a reprocharnos) lo que ya pasó. Cuando la vida nos para los pies en seco de forma repentina con un suceso triste o traumático, salimos de nuestra ensimismamiento y entramos de golpe en el ahora. El mundo nos pasa de largo, inconsciente o indiferente: somos islas de presencia en un mundo distraído.

¿Dónde está el espacio para el dolor y la reflexión en el ajetreo mundano? ¿Quién nos va a escuchar cuando formulemos nuestra tristeza y busquemos el sentido a nuestras decepciones? ¿Dónde podemos expresar el dolor, explorar las ansiedades o vernos consolados en nuestra soledad?

Somos animales sociales. Estamos programados para conectar unos con otros. Aun así, la vida en comunidad se diluye en el anonimato urbano y en la distancia rural; se ha vuelto cada vez más difícil entablar relaciones valiosas; se ha declarado una epidemia de soledad, que no consiste en la ausencia de compañía, sino en la ausencia de conexión. Un lugar donde estamos rodeados de gente pero no contamos con nadie que nos escuche puede ser mucho más solitario que el propio aislamiento.

¿Cómo podemos recrear la conexión? ¿Dónde y cómo podemos proporcionar espacios compasivos en los que la gente se pueda reunir y comunicar, reflexionar y recuperar el equilibrio? ¿Dónde están los espacios en los que podemos hablar, donde nos sentiremos escuchados, donde podemos vivir la conexión, la compasión y la consideración?

Valerie tiene la oreja roja y dolorida. La ha tenido pegada al teléfono durante veinte minutos, escuchando una musiquilla interrumpida por los anuncios grabados de la compañía de seguros que le dicen lo importante que es su llamada. Tiene una lista de tareas y una taza de té, que se le ha quedado grisáceo y hecho un asco al quedarse frío. Intenta no pensar en cosas que se quedan frías. La mano de Irvin estaba helada cuando se despidió de él. ¿Cómo es posible que haya muerto? El pánico vuelve a ascender, y Valerie hace un gesto negativo con la cabeza en el momento en que la música cambia de Mozart a Albinoni en pleno compás. O no es Albinoni, que hace poco que lo ha descubierto. Suspira.

Viuda. Menuda palabra. Cómo va a verse ella como una viuda, hombre. Se queda mirando la lista que tiene delante, esa que ha tecleado un Irvin que se estaba muriendo y que enumera todas las cosas que ella iba a tener que atender cuando él hubiese fallecido. El banco, el seguro del coche, el seguro de la casa, las compañías del teléfono y de la luz, la tarjeta de crédito, la biblioteca… hay que pedir a todas estas empresas que den a Irvin de baja por defunción. Las ONG con las que colaboraban juntos van a tener que cambiar el nombre de él por el de ella, si es que Valerie se puede permitir continuar donando. Lo primero es arreglar lo del banco. La mujer de la entidad financiera le ha dicho que no puede sacar dinero de la cuenta conjunta ni utilizar la tarjeta ahora que Irvin ha fallecido: tendría que haber pasado por el cajero antes de hablar con el banco. «¿Cómo iba a saber alguien semejante cosa?», se pregunta Valerie. «Esta es la primera vez se me muere el marido».

—Aseguradora Pochester, gracias por esperar, le atiende Maxine. ¿Tendría la amabilidad de decirme su nombre? —una voz desenfadada interrumpe a Albinoni de manera repentina.

—Valerie —dice ella.

—¿Y su apellido? —trina Maxine.

—Anover —dice Valerie—. A-N-O-V-E-R. —Nadie ha oído antes ese apellido, nunca, y Valerie se ha pasado su vida de casada deletreándolo, el apellido de su familia política.

—¿Señora o señorita? —entona Maxine con una voz que podría estar haciendo esas preguntas profundamente dormida.

Valerie se ve incapaz de deducirlo. ¿Sigue siendo «señora»? ¿O hay algún título para una mujer que diga «mi marido ha muerto»? Vacila.

—Perrrrdón —arrastra Maxine la palabra—. ¿A lo mejor es hermana, doctora o reverenda?

Valerie está perpleja. ¿Cómo es posible que se haya vuelto tan difícil decir quién es, y ya está? Pero ¿quién es ella ahora?

—Mi marido ha fallecido —tartamudea Valerie al teléfono—. Antes yo era «señora», y no sé si cambia algo cuando se muere un marido. ¿Cómo me llamaría usted ahora?

—Ah, pues entonces sigue siendo «señora» —entona Maxine sin alterar el ritmo simpático y jubiloso de su voz—. Y ¿qué puedo hacer por ti hoy, Valerie? ¿Puedo tutearte, Valerie?

—Te lo acabo de decir. Se ha muerto mi marido —responde Valerie.

—Sí, Valerie. Sí que me lo has dicho. Y yo ya te he dicho a ti que todavía se te llama «señora». Lo que te decía, ¿por qué motivo nos llamas hoy?

—Para contároslo —dice Valerie—. Para contaros que se ha muerto Irvin. Por el seguro. Por el nombre del titular de la póliza.

—Ah… vale —canturrea Maxine—. ¿Y quieres conocer el importe de la póliza? ¿Tienes una copia autentificada de las últimas voluntades? ¿Eres tú la testamentaria?

—¿Disculpa? —pregunta Valerie.

¿En qué idioma le están hablando? ¿Qué significa todo eso que ha dicho? Esta Maxine que está parloteando al otro lado del teléfono ¿es una persona de carne y hueso, o es un robot canijo de esos metálicos?

—¿Me puedes dar un número de póliza? —pregunta con alegría el robot canijo.

Da la casualidad de que Irvin le ha escrito los números de póliza al lado del nombre de cada compañía, y también el número de teléfono. Qué metódico es. Qué metódico «era». Valerie lee en voz alta el número de póliza, y esa voz cantarina tan bobalicona de Maxine le va repitiendo cada dígito. Valerie la oye teclear.

—¡Pero Valerie, esto no es un seguro de vida! Es el seguro de tu casa. ¿Es la póliza correcta?

—Sí, es el seguro de nuestra casa —dice Valerie—. Por eso llamo, porque ahora es mi casa. Ya no es nuestra casa. Bueno, sigue siendo nuestra casa… la casa en la que vivíamos… pero Irvin no… Irvin ya no está… Ahora está a su nombre pero es mi casa, ¿lo entiendes?

Su voz está suplicando un «por favor, entiéndeme ya», pero Maxine continúa canturreando.

—¿Tienes una copia del certificado de defunción? —pregunta Maxine con voz alegre—. Nos lo vas a tener que subir a la web. Cuando lo hayas hecho, entonces ya podrás cambiar el titular. ¿Tienes un boli? Te digo la web.

—¿Subirlo? —repite Valerie.

Eso le suena a cosa de ordenadores. A Valerie no le van los ordenadores. Va a tener que pedirle a Irvin que se lo haga. Pero…

Esta situación es tan trágica como habitual. La gente como Valerie se topa con una buena cantidad de voces al teléfono que van siguiendo los pasos de un algoritmo sin la menor consideración por la historia que les están contando, personas que oyen sin escuchar, que recogen la información pero descartan el contexto: funcionalidad y eficacia sin compasión. Todas las personas de luto se encuentran con esto. Hay otras personas que dicen haber percibido una indiferencia similar ante la difícil experiencia por la que están pasando, personas que se ponen en contacto con sus empresas o con los organismos correspondientes para comunicarles una enfermedad o una discapacidad, un despido, problemas de salud mental o legales, un divorcio o una separación. Hay honrosas excepciones, algunas empresas que forman a sus empleados que trabajan de cara al público para que presten atención al contexto y den muestras de empatía cuando corresponda, pero la inmensa mayoría de las empresas mantiene una actitud transaccional más que de respaldo.

Irvin, el marido recientemente fallecido de Valerie, era un aficionado a la mecánica. Le encantaba ponerse a trastear con motores y con máquinas, montó su propio ordenador con un kit, le gustaba la salsa de chili picante, no dejaba de cantar con entusiasmo a pesar de carecer de oído. Ya no hay nadie que se sonría por estas cosas. Desde que se jubiló de la enseñanza, se había dedicado a desmontar motores viejos y a repararlos, tan feliz: máquinas de coser, lavadoras, motocicletas, cualquier cosa que no fuera demasiado moderna. «Nada que tenga un chip, salvo un *chip butty*»,[18] solía bromear. Había sido profesor de Tecnología en el instituto local, y esa es la siguiente llamada de Valerie.

Se sorprende al oír un contestador automático en el número del instituto. Se le cae el alma a los pies.

—Para notificar la ausencia de un alumno, pulse uno. Para el departamento de evaluaciones, pulse dos. Para la oficina de administración de los cursos inferiores, pulse tres. Para la oficina de administración de los cursos superiores, pulse cuatro. Para la biblioteca, pulse cinco. Para los departamentos de atención al alumno y de educación especial, pulse seis. Para solicitar información sobre los cursos preuniversitarios, pulse siete. Para cualquier otra consulta, por favor, espere…

Y Valerie espera. Esta música es mejor que la de la compañía de seguros, unos jóvenes cantando no se qué sobre «una vez en la vida».

—Instituto Southside, ¿en qué puedo ayudarle? —dice la voz de una mujer.

Valerie no ha preparado nada que decir. Después de pasarse varias horas recibiendo preguntas, le sorprende que le concedan un espacio para decir una frase de su propio cuño.

—Soy Valerie Anover. Llamo…

—¡Oh, señora Anover! Soy Gillian, de secretaría. Estamos todos tan… Todos lo sentimos muchísimo. Nos hemos enterado esta mañana. Todos queríamos mucho a Irvin… Yo… Nosotros… Ay… ¿Cómo se encuentra usted?

Es impresionante el alivio que se siente al hablar con una persona que parece triste, que pronuncia el nombre de Irvin, que se preocupa… Valerie se siente como si cayese de ese estado de ansiedad punzante y se derritiera en un amorfo charco de pura pena. Es incapaz de hablar.

—Discúlpeme, qué pregunta tan estúpida —dice Gillian—. Tiene que estar tan triste y consternada… Estamos todos que no

---

[18] Sándwich de patatas fritas (*chips*), típico del Reino Unido. *(N. del T.)*

sabemos qué decirle, pero me alegro de que haya llamado. El señor Burton, el nuevo director, no conocía a Irvin, pero la mayoría de los antiguos compañeros de Irv siguen aquí, y estamos todos muy afectados. ¿Podemos hacer algo para ayudarla? ¿Quiere que el instituto imprima algún tipo de programa para el funeral? ¿O que enviemos músicos para la ceremonia? Ya lo hemos hecho en alguna ocasión, y nos encantaría ayudar en lo que podamos...

Gillian se calla. Valerie coge aliento.

—La verdad es que ahora mismo no sé qué necesito —dice—. Llamaba para asegurarme de que lo sabían. Todavía no he pensado en el funeral. Gracias por esas ideas, no se me había ocurrido lo de los programas, pero Irvin sí me ha dejado una lista con la música. Yo creo que a él le gustaría que el instituto participase.

—Por supuesto —dice Gillian con amabilidad—. Deme su número de teléfono y le pediré a la señora Green que la llame. ¿Se acuerda de Amanda Green, la profesora de música? Dirige el coro del instituto. Son buenísimos. Y los alumnos de los dos últimos cursos se acordarán de Irvin. Les gustará echar una mano.

Bien hecho, Gillian de secretaría. Ella no va siguiendo los dictados de un algoritmo. No sabe muy bien qué decir, pero está expresando compasión y preocupación, ofreciendo ayuda con cuestiones prácticas y hablando sobre sus conocidos. Son los distintivos de una conexión, y, aunque Valerie está triste, también se siente consolada por esta respuesta. La compasión telefónica es posible.

La noticia de la muerte de Irvin ha llegado al instituto de la mano de Albie, que era el responsable de los orientadores que atendían a los alumnos en la época en que Irvin daba clase de Tecnología. Formaban un dúo que hacía las veces de equipo de salvamento para casos de emergencia. Albie acudía al rescate cuando los alumnos se venían abajo, e Irvin intervenía cuando fallaba algún aparato. Los alumnos se referían a ellos cariñosamente como «el equipo AA»[19] al que había que llamar en esas

---

[19] En el Reino Unido, la AA es la Automobile Association, que presta asistencia en carretera a los vehículos averiados.

emergencias. Al jubilarse, Irvin perdió el acceso a algunas de las herramientas más voluminosas de las que sí disponía el departamento de Tecnología del instituto, y Albie echaba de menos la compañía, y así fue como ambos terminaron acudiendo a una organización llamada Men's Sheds, donde van hombres (y algunas mujeres) aficionados al bricolaje y se reúnen para utilizar las herramientas que hay allí, para hacer cosas, para arreglarlas, para pensar y charlar unos con otros o simplemente para dejarse en paz los unos a los otros en una cordial compañía.[20] No se trata de las herramientas, por supuesto: es la conexión. Men's Sheds invita a que se haga miembro todo aquel que desee utilizar sus recursos. Algunos acuden porque alguien les ha contado que allí hay buen ambiente y tienen un torno o sierras de calar o cualquier otro material interesante que pueden usar. Irvin y Albie también conocieron a algunos a los que su médico de cabecera había enviado allí como parte de un programa de actividad social del NHS que ayuda a la gente a conectar y a ser más activa para mejorar su bienestar. Este programa de actividad social se realiza a escala nacional para poner en contacto a unas personas con otras a fin de que mejore su vida, y esto incluye enviar a gente de todas las edades a hacer ejercicio (trabajando en el mantenimiento de espacios públicos), grupos de senderismo, coros, grupos para hacer punto, grupos de jardinería comunitaria, clubes de deporte y muchas otras actividades. El programa de actividad social reconoce que somos seres sociales y que esa conexión es buena para nosotros, impulsa nuestro estado de ánimo y nos mantiene sanos.

Lo que ofrecen todas estas actividades es un espacio compasivo: un lugar donde sentirse cómodo, donde conectar con la gente, donde contar nuestras historias y oír las de otros, o donde crear nuevas historias juntos. El aumento de los problemas en la salud emocional durante la pandemia del covid estuvo en parte relacionado con el miedo, la tristeza y el duelo, pero se debió fundamentalmente al aislamiento social. Ha sido fascinante

[20] Hay más información disponible sobre Men's Sheds [en inglés] en https://menssheds.org.uk/.

ver cómo se reinventaban los grupos sociales en un entorno virtual: coros, concursos, grupos con un interés común, todo ello a través de internet; redes sociales y foros para gente con intereses compartidos o dificultades similares en la vida; la demanda de sesiones *online* de yoga, meditación, baile o entrenamiento físico donde los miembros debatían sus clases por internet muy al estilo de como charlaban antes en el aparcamiento al salir del gimnasio.

Como usuaria relativamente novata de las redes sociales, me he quedado boquiabierta ante las comunidades tan compasivas que he encontrado en Internet. Las hay con un abanico de intereses que van desde los clubes de lectura hasta los cooperantes de beneficencia; de los círculos de duelo a las fotografías de mascotas; los grupos de residentes de una localidad; los grupos de coordinación de voluntarios para hacer la compra para los confinados en su casa; los amantes de la artesanía, de la naturaleza, y los grupos de intercambio de recetas. Un simple comentario de un desconocido en mis cuentas de Twitter o Facebook contando lo perdido que se siente en su duelo provoca numerosas respuestas de personas bondadosas que desean mostrarle su empatía, ofrecerle compañía virtual, respuestas o recursos, a menudo horas o incluso días antes de que yo encuentre ese comentario. Son comunidades que se sustentan por sí solas y, a pesar de la tan conocida presencia de ciertas influencias menos positivas en el mundillo de las redes sociales, se me alegra el alma con la compasión y la voluntad de escuchar las historias de los demás que he encontrado allí.

¿Y qué decir de nuestros espacios públicos? No todo el mundo cuenta con los medios o tiene el interés suficiente para adentrarse en el universo de Internet. ¿Dónde hay un espacio físico donde la gente pueda quedar y conectar en persona? Contamos con espacios públicos en nuestros hospitales, ayuntamientos o bibliotecas: ¿ofrecen un lugar para esa conexión? Se están produciendo algunos sucesos inspiradores, y es necesario reflexionar más. Ya conocimos a Laura y a Alan en la página 83, cuando acababan de recibir la noticia de que se había malogrado el embarazo de Laura. El compasivo equipo que se ocupaba de cuidar de ellos les proporcionó una sala lejos de los demás futuros padres, para que se preparasen y comenzaran el duelo por el hijo y las expectativas que habían perdido.

La intimidad de esa sala para el duelo de los padres en el servicio de Pete es un recurso inusual en los hospitales: un lugar donde retirarse del jaleo y la incómoda presencia de otros pacientes que pueden provocar —o sufrir por— la angustia de otro paciente. En la actualidad hay hospitales donde las personas que acaban sufrir una pérdida se tienen que sentar con otros visitantes en unas salas de espera anónimas cuando llegan a recoger los efectos personales de su familiar fallecido y, además, todo el papeleo de la defunción; hospitales donde las mujeres que acuden a una consulta de infertilidad se sientan con otras mujeres que están allí para interrumpir su embarazo, las unas sensibilizadas por el sufrimiento de las otras; hospitales donde los futuros padres de un bebé que nacerá con la grave dificultad de una serie de problemas físicos y cognitivos asisten a consultas prenatales con otras familias emocionadas con la magnífica salud de su embarazo.

Hay ocasiones en que asimilar una noticia inoportuna en el hospital se hace más difícil porque hay que tomar decisiones con urgencia. Por ejemplo, cuando alguien acaba de recibir el diagnóstico de un cáncer, resulta esencial que se reconozca con empatía que se trata de una conversación que le cambiará la vida. El paciente tendrá una respuesta individual y profunda ante la noticia, por mucho que se la esperase ya. Las posibilidades de que la vida te cambie o se acorte, de un futuro con una alteración en el cuerpo, de que se produzcan desplazamientos en el equilibrio de los roles o las relaciones de carácter personal: todos estos cambios potenciales se pueden desplegar en la imaginación de una persona sentada en una silla incómoda de plástico en la sala de un hospital. Y, aun así, hay que tomar ciertas decisiones acuciantes. ¿Cómo va a tener la cabeza centrada en cuestiones como las fechas para una intervención, los diferentes tratamientos posibles, los consejos nutricionales o la necesidad de realizar alguna prueba? Es necesaria una pausa: un tiempo —y un espacio— para pasar por el trauma, la tristeza y el dolor de la noticia. Solo entonces será posible comenzar a conversar de manera racional sobre las cuestiones prácticas. Y, aun así, no hay espacio: le presionamos para que tome una decisión mientras lo pasa mal tratando de asimilar la noticia.

¿Cómo podemos diseñar nuestros consultorios de tal forma que haya un espacio seguro para sentirse abrumado? Porque eso es justo lo que hace falta. Actualmente, nuestros espacios clínicos reprimen la expresión de las emociones: salas de espera públicas con una iluminación intensa y sin apenas mobiliario, sin lugar donde sentarse a pensar o a llorar aparte de los cubículos de los retretes, donde la cafetería del hospital no cuenta con reservados ni biombos. La ausencia de un espacio donde llorar forma parte de una negación pública de la posibilidad de una mala noticia. El Hospital Compasivo ofrecería tiempo, espacios de calma y la compañía de personas dispuestas y bien formadas como un derecho fundamental de todo aquel que recibiera una noticia trascendental, ya fuera sobre su posible muerte o sobre un cambio desagradable en sus expectativas de vida o en las de un ser querido.

Esta ausencia de espacios de intimidad en nuestros hospitales no solo afecta a los pacientes y a sus familiares, sino también al personal sanitario. Después de comunicar una noticia inoportuna o de haber participado en algún incidente estresante en su trabajo, no hay ningún lugar donde un médico o un enfermero angustiado se puedan retirar a para disponer de unos instantes de tranquilidad. Lo mismo podemos decir de los celadores y camilleros que se topan con el disgusto de los pacientes y familiares, o que trasladan afables a los pacientes por el hospital para, finalmente, tener con ellos su último encuentro al bajar su cadáver al depósito; o del personal de limpieza que se encuentra con las escenas caóticas y quizá desgarradoras que tienen que recoger; o del personal de administración que gestiona las llamadas emotivas de las familias o que redactan los documentos del historial del ingreso y la salida del paciente y tienen que describir una tragedia. Nos vamos a llorar al cuarto de los contenedores, nos sentamos en el suelo del cuartito de la ropa de cama, nos ofrecen el despacho del responsable del departamento y nos lo encontramos lleno de gente haciendo el traspaso de la información para el cambio de turno o celebrando una reunión. Al menos, como miembros del personal que somos, sabemos dónde están los cuartitos más espaciosos: en el caso de los pacientes ingresados, las malas noticias se les comunican detrás de una cortina, y no hay dónde llorar salvo en el aseo de la habitación. Los hospitales no están diseñados para el sentimiento de dolor que se genera allí dentro.

Aun así, sabemos que el «entorno terapéutico» en el hospital afecta a la recuperación del paciente. Las investigaciones nos han mostrado que unos simples aunque profundos cambios en el entorno —como las vistas desde la cama, una ventana que da al jardín en lugar de a una pared, la exposición a la luz natural con sus ciclos circadianos de duración e intensidad y la presencia o ausencia de ruidos molestos— afectarán al bienestar, el estado de ánimo e incluso los índices de recuperación de una intervención quirúrgica. De todos nuestros espacios públicos, los hospitales son los lugares donde se gestiona con mayor frecuencia la comunicación de una mala noticia, la asimilación de que una nueva realidad que no deseábamos ya es real, también las enfermedades y las lesiones, la pena y el dolor, la muerte y el duelo. Existe una necesidad apabullante de que diseñen espacios de conmiseración en los hospitales para dar apoyo a los pacientes y sus seres queridos y también por el bienestar del personal sanitario.

Valerie tiene que asimilar la muerte de Irvin. Ha muerto en el hospital, finalmente de manera en cierto modo repentina. El cáncer de próstata se le había extendido por la espalda, y había perdido la movilidad en las piernas. Le había pedido a Valerie que le trajera su portátil y sus archivos al hospital, donde redactó todas las instrucciones sobre la música y sus preferencias para el funeral («Lanzadme al espacio en un cohete, o haz lo que a ti te haga feliz, si es más fácil»), hizo una lista con todas las tareas que tendría que realizar Valerie cuando él hubiese muerto, y se la envió por correo electrónico para que la imprimiese, porque a Valerie nunca le habían gustado los ordenadores. También escribió un correo a su notario para decirle que se estaba muriendo y para pedirle que por favor fuese amable con Val cuando necesitara ayuda con el testamento. Él esperaba contar con unos meses más, y estaba aprendiendo a tener más independencia con la silla de ruedas, cuando sufrió una repentina insuficiencia respiratoria aguda, y ya estaba inconsciente cuando Valerie llegó al hospital. Se lo hubiera encontrado aún despierto de no haber tardado cuarenta minutos en encontrar una plaza libre en el aparcamiento del hospital. Irvin nunca recuperó la consciencia. Tenemos que implantar también los aparcamientos compasivos.

El certificado médico dice «embolia pulmonar». Lo lleva en el bolso. Está dejando el coche en el aparcamiento municipal, que cuenta con un sistema indescifrable de una sola dirección que va en sentido contrario a las agujas del reloj y la tiene completamente confundida. Es incapaz de averiguar si se supone que debe sacar un tique del parquímetro, y no tiene nada suelto… Todo le parece terriblemente complicado. El hombre de la oficina de apoyo al duelo del mismo hospital había tenido la amabilidad de pedirle esta cita en el registro. «No vayas el lunes —le había dicho—, que la sala de espera se llena de hombres que acaban de ser padres. Todos los bebés del fin de semana. Déjalo para el martes». Y aquí está ella ahora mismo, siguiendo los letreros por este edificio victoriano, una maravilla del gótico, hasta el «Registro de nacimientos, matrimonios y defunciones». Se recuerda de novia en aquel mismo edificio, pero los letreros la alejan del pasillo donde Irvin y ella hicieron sus votos, y cae en la cuenta de que le toca subir esas escaleras tan ornamentadas: tercera planta.

—Tienes el ascensor a la derecha, corazón —le dice una limpiadora que le está quitando el polvo a esa barandilla tan intrincada.

Valerie piensa que tal vez incluso llegó a posar para las fotos con su traje de novia en el amplio giro de estas escaleras. Qué difuso le parece todo eso, aunque no entiende muy bien por qué.

—Corazón, ¿te encuentras bien? —pregunta la limpiadora—. ¿Estás buscando el registro? ¿Se te ha muerto alguien, querida?

Valerie hace un gesto de asentimiento, aunque poco convincente, le da la sensación. Ojalá pudiera estar más centrada, pero desde que ha muerto Irvin, todo le parece muy extraño y lejano.

—Por aquí —le dice la limpiadora, tan amable, que la acompaña hasta el ascensor y presiona el botón de llamada—. Pulsa el tres cuando estés dentro. Al salir, vete hacia la izquierda, es todo recto.

»Vas a estar bien, corazón. Al final, todos nos acostumbramos. Es lo que toca, ¿verdad?

La mujer le aprieta la mano, y Valerie se percata de que nadie la ha tocado desde hace días. Entra en el ascensor. La limpiadora se queda mirando cómo se cierra la puerta delante de esta mujer de piel clarita que lleva puestos unos zapatos disparejos. Nada que no haya visto ya.

Como le habían dicho, la puerta del despacho del registro está a la izquierda y todo recto. No es que Valerie haya recordado las instrucciones, sino que ir hacia la izquierda es la única opción cuando se abren las puertas del ascensor. Empuja la puerta de madera reluciente y se asoma a echar un vistazo. Hay un mostrador de recepción. La recepcionista alza la mirada y le sonríe.

—¿La señora Hanover? —pregunta.

—Anover. A-N-O-V-E-R —dice Valerie según se aproxima.

—Siéntese ahí, a la vuelta de esa esquina, y la llamaremos cuando sea su turno —dice la recepcionista.

Enfermedades, accidentes, pérdida de un ser querido, el confinamiento en una pandemia… todas estas experiencias nos desorientan y nos desconectan. Aunque la conexión social es vital para nuestro bienestar, es necesario que sea una conexión que podamos controlar: la invitación y la aceptación, la responsabilidad mutua o el consentimiento para la conversación son principios que se aplican tanto con nuestros familiares y amigos como cuando buscamos u ofrecemos apoyo o consejo por otro lado. Requerimos que el contacto se produzca en nuestros propios términos, en espacios que conduzcan al encuentro y que posibiliten la intimidad: la clave es tener elección. Hay ocasiones en que necesitamos compañía, y otras en las que estamos solos y nos basta con saber que esa compañía estaría disponible en caso de que así lo decidamos.

La gente ha vivido en comunidades desde los tiempos más remotos. Sabemos que la soledad y el aislamiento minan el bienestar del ser humano, y hemos aprendido que las aglomeraciones y la falta de intimidad también son dañinas. A medida que se iban despejando los barrios bajos de las ciudades y se iban desarrollando nuevas soluciones habitacionales en la segunda mitad del siglo XX, las prisas por ofrecer «alojamiento» a veces no lograban proporcionar «un hogar», y los vecindarios, la buena vecindad y la identidad comunitaria se perdían ante el avance de experimentos sociales con torres de pisos y del aislamiento de las urbanizaciones de chalets. Hemos aprendido que los desarrollos urbanísticos se han de planificar por vecindarios para crear comunidades interconectadas: los vecinos han de tener la posibilidad de encontrarse y saludarse, de tener acceso a su propio espacio personal y, aun así, continuar teniendo la capacidad de conectar con otras familias a voluntad. Las urbanizaciones diseñadas pensando únicamente en los conductores obligan a los peatones a recorrer trayectos tortuosos hasta los comercios o los colegios, sin aceras por las que se puedan cruzar los unos con los otros y conectar. Los complejos de vivienda social pueden provocar que los residentes se sientan acorralados y que les molesten esas zonas comunes que están abarrotadas de gente, que son de todos pero no son de nadie y, por tanto, se descuidan y se vuelven desagradables. El desarrollo urbanístico requiere de una buena arquitectura y de un diseño social meticuloso para dar lugar a las comunidades y nutrirlas. En el Reino Unido, organizaciones como el Design Council trabajan con el Gobierno central y las corporaciones locales, con los residentes y las comunidades, para promover la integración, la conexión y la accesibilidad en espacios que van desde los edificios públicos individuales hasta los proyectos de integración social que afectan a ciudades enteras. Sigue habiendo mucho trabajo por hacer.

También son necesarios los núcleos municipales para asegurar la conexión social. Si antaño las comunidades se reunían con regularidad, quizá, en un lugar de oración, es necesario encontrar nuevos lugares de reunión en una sociedad que es cada vez más secular y más diversa. Es frecuente que las bibliotecas cumplan esta función al proporcionar consejo y acceso a la información de carácter público, además de ofrecer formación en gestión empresarial o en el manejo de las nuevas tecnologías y unos equipos informáticos que algunos ciudadanos no tienen en sus hogares. También organizan grupos de miembros interesados en cuestiones concretas que incluyen la lectura y las actividades de cuentos para niños que, además, generan oportunidades para que los padres y abuelos hagan vida social; realizan actividades sensibles con la demencia que ofrecen oportunidades para conectar con la comunidad, tanto para las personas que la padecen y podrían estar perdiendo la independencia social como para los familiares que los atienden y que se benefician de un apoyo mutuo; los «cafés con charla» y otros eventos similares que animan a personas desconocidas a entablar una conversación, algunos abiertos a todo el mundo y otros dirigidos a personas que desean hablar de temas que les cuesta que su familia debata con ellos, como los espacios para charlar sobre el duelo y los Death Cafés. Los cierres de bibliotecas públicas suponen un paso atrás. La conexión mejora el bienestar y, de paso, reduce los costes sanitarios. Los pueblos, ciudades y comunidades rurales compasivos requieren de núcleos de vida social que sean accesibles, por el bienestar de sus ciudadanos.

Valerie está sentada en la sala de espera del registro, con el bolso sobre las rodillas y la barbilla bien alta. Tiene la lista de Irvin en el bolso. Cuando tenga el certificado de defunción, va a necesitar unas cuantas copias para enviárselas a varias organizaciones. Irvin lo ha dejado todo por escrito. No se imagina cómo va a ser capaz de localizar a toda esa gente: la oficina para el cobro de las pensiones, la de los permisos de aparcamiento para discapacitados, la del pasaporte, etcétera, etcétera. Una voz interrumpe sus cavilaciones.

—¿Señora Anover? Hola, soy Derek Jennings, el responsable del Registro municipal. Lamento mucho que haya venido para inscribir una defunción. ¿Le gustaría venir conmigo a este despacho?

El hombre sujeta una puerta abierta, y Valerie accede a una oficina que se asoma al aparcamiento municipal. No recuerda si ha pagado en el parquímetro o no. Le preocupa cómo le va a explicar a Irvin lo de la multa. Aunque…

—Por favor, tome asiento, señora Anover —dice el registrador—. Voy a tomarle los datos y le explicaré algunas cuestiones. También le voy a dar toda la información por escrito, con su carpetilla para que usted la pueda guardar. Sé perfectamente que puede ser difícil acordarse de todo en un momento como este.

El hombre le ofrece una sonrisa tranquilizadora, y Valerie se nota un poco menos atemorizada. Está sorprendida por esa ansiedad constante que siente. «¿No debería estar triste?», se pregunta. «Triste, y no tan confundida ni tan asustada. Quizá eso venga después».

Abre el bolso y saca dos sobres. Uno marrón, del hospital, que contiene el certificado del médico, y otro blanco y grande con toda la documentación de la pareja: certificados de nacimiento y matrimonio, tarjetas de la Seguridad Social, tarjetas sanitarias, pasaportes, carnets de conducir. Qué bien se le daba a Irvin tenerlo todo controlado. Ella tiene la sensación de empezar a tenerlo todo descontrolado. «¿Se dice así, tenerlo todo descontrolado? Pues no tengo ni idea». Saca también la lista de Irvin. Es como si tuviera allí a su marido para guiarla.

El registrador le pregunta el nombre completo de Irvin, tal y como figura en su partida de nacimiento. Agradecida, Valerie vacía el contenido del sobre de los certificados sobre la mesa, bien amplia. El funcionario le sonríe de oreja a oreja.

—Gracias, señora Anover. Esto todo cuanto necesito. Mucha gente no tiene ni idea de dónde está toda esa información. Espero que no le costara mucho dar con ella.

—Ah, nada en absoluto. Mi marido es muy organizado. Era. Era muy organizado. —Aspira con fuerza por la nariz.

—Lo siento. Sé que es un momento difícil —dice el funcionario—. Disculpe que guarde silencio un momento, pero quiero incluir toda esta información en mis archivos, aquí.

Frunce la frente y teclea notas en su ordenador: nombre, fecha y lugar de nacimiento, número de la partida de nacimiento, número de la Seguridad Social, todos los datos que hay en el sobre de Valerie.

—Ahora voy a imprimir el certificado de defunción —dice el funcionario—. Ya sé que probablemente va a necesitar varias copias, para el banco y para las compañías de seguros. También hay algunos organismos públicos que tienen que saber que su marido ha muerto, y eso se lo puedo solucionar yo. Es un sistema que se llama «Cuéntenoslo una sola vez», y me permite a mí notificar el suceso en su nombre a todas las administraciones. Ya veo que tiene una lista… —Hace un gesto hacia el papel que Valerie tiene en la mano.

—Sí, me la preparó Irvin. Es toda la gente a la que se lo tengo que notificar.

—¿Quiere que le ponga una marca a las que puedo hacer yo por usted? —le ofrece el registrador, y Valerie empuja el papel sobre la mesa hacia él—. Perfecto —dice—. Es una lista excelente, señora Anover. Su marido era un hombre muy organizado, ¿verdad? Veamos… Muy bien, puedo comunicárselo a la oficina de pasaportes… a la Seguridad Social por su pensión de jubilación, pero no a su pensión privada. Tendré que darles también su número de la Seguridad Social, el de usted, por si acaso tienen que recalcularle ahora su pensión. La escribirán para explicarle lo que sucederá a partir de ahora, y dejarán de ingresar la pensión de su marido. —El funcionario levanta la cabeza para asegurarse de que la mujer lo ha oído. Valerie asiente, y él vuelve con la lista—. Tráfico para el carnet de conducir, y también la gente del impuesto de vehículos… la Seguridad Social… la biblioteca… la oficina que gestiona los permisos de aparcamiento para minusválidos. —Los va marcando con pulcritud, y Valerie piensa que a Irvin le habría gustado esa pulcritud en las marcas—. Todas las administraciones públicas, de una tacada. Esperamos que le sirva para aliviarle un poco la carga de tareas. Hemos quitado un montón de la lista, ¿lo ve?

El sistema Tell Us Once, ese «Cuéntenoslo una sola vez», es una respuesta humanitaria ante la carga administrativa que soporta la persona que acaba de perder a un ser querido: una medida de la Administración en respuesta a las comunicaciones angustiadas de ciudadanos de luto que recibían recordatorios de citas médicas, renovaciones del impuesto de vehículos o cartas de organismos públicos dirigidas al difunto, lo cual les causaba dolor y confusión. Es una señal de que el Estado también puede escuchar y responder bien. Necesitamos más de esto. Escuchar puede servir para capacitar a los individuos, las organizaciones y la Administración para actuar de manera compasiva y responder de tal modo que se alivie la carga de los momentos difíciles.

Pero escuchar es algo todavía más potente que eso: puede salvar vidas. Los servicios de atención que escuchan a las personas que están sintiendo inclinaciones suicidas o de autolesionarse pueden suponer la diferencia entre llevarlas a cabo o esperar, entre el aislamiento y la conexión, entre estar solo y sentirse escuchado. Los Samaritans son una ONG británica cuyo objetivo es la reducción de las muertes por suicidio. Ofrecen apoyo gratuito por teléfono, correo electrónico y en persona en todo el Reino Unido y en la República de Irlanda.[21] El servicio está atendido día y noche, todos los días del año, por miles de voluntarios meticulosamente seleccionados que reciben una formación para saber escuchar. Esa formación enseña a todos los voluntarios el gran efecto que tiene apoyar a alguien para que cuente su historia. Tan solo en los últimos cinco años, calculan que han atendido una llamada pidiendo ayuda cada diez segundos. Su trabajo ha tenido un gran impacto en la vida de millones de personas, y eso sin ofrecer ninguna clase de consejo ni de intervención: lo que hacen es escuchar, utilizan preguntas útiles con curiosidad de tal modo que se pueda explorar toda la historia, y ofrecen un espacio en el que sus llamantes pueden hablar de su angustia y su impotencia. La fuerza que encierra el hecho de narrar su historia y de plantearse cómo responder a sus propias dificultades da a los llamantes la posibilidad de examinar opciones distintas a la del suicidio. Algunos están a punto de actuar para poner fin a su vida, otros llaman sumidos en el dolor, el pánico, las dudas sobre sí mismos o la soledad. No se juzga a nadie, sino que se escucha con calma

---

[21] Para ponerse en contacto con los Samaritans marca [desde el Reino Unido] el 116 123. Para ver otras formas de ponerse en contacto con ellos, visite su web [en inglés]: https://www.samaritans.org/.

y compasión, centrados en oír la historia, en explorar lo que está pensando y sintiendo en ese instante la persona que llama por medio del uso del silencio y los mensajes cortos de apoyo para animarle a hablar y comprobando que se ha entendido la situación para demostrar que se está prestando atención plena a la historia que se está contando. Escuchar como si fuera un salvavidas.

En una campaña de gran éxito para reducir las muertes por suicidio en los ferrocarriles, los Samaritans recibieron a más de quince mil empleados ferroviarios y los formaron en técnicas de conversación para aproximarse a las personas que parecían angustiadas en las estaciones, en las proximidades de los pasos a nivel y en los propios trenes. Tuvo un apreciable impacto en la reducción de los suicidios ferroviarios. A continuación se realizó una campaña financiada por la Network Rail para sensibilizar al público titulada «Una conversación trivial salva vidas». El simple hecho de entablar una conversación ha salvado vidas, cuando los pensamientos suicidas de una persona se han visto interrumpidos por alguien que se ha preocupado al verla y se ha puesto a hablar con ella del tiempo, le ha preguntado por los horarios de los trenes, le ha preguntado su nombre o, simplemente, un «¿Te encuentras bien?». Se calcula que, gracias a este aumento de la concienciación, por cada muerte por suicidio en un ferrocarril, se han salvado seis vidas al intervenir un viajero que inicia una conversación. Esta es la fuerza de la conexión humana.

La campaña de salud mental «Tiempo de cambiar» anima a todo el mundo a «preguntar dos veces». Es otro recordatorio de la fuerza que tiene el hecho de mostrarnos dispuestos a escuchar. Cuando preguntamos a alguien si se encuentra bien, la respuesta casi automática es un «Sí, perfectamente». Ese «pregunta dos veces» nos recuerda que, al mostrar el suficiente interés para volver a preguntar, estamos indicando que nuestra pregunta va más allá de la simple cortesía. Es mucho más probable que una segunda pregunta provoque el reconocimiento de una angustia, un aprieto o una dificultad y que se inicie una conversación que sea útil. Preguntar dos veces significa: «Estoy dispuesto a escuchar».

En todos los lugares del mundo hay servicios de prevención del suicidio y de apoyo en momentos de crisis.[22]

Valerie espera el ascensor de vuelta a la planta baja del ayuntamiento. No recuerda si tiene algo de comida en casa para la cena de Irv. Quizá debería comprar algo de camino a casa. El aturdimiento al recordarlo le hace dar un respingo cuando suena la campanilla del ascensor y se desliza la puerta y se abre. Examina la lista de departamentos y plantas del edificio para distraerse. El juez de instrucción está en la primera planta. Valerie recuerda el despacho del juez de instrucción, porque Irv y ella tuvieron que ir allí para asistir a la investigación judicial de la muerte del padre de Irv, y ahora piensa que eso tuvo que ser hace mucho tiempo. «Me pregunto si ahora tendrán ya algún sitio donde sentarse». Recuerda que Irv deseaba comentar algo a solas con el patólogo después de que se anunciara el veredicto, como era de esperar, de «enfermedad laboral». El padre de Irv había trabajado en los astilleros, y la exposición al amianto había provocado enfermedades pulmonares que afectaban a muchos trabajadores. Fue imposible hablar a solas: la única manera de charlar era hacerlo de pie en el pasillo entre las familias que esperaban para el siguiente caso y el ajetreo del personal que iba y venía. Había algún tipo de desacuerdo entre los miembros de una familia que estaba esperando, y muchos gritos, recuerda ella. Se abren las puertas del ascensor, y de nuevo se encuentra al pie de la magnífica escalera. La limpiadora tan amable ya no está, y Valerie regresa por donde había venido, hasta el vestíbulo, pasando junto a la maqueta a escala de este mismo edificio del ayuntamiento que han hecho los alumnos de un instituto local, y sale al aparcamiento. Cree que es posible que Irv le haya hablado sobre esa maqueta. Le preguntará luego.

---

[22] Hay varias webs que ofrecen números de contacto de teléfonos de apoyo, como: https://www.suicidestop.com/call_a_hotline.html.

El Servicio de Cortes y Tribunales de la Corona (HMCTS, por sus siglas en inglés), igual que el NHS —el Servicio Nacional de Salud—, cuenta con edificios e instalaciones por todo el país para atender a la población, en este caso para proporcionar un lugar donde se administre justicia. De nuevo igual que el NHS, las instalaciones disponibles comprenden una mezcla de edificios que se construyeron para realizar una función que ha cambiado con el paso de los años y otras instalaciones más nuevas, lo suficiente como para haberse beneficiado de una reciente revisión de sus inmuebles que llevó a cabo el HMCTS y de las recomendaciones resultantes sobre el diseño y el equipamiento de los edificios de los juzgados. En estos lugares donde se emiten veredictos tras un intenso escrutinio también hay dolor, culpa y vergüenza para algunos y una reivindicación después de mucho esperar para otros. Mientras se hace justicia, se pueden crear o romper familias, se pueden salvar o hundir reputaciones y negocios; las disputas familiares sobre el cuidado o el tratamiento médico de personas sin la capacidad de decidir por sí mismas quizá se resuelvan para satisfacción de algunos familiares y desesperación de otros; y en el juzgado de instrucción, como ya vieron Valerie e Irvin, se establecerán las causas de la muerte en la medida de la capacidad del juez, con veredictos que pueden aliviar o aumentar el dolor de los dolientes. Son escenarios de unas decisiones trascendentales y unas profundas emociones. Desde luego que habrá necesidad de contar con espacios compasivos, ¿no?

Lamentablemente, igual que en el caso de los hospitales, los profesionales y los usuarios de estos servicios hablan de la escasez de lugares protegidos donde mantener una conversación sensible en voz baja. El sistema está demasiado saturado, los asistentes son demasiado numerosos para que las salas de espera sean propicias o tengan algo de intimidad. La necesidad de mantener el orden y la seguridad es prioritaria a la de ofrecer un espacio para una conversación delicada que, sin embargo, podría salvar a una familia de la ruptura o a los individuos de la angustia. En los juzgados de lo penal, los jurados pueden ver y escuchar informaciones muy perturbadoras y, aun así, encontrarse con que no pueden comentar su angustia con sus personas más cercanas. Una vez dictada la sentencia, es posible que una familia tenga que dejar bajo custodia a un ser querido condenado y no disponer de un instante para despedirse. En los juzgados de familia, es posible que los litigantes tengan que esperar el inicio de su vista en la misma sala de espera.

Las directrices oficiales sobre el diseño de los edificios del HMCTS hacen hincapié en la necesidad de garantizar que los usuarios utilicen las instalaciones de forma segura y que sientan que se han tenido en consideración sus necesidades de acceso y su dignidad, pero hay bastantes más directrices acerca de garantizar la dignidad y la autoridad de los tribunales que el consuelo con delicadeza de quienes los utilizan. Esas directrices reconocen que las zonas de espera abiertas, y cualquier sala de asesoramiento que pudiera haber disponible, serán los espacios donde los usuarios se preparen para su vista. Las conversaciones de los pasillos continuarán existiendo, según parece.

Aunque el HMCTS es un servicio que se basa en establecer la verdad, o en decidir qué medidas hay que tomar en circunstancias difíciles, los tribunales no están diseñados ni pensados para proporcionar un espacio para la reflexión, la consideración y el diálogo entre las personas afectadas por un caso específico. Cuando una cuestión ha llegado hasta los tribunales, el momento de la reflexión ya ha quedado atrás, por lo general. Igual que los hospitales, nuestros edificios de justicia no están diseñados para la delicadeza, sino para la ejecución de su tarea fundamental. A pesar de que una crisis pueda ser con frecuencia el catalizador de la conexión y la reconciliación ente seres humanos, los procesos de confrontación y los implacables edificios del sistema judicial reducen esa posibilidad.

Valerie va a llegar a casa y se la va a encontrar silenciosa y vacía. Las gestiones del funeral de Irvin la mantendrán ocupada durante los próximos días. Se reunirán los familiares y amigos, aparte de aquellos que se ven tan impedidos por su incapacidad para hablar con ella por miedo a decir lo que no deben que la evitarán por completo y agravarán su dolor. La pérdida de la conexión comienza de manera invisible: la gente tiene intención de ponerse en contacto, pero acaba distraída por una u otra cosa;

no te invitan, las tarjetas se quedan sin escribir en un cajón del que podría ser, quizá, el remitente, pero no. La soledad no es una elección; es una sentencia impuesta por las circunstancias que cortan nuestras conexiones. Habrá días en los que Valerie disfrute de la soledad, días en los que anhele la compañía. Por encima de todo, sin embargo, echará de menos la conversación cercana con la gente que conocía a Irvin y que aún tiene recuerdos de él por compartir. Echará de menos la oportunidad de decir su nombre y de oír que se lo dicen a ella.

Uno de sus momentos más valorados será la llegada de un paquete enviado por el Instituto Southside que contiene mensajes de condolencia del personal y de los alumnos. El «señor A» se jubiló hace cinco años, pero los alumnos más mayores y la mayor parte del personal lo recuerdan con mucho cariño. Mensajes, tarjetas y notas de los alumnos recuerdan que el señor A les dio fe en sí mismos, que el aula de Tecnología era un refugio para los alumnos infelices, un espacio seguro en el tumulto del ajetreo del instituto, que el señor A siempre tenía un momento para escucharte o una tarea con la que necesitaba «que le echaras una mano» en el momento justo en que se tropezaba con algún alumno con aspecto de alterado. Los institutos también son comunidades en las que son necesarios los espacios compasivos y donde se está evaluando el experimento de designar espacios al aire libre o salas para la quietud, donde los alumnos pueden estudiar en silencio o retirarse del jaleo de sus compañeros para reflexionar o para conectar. De manera intuitiva, Irvin Anover había proporcionado ese espacio de tranquilidad en el instituto, donde todo el mundo era bien recibido siempre que no se estuviera dando allí una clase o una vez terminada la jornada, ya fuese para trabajar en alguna maqueta o tan solo como un espacio acogedor para la reflexión sosegada. Si el señor A era el profesor preferido de alumnos como Jake, era por algo: con ese pantalón de peto que se ponía, siempre llevaba los bolsillos llenos de compasión, y utilizaba la escucha como una herramienta más de su oficio.

Las aceras húmedas y ventosas de Gran Bretaña e Irlanda no son muy propicias para la cultura del cafelito en una terraza. A pesar de esto, un nuevo tipo de espacio para la conversación se está popularizando y extendiendo, aunque sea bajo techo, fundamentalmente, conforme se van estableciendo diversas modalidades de cafés coloquio. Algunos reciben a personas con dificultades específicas, como los cafés para personas con demencia o los cafés para cuidadores. Otros tienen el objetivo de ofrecer un espacio para que las personas mayores establezcan contactos personales, o para quienes acaban de perder a un ser querido. Hay otros para personas que cuidan de niños en edad preescolar, otros para adolescentes. Algunos se celebran en verdaderas cafeterías, y otros son eventos concretos que hacen uso de una sala en una biblioteca, en un ayuntamiento o en un colegio. Desde la pandemia del covid, muchos cafés coloquio que comenzaron como reuniones presenciales han añadido la conexión a distancia. Este traslado al entorno digital ha hecho que los coloquios sean más accesibles para ciertas personas, aunque hay otras que se han sentido excluidas por carecer de la tecnología o de los conocimientos necesarios. En el futuro serán necesarios ambos espacios, los reales y los virtuales, para permitir que sea la gente quien escoja su manera de ponerse en contacto.

Los Death Cafés son reuniones para charlar sobre la muerte, sobre morir. Se trata de un movimiento con prácticamente diez años de antigüedad cuyo objetivo es «elevar la consciencia de la gente respecto a la muerte con la idea de que le sirva de ayuda para aprovechar al máximo su vida (finita)». No hay más intenciones específicas de ninguna clase más allá de ofrecer un espacio de acogimiento y de compasión donde unas personas que no se conocen entre sí puedan hablar y escucharse, un espacio donde compartir sus ideas y sus experiencias. Death Café es un servicio social con el formato de una franquicia que se ha extendido a golpe de reputación, ofreciendo consejos para celebrar reuniones en su web,[23] y ha registrado más de doce mil eventos en setenta y ocho países. La gente se reúne para reflexionar sobre muchas cuestiones relacionadas con la muerte. Puede ser para debatir sobre su propia mortalidad o para prepararse

[23] https://deathcafe.com/.

para la muerte de un ser querido, o para pensar y practicar una conversación que le gustaría mantener con sus allegados sobre sus deseos y sus preferencias cuando se estén muriendo. Las reglas de este movimiento son pocas y muy sencillas, y están ahí para garantizar que se ofrece un espacio de apoyo y libre de intenciones ajenas al mismo. Entre las recomendaciones para organizar un Death Café se incluye la de proporcionar un refrigerio a los participantes que cuente —como aconseja el fundador del movimiento, Jon Underwood— con té y con una tarta deliciosa. Esta combinación de lo mundano de la tarta con la profundidad de la muerte es una invitación a un espacio de escucha compartido y considerado. Con el apoyo apropiado, podemos hablar de cualquier cosa. Solo necesitamos gente que esté dispuesta a escuchar.

El Reino Unido había declarado una «epidemia de soledad» dos años antes de la pandemia del covid, y el Gobierno nombró a un ministro que supervisara los esfuerzos para reducir la soledad en nuestra sociedad. El confinamiento durante la pandemia trajo para mucha más gente la experiencia de encontrarse solo, e hizo que aumentara el debate sobre la soledad, pero es importante distinguir entre la soledad de quien desea tener una comunicación mejor y más frecuente, o quien cae en la triste resignación ante la pérdida de un contacto valioso en la vida —ambas podrían describir una verdadera soledad—, y el simple hecho de estar solo. La soledad consiste, en parte, en la brecha que uno percibe entre el contacto que uno desea y el que realmente tiene, y, en parte, en la interpretación que uno hace de esa brecha.

El ajetreo cotidiano en el hogar le puede dejar a uno la sensación de anhelar un tiempo a solas: este tipo de soledad voluntaria y tan esquiva se percibe como una experiencia positiva, como «tiempo para mí». La experiencia de un retiro, en su origen una práctica espiritual de apartarse en soledad para la contemplación y la oración y, de manera más reciente, visto también como un ejercicio de bienestar no religioso, puede incluir la experiencia de la soledad, pero aquí se interpreta como un elemento útil y con un sentido dentro de los beneficios de ese retiro.

La soledad es compleja, y «proporcionar compañía» no es una panacea. Cualquier estrategia para tratar de resolver la soledad deberá contar con numerosas facetas para abordar sus diversas causas, interrelacionadas y desconcertantes, y reconocer que la soledad afecta de manera desproporcionada a las personas mayores, a las de ingresos bajos, a personas con discapacidades y a las que viven con problemas crónicos de salud. Las mujeres suelen mencionar más la soledad que los hombres, y una significativa minoría de adolescentes y jóvenes dice sentirse sola con frecuencia a pesar de su conexión electrónica a través de las pantallas y los móviles. Es posible que, en el caso de los jóvenes, la brecha entre las expectativas y la realidad se halle en esas pantallas, cuando ven que los demás suben mensajes sobre su vida social «perfecta» y observan la relativa escasez de una verdadera conexión en la suya propia.

La soledad, a su vez, afecta a la salud de la gente y se asocia a daños físicos como las enfermedades cardiovasculares y la mortalidad prematura y también a problemas de salud mental como la depresión. No obstante, es poco probable que el hecho de tratar la soledad como un problema de salud vaya a ser una solución por sí sola. Hará falta un cambio social extendido y con matices que aborde la pobreza, el diseño de alojamientos para múltiples ocupantes, las relaciones vecinales, la disponibilidad de eventos sociales y el apoyo práctico y emocional necesarios para asistir a los mismos. Un buen diseño de los vecindarios supone que la gente se pueda encontrar y saludarse en espacios que son accesibles para todos además de seguros y acogedores, como las zonas peatonalizadas, los parques, los pequeños comercios, los mercadillos y las calles comerciales del centro, o que la gente comparta ratos en cafeterías, bibliotecas, ayuntamientos, centros locales, instalaciones de ocio o lugares de culto.

La buena vecindad es algo que se puede producir por simple azar o que se puede fomentar por medio de las políticas sociales, pero no puede suceder a menos que la aceptemos. Todos somos vecinos los unos de los otros. Mientras vemos que los políticos locales y nacionales y otras campañas organizadas implementan estrategias contra la soledad, quizá merezca la pena que nos preguntemos por nuestro papel como individuos para abordar el aislamiento social y la soledad.

¿Qué hace falta para que incorporemos en nuestra sociedad las técnicas de las conversaciones delicadas? ¿Cuáles podrían ser los beneficios de convertirnos en una nación conversadora? Al final, esto no va sobre los demás, ese «otro» que tiene un dilema, que está encallado y siente ansiedad, el que no sabe qué decir ni por dónde empezar una conversación, el que necesita conectar con gente por su salud y su bienestar: todos esos otros somos nosotros. Todos somos participantes en la pista de baile de la humanidad.

En ocasiones se produce el cambio, pero no cuando esperamos a que venga un líder o a que alguien desarrolle unas estrategias innovadoras, sino cuando actuamos sobre la base de lo que ya conocemos. La necesidad de una conexión nos afecta a todos, el cambio puede comenzar por cualquiera de nosotros, y todos nosotros podemos actuar basándonos en esta verdad: la compasión compartida transforma la vida de las personas, y empezar a escuchar es un buen comienzo.

Escuchar: una guía de estilo

Técnicas e intención	Ten presente	Expresiones útiles
Dar pie, no insistir *Que sea el otro quien tenga el control*	Si es el momento y el lugar adecuados Reducir cualquier desequilibrio de poder	¿Te importaría si hablamos sobre…? ¿Por dónde te gustaría empezar? ¿Qué debería saber yo?
Escuchar para comprender *Que el otro se sienta comprendido*	Aceptar sin juzgar Comprobar tu capacidad de comprensión Aceptar que la solución no es simple Aceptar que los niveles de emotividad serán elevados Que no te hace falta saber qué decir: confía en ti mismo Valorar los silencios	Yo te escucho Cuéntame la historia A ver si lo he entendido: ¿quieres decir que…? Lo que me has contado hasta ahora es que… ¿Lo he entendido bien? Suena como si te sintieras triste/ enfadado/con miedo… con respecto a… … Silencio…
No perder la curiosidad *Que el otro se sienta escuchado*	Tener una mentalidad abierta Ir al encuentro como iguales Que tú no tienes la respuesta, y eso no tiene nada de malo	¿Por qué no me cuentas sobre…? Me gustaría saber más sobre… ¿Cómo…? ¿Qué…? ¿Cuándo…? ¿Dónde…?
Cuestiones útiles **1. Situación actual** *Que el otro pueda examinar su situación* **2. Búsqueda de vías hacia el futuro** *Que el otro pueda examinar sus opciones*	Utilizar preguntas abiertas Explorar juntos No ofrecer consejo	Cuéntame más sobre… ¿Cómo te hace sentir eso? ¿Qué más pensaste/dijiste/ hiciste/sentiste? ¿Qué piensas/qué conclusión sacas sobre todo ello ahora? ¿Podríamos estar pasando algo por alto, quizá? ¿Es posible que haya alguna otra forma de interpretar esto? ¿Qué opciones has valorado hasta ahora? ¿Hay algo que se pueda cambiar con facilidad? ¿Qué experiencias anteriores podrías aplicar en este caso? ¿Qué aconsejarías tú a un amigo que se hallase en una situación similar?

Capacidades e intención	Ten presente	Expresiones útiles
Hacerte a la angustia *Que el otro sienta su angustia reconocida*	No tratar de arreglarlo Reconocer la angustia	Estos es duro Lamento que esto sea tan triste/aterrador… para ti Estoy aquí contigo Voy a tratar de apoyarte
Dejar que el silencio haga su trabajo *Que el otro disponga de espacio para pensar*	No rellenar los silencios Utilizar expresiones simples para mostrar que sigues el hilo	Ajá Tómate tu tiempo No tenemos prisa Sí… Esto es difícil, es duro, no pasa nada por que te tomes tu tiempo Hay mucho en lo que pensar
Finalizar de manera segura *Que el otro no se quede con la sensación de haberse expuesto o de ser más vulnerable*	Compartir el control del tiempo Que finalizar no equivale a darlo por cerrado Mantenerte alerta ante el cansancio o la pérdida de intimidad El mutuo acuerdo	Vamos a tener que dejarlo pronto, pero podemos volver sobre este tema Gracias por escucharme/ hablar conmigo ¿Te parece bien que dejemos el tema por ahora?
Cuidarte tú *Que puedas mantenerte sano*	Tú también te mereces los cuidados Es importante mantenerse bien Los límites tienen importancia	Lamento mucho no poder hacerlo yo por ti Ojalá pudiese, pero… … ahora mismo no dispongo del tiempo que esto requiere … antes tengo que recargar yo las pilas No (repetido, de ser necesario)

Agradecimientos

Este libro ha tenido una gestación prolongada. Me siento muy en deuda con todos los pacientes, familiares y compañeros con los que he trabajado en hospitales, residencias, en la comunidad y en universidades durante cuatro décadas, por vuestra sabiduría y vuestro ejemplo. Me habéis enseñado la importancia de la delicadeza en nuestras conversaciones y habéis alimentado mi curiosidad sobre la manera en que podríamos mejorar nuestra capacidad para escuchar a los demás. Gracias a todos los lectores de mi libro anterior, *Cuando el final se acerca,* que os habéis puesto en contacto conmigo para hablarme del impacto de la delicadeza —o de su ausencia— en vuestra propia vida, y por la enorme cantidad de correos sobre cómo podríamos afrontar las conversaciones delicadas en el futuro.

Las reflexiones con mi agente, Andrew Gordon, y con mi editora, Arabella Pike, acerca de las respuestas de los lectores sirvieron para abrir la posibilidad de condensar en un libro mi manera de entender las conversaciones delicadas. Acto seguido, fue mi amada familia la que tuvo que convivir conmigo mientras lo escribía: gracias por vuestra paciencia, por vuestros ánimos y por traerme los litros y litros de té que han sido el combustible para esta empresa. Siento mucho haber estado últimamente más entregada a esa tarea de escribir sobre escuchar que a escucharos a vosotros: espero hacerlo mejor a partir de ahora.

Durante la etapa de escritura he consultado a diversos expertos para asegurarme de que estaba describiendo su trabajo con precisión. Estoy muy agradecida a todos vosotros por vuestro tiempo y vuestra buena disposición para compartir vuestros conocimientos: a Brigid Russell y Charlie Jones, gracias por recibirme con los brazos abiertos en vuestros espacios para la escucha #SpacesForListening y por reflexionar sobre la importancia de que te escuchen; a Becky Whittaker y Gemma Chady, gracias por vuestras ideas sobre la danza como metáfora de la capacidad para escuchar; a Ruth Parry y Becky Whittaker, gracias por compartir vuestros inmensos conocimientos sobre el análisis conversacional; a Tom King, David Leat y Rachel Lofthouse, gracias por el debate sobre el apoyo de los compañeros entre el alumnado y la enseñanza de la curiosidad en las escuelas; a Jane Harris y Jimmy Edmonds, gracias por enseñarme a acompañar en el duelo; a Barsky y Jon Underwood, gracias por los Death Cafés; a Damian Cooper, Joe Cooper, Gary Rycroft y Alex Ruck Keene, gracias por el debate sobre los espacios para la compasión en diferentes partes del Servicio de Cortes y Tribunales de la Corona; a Julie Bentley, Lucia Capobianco y Clare Lemon de los Samaritans, gracias por vuestras observaciones sobre las campañas que lleváis a cabo y sobre el trabajo tan vital de vuestros voluntarios; a Anita Luby y sus colegas del movimiento de las Death-Positive Libraries, gracias por vuestras observaciones sobre el desarrollo de los espacios para la compasión en las bibliotecas públicas; a Margaret Stafford, gracias por los comentarios acerca de las conversaciones con niños y adolescentes bajo tutela. También estoy en deuda con Ian Clark —al que tanto echamos de menos— y con sus compañeros de JDDH Architects por haber despertado en mí el interés por proporcionar espacios para la compasión en los edificios públicos, una idea que ellos defienden desde hace décadas.

Estoy muy agradecida a los numerosos compañeros en las redes sociales que me han ofrecido la posibilidad de participar en conversaciones muy lúcidas acerca del modo en que debatimos los temas que nos resultan difíciles de abordar. Agradezco profundamente vuestra honestidad y vuestra confianza en mí, y he aprendido mucho de esas conversaciones nuestras. Agradezco también el cariño que os dedicáis los unos a los otros en ese universo virtual, compartiendo los unos las aflicciones de los otros y acompañándoos todos en los momentos más oscuros.

A mis primeros lectores: Chris, Josie, Tom y Jaclyn Wright, Denis y John Mannix, gracias por vuestras reflexiones y vuestra paciencia. Al grupo de lectura: Kathy Burn, Julia Byrne, Alison Conner, Lindsay Crack, Julie Ellis, Sam Genders, Beda Higgins,

Ros y Geoff Hoskin, Lilias Huxham, Terri Lydiard, Christine Milton, Ruth Parry, Jane Peutrell, Margaret Price, Fiona Rawlinson, Lynette Snowden, Margaret Stafford. Gracias por vuestro amor, vuestro tiempo y vuestro apoyo.

Mientras escribía, he agradecido el apoyo de David Evans y de Alice Howe y sus colegas del departamento de traducciones de David Higham Associates. Gracias por todos vuestros esfuerzos para llevar estas ideas al mundo exterior.

Estaré eternamente agradecida a mi agente, Andrew Gordon, por sus sabios consejos, y al equipo de William Collins por su apoyo y su saber hacer. En un año que no ha sido como ningún otro, habéis conservado el optimismo y el entusiasmo en vuestro apoyo. Doy las gracias de manera especial a Arabella Pike, Katherine Patrick, Jo Thompson, Liv Marsden, Matt Clacher y Shoaib Rokadiya por su inquebrantable energía y sus sabios consejos; a Iain Hunt, por un trabajo de edición con tanto detalle y tanto ánimo de refuerzo que ha servido para afinar la claridad de mis líneas, a Katy Archer por encargarse de mantener encarrilado el proceso de edición y a Ellie Game por un diseño de cubierta tan inspirador.

Al final, las raíces del bienestar del ser humano se hallan en la comunidad y se nutren a base de sentirnos escuchados y comprendidos. Gracias a todos vosotros por ser mi comunidad.

KATHRYN MANNIX
Northumberland
Julio de 2021